미국 히든 유망주 25

몰라서 못 사는

미국 히든 유망주 25

안석훈, 이주호, 전채린, 김경윤 지음

page2

미국주식 이야기를 하면서 매년 10대들이 선호하는 브랜드에 대한 이야기를 빼놓지 않고 하곤 한다. 그 이야기 속에서 앞으로의 메가트렌드에 대한 힌트를 얻을 수 있기 때문이다. 투자자 입장에서 시류를 읽는 것은 매우 중요하다. 그런 의미에서 이 책에 담긴 20, 30, 40대 4인방이 발굴한 트렌디한 기업들에 주목해 볼 필요가 있다. 자라 온 환경도 관심사도 다른, 각기 다른 연령대의 저자들이 선정한 기업들을 담은 이 책에 관심을 가져보자. 이 책과 함께 수치만으로는 알기 어려운, 시대정신이 담긴 통통 튀는 미국 기업의 세계로 떠나보자.

- 이항영 한국열린사이버대학교 특임 교수

미국주식의 역사와 함께했던 장본인으로 『미국 히든 유망주 25』는 적어도 미국주식 투자를 하실 분, 하고 있는 분 모두가 꼭 읽어야 할 필수 도서라고 생각한다. 빅테크 혹은 소위 말하는 FANG 종목 등도 좋지만 투자 다변화가 필요한 입장에서 작지만 성장 가능성이 있는 기업들의 발굴에 소홀하면 안 된다는 생각을 늘 해왔다. 문제는 초보자 입장에서 기업에 대한 자세한 정보를 확인하는 것이 어렵다는 것인데, 이 책은 누구나 쉽고, 흥미롭게 기업을 알 수 있도록 최선을 다해 준비한 책이라고 평가한다. 여러 말 필요 없이 "무조건 한번 읽어 보셔라"라고 강조하고 싶다.

- 장우석 유에스스탁 부사장

미국주식 투자에서 가장 큰 걸림돌은 정보다. 이 책은 미국 산업에 대한 친절한 설명과 함께 미국과 한국의 문화적 차이를 통해 투자의 눈을 넓힐 수 있게 돕는다. 또 단순한 스토리를 넘어 투자를 할 때 필수적인 투자 지표들도 꼼꼼하게 챙겨준다. 스스로 좋은 기업을 찾는 눈을 키우고 싶다면 꼭 읽어야 할 책이다.

- 권순우 삼프로TV 취재 팀장

여의도 증권가에서 누구보다 최신 기업&산업 뉴스에 민감한 4인방이 독자들을 대신하여 미국의 스몰캡 유망주 25개를 엄선했다. 이 책을 통해 각 산업을 선도할 수 있는 미래 성장 기업들을 만나보기 바란다. 묻지마 투자는 그만! 미국주식에 투자하고 싶어도 어떤 회사가 좋은지 잘 모르는 투자자에게 이 책을 강력 추천한다.

- 유규창 한양대학교 경영전문대학원장

시장은 빠르게 변하고, 트렌드는 더 빠르게 변한다. 미국 중소형 내 주요 종목의 알찬 스토리와 실시간 업데이트를 제공하는 이 책은 미국주식 투자를 처음 접하시는 분, 혹은 계속 해오신 분 모두에게 큰 도움이 될 것이라 생각한다.

- 윤재홍 미래애셋증권 글로벌주식컨설팅팀 연구위원

장기 투자를 꿈꾸는 서학개미에게 가치 평가를 위한 기술적 방법도 중요하지만 기업의 철학과 성장 배경을 탐구하는 자세는 필수다. 본서에서는 저자들의 넓은 시야와 혜안으로 유망주 대표 기업을 선별했고, 투자를 위한 분석 방법을 이해하기 매우 쉽게 제시한다. 저자들의 노하우를 바탕으로 다음 세대를 이끄는 산업의 대표주를 찾아보기 바란다.

- 황호봉 대신자산운용 글로벌솔루션본부 본부장

최신 트렌드와 함께 다양한 분야에 걸쳐 선정한 25개 종목을 알기 쉽게 소개하고, 거기에 빅데이터 기반의 분석까지 곁들여 기업들의 미래 모습을 그려볼 수 있는 책이다. 이미 투자를 하고 계신 분들, 특히 주식을 처음 시작하는 분들에게 많은 도움이 될 것으로 보인다. 앞으로도 투자자를 위한 양질의 정보 제공에 많은 노력을 기울일 저자들의 앞날을 응원하는 바이다.

- 황현순 키움증권 대표이사 사장

각 영역의 전문가가 각기 다른 시선으로 앞으로의 유망 산업을 소개한다. 그리고 그 산업을 대표하는 종목에 대해 정성적, 정량적 방식으로 분석하고 마지막에는 빅데이터 분석까지 제공한다. 한 종목당 20페이지 내외로 이 모든 것들이 담겨 있어 최근 유행하는 '숏폼 콘텐츠'와 비슷해 보인다. 미국 주식을 처음 접하는 MZ세대에게도 흥미롭고 유용하게 다가갈 구성의 좋은 책이다.

- 문호준 뉴지스탁 공동 대표

미국이라는 나라의 크고 작은 회사들은 다양한 상품과 서비스로 우리 삶 곳곳에 스며들어 있다. 그러다 보니 이런 회사들을 소비의 대상으로만 여기는 경우가 대부분이다. 하지만 이제는 상품과 서비스를 좀 더 적극적인 자세로 검토하여 이를 투자의 대상으로 바꿔야 한다. 소비의 기업을 지속 가능한 투자의 대상으로 바꾸어 생각할 수 있는 기회와 아이디어를 이 책을 통해 얻을 수 있다.

- 이석준 네이버 카페 '미국 주식에 미치다' 대표 운영자

"지갑이 열리는 곳에 기회가 있다." 이 단순 명쾌한 명제를 따라 미국 증시 내비게이션을 만든다면 첫손에 꼽을 만한 책이다. 치밀한 데이터 분석을 바탕으로 추려낸 기업 리스트에는 섣부른 기대감 대신 단단한 미래가 담겼다. 국내장에서 글로벌 증시로 전선을 넓힌 투자자라면 이 책을 서가에 상비약처럼 갖춰두길 권한다.

- **박연미** 전 YTN 경제 전문 기자

지금 코로나19라는 전 세계적인 유행병의 발발로 인한 사회 변화, 지난 40년 동안 경험하지 못했던 인플레이션, 냉전 종식 이후 가장 높은 수준으로 상승하고 있는 지정학적 위험 등 2022년 현재 투자 지형도는 그 어느 때보다 많은 공부를 투자자들에게 요구하고 있다. 미국주식에 대한 친절한 가이드가 필요했던 많은 서학개미 투자자들에게 이 책이 지침서 역할을 할 것이다. 25종의 요즘 가장 '핫'한 종목들을 전후방 360도 분석을 통해 생동감 있게 전달하고 있어 한 번 손에 들면 마지막 페이지까지 시간 가는 줄 모르게 읽으며 공부할 수 있다.

- **오기석** 크래프트 테크놀로지 홍콩 법인장

좋은 기업을 빨리 찾아내고 싶은 투자자들에게 이 책은 기업, 산업, 나아가 경제의 흐름을 파악하는 데 좋은 길잡이가 될 것이다. 쉽고 재미있는 스토리와 구체적 사례들을 따라가다 보면 자본주의 프론티어 미국의 좋은 기업들을 어떻게 찾아내는지 배울 수 있다. 이렇게 길러진 안목은 다른 시장, 투자처에도 적용해 볼 수 있을 것이다.

- **하준경** 한양대학교 경상대학 경제학부 교수

책의 내용을 200% 흡수하는
이 책을 읽는 법

① 누구보다 트렌드와 뉴스에 밝은 여의도 4인방이 발굴한 유망 기업을 소개한다. 요즘 미국에서 가장 '핫' 한 기업을 찾았고, 빅데이터로 분석해 투자 가치가 높은 유망 기업 25개를 선별했다. 시장 현황 분석, 기업 소개, 투자 가치 등을 읽다 보면 어느새 시장을 바라보는 시야가 확대되는 것을 느낄 수 있다.

01
Life Style

전기차는 타이어도 다르다?
미국 1위 타이어 회사에 '딱' 집중!

- 종목명: 굿이어 타이어 앤 러버 컴퍼니 Goodyear Tire and Rubber Company
- 티커: GT | 지수: 러셀2000 및 S&P400 | 섹터: 자유소비재 > 자동차 부품 (타이어 및 고무)

전기차와 내연차가 싸울 동안 타이어는 언제나 이긴다

지난 2년간의 자동차 시장 흐름을 살펴보면 2020년은 테슬라를 필두로 한 전기차의 시대라고 할 수 있겠다. 이때는 전기차라는 단어 하나만으로도 주가가 급등하던 때였다. 하지만 2021년은 다시 내연차 업체 포드의 시대였다. 시간이 지나자 전기차 몇 대 생산이라는 꿈과 희망만으로는 투자 가치가 부족하다는 것을 사람들이 깨달았기 때문이다. 투자자들이 기업의 자동차 양산 능력을 따지기 시작하면서 포드의 주가는 한 해 동안 무려 140%나 올랐다.

이처럼 때에 따라 전기차가 큰 관심을 받기도 하고, 전통 내연차가 관심을 받기도 한다. 물론 장기적인 시각으로 봤을 때 내연차가 전기차로 전환된다

Life Style **27**

는 것은 부인할 수 없는 사실이다. 하지만 시장은 그렇게 단순하지 않다. 이렇게 헷갈릴 때 투자자들은 어떤 선택을 해야 할까? 물론 고르게 투자 포트폴리오를 구성하는 것도 한 가지 방법이다. 하지만 전기차 업체만 해도 테슬라Tesla, 리비안Rivian, 루시드Lucid, 니오Nio, 샤오펑Xpeng, 비야디BYD, 리오토Li auto 등 한두 개가 아니다. 내연차는 또 어떠한가, 포드Ford, 제네럴모터스GM, 폭스바겐Volkswagen, 현대기아차, 페라리Ferrari, 토요타Toyota, BMW, 다임러Daimler, 스텔란티스Stellantis 등 말하도 너무 많다. 그렇기 때문에 전기차가 잘 팔리건, 내연차가 잘 팔리건 상관없이 모든 탈것에 필수적인 요소가 무엇일지 고민이 필요하다. 바로 타이어다.

팬데믹 이전 수준을 회복하지 못하고 있는 자동차 산업

연구 기관마다 차이는 있지만 타이어 시장의 연평균 성장률(CAGR)은 약 3.6% 수준으로 빠른 성장을 기대할 수 있는 산업이 아니다. 하지만 지금은 타이어 시장에 상당한 기회가 있다. 전기차든 내연차든 모든 자동차 업체가 반도체 부족과 공급망 문제로 생산 몸살을 앓고 있지만, 오히려 이것이 타이어 기업에 투자하려 했던 투자자들에게는 기회로 작용하고 있다.

통계청 자료에 따르면 팬데믹 직전까지만 해도 글로벌 자동차 생산량은 연간 약 9200만 대였다. 직전 최고치는 2017년으로 한 해 동안 전 세계적으로 9800만 대가 넘는 차량이 생산됐다. 하지만 2020년 팬데믹과 함께 공장 가동이 중단되면서 차량 생산은 급격히 줄어 7772만 대 생산에 그쳤고, 2021년에

28 1장 라이프 스타일

② 챕터의 마지막에는 '투자 의견 및 빅데이터 분석' 코너가 등장한다. 주가 추이 및 실적을 한눈에 볼 수 있어 현명한 투자의 지표로 삼을 수 있다.

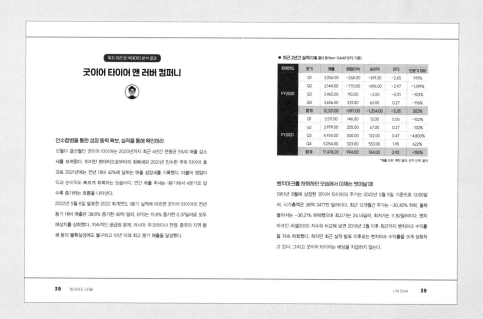

③ '뉴지랭크US'는 대한민국 10대 핀테크 기업인 뉴지스탁이 선보이는 국내 최초 미국주식 퀀트분석 서비스로 뉴욕 증권거래소와 나스닥에 상장된 주식과 ETF를 대상으로 최적화된 정량분석 결과를 제공한다. 본 도서에 실린 25개의 종목을 지수와 그림으로 표기하여 독자들의 이해를 돕고 있는데 지수에 대한 설명은 다음과 같다.

종합 점수 (모멘텀 점수와 펀더멘탈 점수)	날씨 그림으로 표현하는 종합 점수는 각각 100점 만점인 모멘텀 점수와 펀더멘탈 점수를 종합한 것으로 종목의 전반적인 상태를 의미한다. 모멘텀 점수는 주식 가격과 수급을 상대적으로 계산한 것으로, 점수가 높을수록 수급이 집중되어 주가가 상승할 가능성이 높다. 따라서 단기 관점의 투자에 활용한다. 펀더멘탈 점수는 기업 가치와 실적을 상대적으로 계산한 것으로, 점수가 높을수록 기업의 기초 체력이 좋다는 뜻으로 해석할 수 있다. 이에 중장기 관점의 투자에 활용한다. 이들 각각의 점수가 41점부터 60점 사이에 해당하면 '양호', 40점 미만이면 '낮음·좋지 않음', 61점 이상이면 '높음·좋음'을 의미한다.
베타 지수	속도계 그림으로 표현하는 베타 지수는 벤치마크 지표에 대한 상대적 변동성으로, 시장 움직임에 대한 해당 종목의 민감도이다. 베타가 ±1보다 크면 해당 종목의 주가 변동폭이 벤치마크의 주가 변동폭보다 크고, 베타가 ±1 이내면 해당 종목의 주가 변동폭이 벤치마크의 변동폭만큼 움직인다는 뜻이다. 반면에 베타가 0이면 해당 종목과 벤치마크가 아무 상관관계가 없음을 의미한다.
롱텀 지수	롱텀 지수는 주가 성장률를 쉽게 파악할 수 있도록 도와주는 지표로, 주가의 현재 위치를 무릎과 어깨선으로 표시하고 있어 장기 관점에서 매매 시점을 찾는 데 도움이 된다. 롱텀 지수가 21에서 40 사이인 경우는 '무릎' 위치에 해당하고, 41에서 60 사이는 '허리', 61에서 80 사이는 '어깨'에 해당한다. 그리고 81 이상인 경우는 '머리', 20 이하인 경우는 '바닥'에 해당한다.
엔벨 지수	엔벨 지수는 개별종목의 중심선(이격도)과 상·하단 밴드값을 구한 뉴지엔벨로프 차트의 점수로, 엔벨의 하단에 닿으면 반등, 상단에 닿으면 조정을 보이게 된다. 시장의 주도주는 엔벨의 중심선을 따라 움직이기 때문에 종목의 단기 매매 시점을 잡는 데 도움이 된다. 엔벨 지수가 20 이하일 때는 기술적반등을 보이고, 21에서 40 사이인 경우에는 조정을 보일 가능성이 크다. 41에서 60 사이에서는 엔벨의 중심선을 횡보하면서 반등을 보이고, 61에서 80 사이에서는 추가 상승을 이어갈 가능성이 크다. 그리고 81 이상에서는 조정으로 이어질 가능성이 크다.

시즌널 지수	최근 10년간 일별 주가 변동 추이를 분석하여 연간 주가 추세를 이해하는 데 도움을 주는 값이다. 상장된 모든 종목을 상대적으로 평가한 후 0부터 100 사이 값으로 표기한 것으로, 연간 기준으로 어느 때 주가가 높고 낮은 추세를 보이는지 확인하는 데 용이하다.

책에 실린 설명은 집필 시점인 2022년 5월 말을 기준으로 한다. 하지만 큐 알코드를 통해 최신의 분석 결과를 확인할 수 있으니 참고로 알아두자.

④ 각각의 챕터 말미에서 월가의 투자 의견 및 목표 주가를 확인할 수 있다. 목표 주가는 미국주식 투자자들 사이에서 가장 신뢰도 높은 '팁랭크스(www. tipranks.com)'의 지표로 현재 주가 분석 및 목표 주가, 애널리스트 의견까지 한눈에 확인할 수 있어 유용하다. 책 속의 큐알코드를 통해 각각의 기업에 대한 팁랭크스 의견을 실시간으로 확인할 수 있으니 참고하자.

미국주식을 대표하는 3대 주가지수

주식에 관심이 없어도 뉴스나 신문을 통해 S&P500, 다우존스, 나스닥100 등의 명칭을 자주 접해 봤을 것이다. 이 세 가지는 미국을 대표하는 주가지수이다. 기본적으로 알아두면 유용하니 한번 읽어보자(이 장에서 종목명 옆에 병기된 영문은 티커[ticker: 주식에 부여된 특정 코드]를 의미한다).

1. 다우존스 산업평균지수

일반적으로 다우지수라 불리우고 있는 다우존스 산업평균Dow Jones Industrial Average지수는 1896년 〈월스트리트저널〉의 편집자 겸 다우존스 앤 컴퍼니의 공동 창립자인 찰스 다우가 개발한 것으로, 가장 오래되고 기본적인 주가지수 중 하나이다. 뉴욕 증권거래소에 상장되어 있고, 흔히 블루칩blue-chip이라고 일컫는 우량 기업 30개의 주식으로 구성되어 있는데 업종 구성을 살펴보면 IT 업종이 6개로 가장 많다.

다우지수에 포함되는 대표적인 기업으로는 시가총액 기준으로 애플AAPL, 마이크로소프트MSFT, 유나이티드헬스그룹UNH, 존슨 앤 존슨JNJ, 비자V, 프록터 앤 갬블PG, 월마트WMT 등이 있다.

지수에 대한 종목의 편출입은 잘 이루어지지 않는데 가장 최근인 지난 2020년 8월 24일, 세일즈포스CRM, 암젠AMGN, 하니웰 인터네셔널HON이 편입되고 엑슨모빌XOM, 화이저PFE, 레이시온 테크놀로지RTX가 편출된 바 있으며, 올해 주식 분할이 이루어진 아마존닷컴AMZN과 알파벳GOOGL이 내년 초반에 편입될 가능성이 제기되고 있다.

2. 나스닥100 지수

나스닥100NASDAQ100 지수는 한마디로 기술주 위주의 주가지수라고 이해하면 쉽다. 시가총액 기준 세계 2위의 증권거래소인 나스닥에 상장된 우량 기업 중 기술주를 중심으로 선정된 100개의 주식으로 구성되어 있다. 1985년부터 매년 12월 편입 종목을 변경해 발표하고 있으며, 예외적으로 올해 2월에는 자일링스XLNX가 에이엠디AMD에 인수합병 되면서 아스트라제네카AZN가 새로 편입되었다. 종목 구성을 보면 건강관리 섹터가 전체 4분의 1로 가장 많은데, 시가총액 구성을 보면 정보기술 섹터가 전체의 절반 가까이 차지하고 있다.

나스닥100 지수에 포함되는 대표적인 기업으로는 다우존스 산업평균지수에 속해 있는 대형 기술주와 함께 시가총액 기준으로 알파벳GOOGL, 아마존AMZN, 테슬라TSLA, 메타 플랫폼스META, 엔비디아NVDA, 펩시코PEP, 코스트코 홀세일COST 등이 있다.

3. S&P500 지수

미국주식 시장을 가장 잘 나타낸다고 여겨지는 지수이며, 스탠다드 앤 푸어스Standard & Poor's가 뉴욕 증권거래소에 상장된 대형 기업 500개의 주식을 통해 산출하는 지수이다. 1923년에 처음 공개되었으며, 1957년에는 500종목으로 확대되어 오늘에 이르렀다. 종목은 업종별로 고르게 구성되어 있으나, 시가총액 기준으로 보면 IT 업종이 20% 이상으로 가장 높은 비중을 차지한다.

S&P500에 포함되는 대표적인 기업으로는 다우존스 산업평균지수와 나스닥100에 포함되는 종목들과 함께 시가총액 기준으로 버크셔 해서웨이BRK.B, 유나이티드헬스 그룹UNH, 엑슨모빌XOM, 제이피모건 체이스JPM, 일라이 릴리LLY, 마스터카드MA, 홈 디포HD 등이 있다.

지수에 대한 종목의 편입은 편입 조건의 충족 여부에 따라 수시로 이루어지고 있다. 편입 조건은 미국에 본사를 둘 것, 직전 분기를 포함해 4분기 연속 흑자를 낼 것, 시가총액이 82억 달러 이상일 것까지 세 가지이며 이를 모두 충족해야 한다.

이 책에서 소개하는 25개 기업이 속해 있는 주가지수

더불어 본 도서에 수록한 종목들이 머지않아 3대 지수에 편입될 날을 기대하며 현재 25개 종목이 속해 있는 중소형 관련 주가지수에 대해서도 알아보자.

러셀2000 지수

러셀Russell 지수는 미국의 FTSE 러셀 사가 1984년부터 발표하는 주가지수로, 미국주식 시장에서 거래되는 미국 기업의 발행 주식 가운데 시가총액을 기준으로 상위 3000개에 해당하는 회사의 주가 움직임을 나타낸다.

FTSE 러셀 사가 발표하는 총 18개의 지수 중 하나인 러셀2000 지수는 러셀3000 지수 산출에 포함되는 회사 가운데 시가총액 순으로 1001~3000위까지 2000개 회사를 뽑아 그 주가 움직임을 나타낸 것으로 미국의 중·소형주 시장을 대표하는 지수이다. 그리고 시가총액 순으로 1~1000위까지 1000개 회사의 주가 움직임을 지수화한 것이 러셀1000 지수이다.

S&P600 지수

스탠다드 앤 푸어스Standard & Poor's 사는 뉴욕 증권거래소에 상장된 1500개 기업을 시가총액 순으로 나열하고 이들을 대·중·소로 구분해 지수화하고 있다. 시가총액 1~500위에 해당하는 종목을 대형주, 501~900위에 해당하는 종목을 중형주, 901~1500위에 해당하는 종목을 소형주로 분류하고 이들을 통해 산출하는 지수가 S&P500 지수, S&P400 지수, S&P600 지수이다.

S&P600 지수는 1994년에 처음 공개되었으며 정식 명칭은 S&P스몰캡600이고, 지수에 편입된 종목의 시가총액 기준은 6억 달러 이상 24억 달러 미만이다. 그리고 S&P400 지수는 1991년에 처음 공개되었으며 정식 명칭은 S&P미들캡400으로, 시가총액 기준은 24억 달러 이상 82억 달러 미만이다. 참고로 S&P500의 시가총액 기준은 82억 달러 이상이다.

안석훈

여의도의 숨겨진 보석 같은 저자들을 찾아 '히든주'라는 이름의 배에 태운 선장. 책 전반의 기획과 구성뿐만 아니라 책 속의 '투자 의견 및 빅데이터 분석' 집필을 담당했다. 2017년부터 올해까지 6년간 미국주식 관련 도서 12권을 출간하며 투자자들에게 미국주식에 대한 투자 정보를 객관적이고 알기 쉽게 전달하기 위해 노력해 온 결과 '열일안차'로 알려지며 '미국주식에 미친 놈'이라는 호칭까지 얻게 되었다.

이주호

2011년 이후부터 쭉 아이폰만 쓰고, 매달 코스트코에서 50만 원어치의 음식료를 먹어 치운다. 나이키에서만 운동복을 사고, 포드 머스탱을 끌고 다니고, 월급의 절반을 미국으로 흘려보내며 '내 지갑이 열리는 곳에 투자 기회가 있다!'는 것을 모토로 전 재산을 미국주식에 올인해 투자하고 있다. 그 결과 얻은 알짜 종목 찾는 노하우를 머니투데이, 팟캐스트, 라디오 방송을 통해 아낌없이 전달하는 등 누구보다 미국주식에 진심이다.

전채린

여의도 4인방 중 Z세대 막내를 맡고 있다. 도전적이고 호기심 많은 성격으로 20대의 감각과 취향이 담긴 유망 종목을 소개하기 위해 영입되었다. 주된 관심사는 뷰티와 패션, 환경 관련 기업으로 요즘 '핫' 하면서 미래 가치가 밝은 종목을 엄선했다. 완벽한 바이링구얼로서 영어로만 존재하는 세상의 알짜 정보를 긁어모아, 미국주식 왕초보도 생생하게 이해할 수 있도록 알기 쉽게 집필했다.

김경윤

종종 최고 권력자로 오인받기도 하지만 실상은 여의도 '도비'. 소싯적 시사PD를 꿈꿨지만 어쩌다 보니 경제PD가 되어버렸다. 삶이란 그런 것이다. 문송하다는 이유로 박해받던 언어학 전공을, 미국주식을 만나며 쏠쏠히 써먹고 있다(생각보다 덕후 같은 면이 있다). 최신 트렌드에 매우 민감해 여의도 4인방 중 트렌드 인싸를 맡고 있다.

미래의 부자는 '이런' 종목을 산다
앞으로 3년, 텐베거가 될 종목에 투자하라!

2022년 들어 전 세계 증시가 큰 하락세를 겪고 있다. 최근 2~3년 내 주식투자에 뛰어든 초보자들은 하락장 자체를 경험한 적이 없기 때문에 지금 매우 어렵고 힘든 시기를 보내고 있을 것이다. 하지만 이럴 때일수록 정신을 바짝 차리고 시장이 돌아가는 모습을 살피며, 현재 보유하고 있는 종목과 평소 관심 있는 기업에 대한 공부를 찬찬히 해야 한다. 증시의 바닥이 언제인지 정확히 알 수는 없지만, 이제는 다시 딛고 올라갈 때를 대비해야 할 때가 아닌가 싶다. 기회는 지금처럼 커다란 위기 다음에 반드시 찾아오는 법이고, 골이 깊을수록 반등하는 정도 역시 크다는 사실은 공식과 같으니까 말이다.

2020년 5월, 코로나19 팬데믹 시기에 출간한 필자의 저서『미국주식 스몰캡 인사이드 2021』에는 언택트, 공유경제, 고배당, 인수합병·신규상장이라는 4개 카테고리로 총 24개의 기업이 소개되어 있다. 당시 소개했던 기업들은 지금 어떤 수익률을 보이고 있을까? 출간일인 2020년 5월 7일부터 현재 2022년 7월 21일까지를 기준으로 삼고 수익률을 살펴보자. 크라우드 스트라이크 홀딩스(티커: CRWD)는 올해 들어 급락한 시장 속에서도 150%가 넘는 수익률을 기록 중이고, 클라우드플레어(티커: NET), 라마르 애드버타이징(티커: LAMR) 등 역시 50%가 훌쩍 넘는 수익률을 기록하고 있다. 물론 좋은 기록만 있는 것은 아니다. 70% 넘게 하락한 종목도 있고, 한때 200% 넘게 급등했지만 지금은 저조한 수익률을 보이는 종목들도 있다. 하지만 중요한 것은 이제 막 성장세를 보이는 종목을 어렵게 발굴했고, 지금 같은 증시 하락 기조에서도 높은 수익률을 보이는 종목이 있다는 것이다. 그것도 미국 시장에서 말이다.

필자의 『미국주식 투자지도』시리즈 중 첫번째 책을 출간한 2018년만 하더라도 개인 투자자들이 미국주식 투자 정보를 얻을 수 있는 루트가 많지 않았다. 그때와 비교하면 지금은 누구나 미국주식에 대한 투자 정보를 얻을 수 있고, 양과 질 모든 면에서 부족함이 없다. 넘쳐난다는 표현이 이상하지 않을 정도다. 하지만 투자자들의 호기심을 끌기 위해 편향된 내용이 포함되는 경우가 많아 대부분의 개인 투자자들은 정보의 홍수 속에서도 투자 정보의 벽이 높다고 느끼게 된다. 특히 새롭게 주목받고 있거나, 작지만 강한 기업들에 대한 정보를 접할 때 더더욱 그러하다.

이러한 고민에 대한 답을 찾는 과정에서 시작된 것이 2020년에 출간한 『미국주식 스몰캡 인사이드 2021』이었고, 2년 후 지금, 속편 격인 『몰라서 못 사는 미국 히든 유망주 25』를 선보이게 되었다. 지난해 봄, 머니투데이방송(MTN)의 미국주식 유튜브 채널인 '월가워즈'의 시작을 함께하면서 연을 맺은 이주호 앵커, 전채린 앵커, 김경윤 PD와 함께 보다 새로운 관점으로 미국주식 시장에서 가치 성장이 기대되는 기업을 찾아 독자에게 소개하는 것을 목표로 의기투합했다. 이전에 사용한 '스몰캡'이라는 용어가 담아내지 못하는 가치를 표현하기 위해 많은 고민을 거쳐 책 제목도 새롭게 바꿔보았다. 그야말로 새로운 필진과 새로운 가치, 그리고 새로운 이름으로 다시 돌아왔다.

네 명으로 구성된 필진은 남녀와 연령대의 구성이 나름 균형을 잘 이루고 있으며 개인별로 매우 다채로운 성향과 관심사를 지니고 있다. 독자 여러분은 각 장을 넘길 때마다 이를 실감할 수 있을 것이다. 중소형 지수인 러셀 2000을 중심으로 각기 관심 있는 분야에서 뽑은 40여 개의 종목을 미래 성장성과 현재 재무 상태, 그리고 트렌드 적합성을 바탕으로 꼼꼼히 선별해 최종 25개를 선정했다. 이어 종목들 간의 유사성과 트렌드 흐름을 감안하여 라이프 스타일, 테크놀로지 혁명, 다가온 미래, 뷰티&패션, 새로운 기회라는 5개의 챕터로 나누어 구성했다. 덧붙여 객관적인 사실과 데이터에 기반한 분석을 위해 국내 최초 미국주식 퀀트분석 시스템인 '뉴지랭크US'의 종목 진단 결과를 적용했다.

이 책은 미국주식에 관심 있는 초보자를 위한 책이 아니다. 하지만 역설적이게도 초보자들에게 꼭 필요한 책이다. 미국과 주식시장에 대한 충분한 이해가 없는 투자자들에게 이 책은 미국의 지금을 선도하는 문화와 기업을 이해하는 데 중요한 참고서가 될 것이다. 2년 후, 이 책 역시 뛰어난 수익률로 회자되기를 바라며 지금부터 독자 여러분에게 하나씩 이야기를 풀어보고자 한다.

대표 저자
안석훈

• 『미국주식 스몰캡 인사이드 2021』에 수록된 종목의 누적 수익률은 유
  캔스탁 홈페이지에서 회원가입 후 무료로 확인할 수 있다. 다음 큐알코
  드를 이용하면 바로 접속이 가능하다. 이 책에 담은 25개의 주옥 같은
  종목들의 추후 수익률 현황도 유캔스탁 홈페이지에서 확인할 수 있도록
  준비할 예정이다.

유캔스탁 홈페이지
접속 큐알코드

● 『미국주식 스몰캡 인사이드 2021』 수익률 TOP 3 종목

종목명	티커	기준가	종가	등락률
크라우드 스트라이크	CRWD	$75.49	$198.19	+162.54%
클라우드 플레어	NET	$29.52	$75.00	+154.07%
라마르 애드버타이징	LAMR	$63.45	$104.31	+64.40%

*2022년 7월 21일 기준

목차

★★★ 3장 다가온 미래 Future

: 앞으로 10년, 달라질 미래를 주도할 핵심 기업들

★★★ 4장 뷰티&패션 Beauty&Fashion

: 어느 시대, 어느 공간이든 아름다움은 승리한다

★★★
5장 새로운 기회가 온다 New Markets

: 발상의 전환을 이룩한 혁신 기업들

1장
라이프 스타일
우리의 일상을 새롭게 창조하는 혁신 기업들

투자처를 고민하는 초보자들에게 가장 유용한 방법은 '등잔 밑을 보는 것'이다. 일상에서 흔히 볼 수 있는 제품 혹은 서비스에 투자의 기회가 있다. 1장에서는 라이프 스타일에 맞춰 현재 유망한 기업들 소개에 중점을 두었다. 타이어부터 반려동물, 위스키까지 삶을 둘러싼 다양한 요소 중 지금 주목해야 할 기업들을 알아보자!

01

Life Style

전기차는 타이어도 다르다?
미국 1위 타이어 회사에 '딱' 집중!

GOOD·YEAR

- 종목명: 굿이어 타이어 앤 러버 컴퍼니 Goodyear Tire and Rubber Company
- 티커: GT | 지수: 러셀2000 및 S&P400 | 섹터: 자유소비재 > 자동차 부품 (타이어 및 고무)

전기차와 내연차가 싸울 동안 타이어는 언제나 이긴다

지난 2년간의 자동차 시장 흐름을 살펴보면 2020년은 테슬라를 필두로 한 전기차의 시대라고 할 수 있겠다. 이때는 전기차라는 단어 하나만으로도 주가가 급등하던 때였다. 하지만 2021년은 다시 내연차 업체 포드의 시대였다. 시간이 지나자 전기차 몇 대 생산이라는 꿈과 희망만으로는 투자 가치가 부족하다는 것을 사람들이 깨달았기 때문이다. 투자자들이 기업의 자동차 양산 능력을 따지기 시작하면서 포드의 주가는 한 해 동안 무려 140%나 올랐다.

이처럼 때에 따라 전기차가 큰 관심을 받기도 하고, 전통 내연차가 관심을 받기도 한다. 물론 장기적인 시각으로 봤을 때 내연차가 전기차로 전환된다는 것은 부인할 수 없는 사실이다. 하지만 시장은 그렇게 단순하지 않다. 이렇게 헷갈릴 때 투자자들은 어떤 선택을 해야 할까? 물론 고르게 투자 포트폴리오를 구성하는 것도 한 가지 방법이다. 하지만 전기차 업체만 해도 테슬라Tesla, 리비안Rivian, 루시드Lucid, 니오Nio, 샤오펑Xpeng, 비야디BYD, 리오토Li auto 등 한두 개가 아니다. 내연차는 또 어떠한가. 포드Ford, 제네럴모터스GM, 폭스바겐Volkswagen, 현대기아차, 페라리Ferrari, 토요타Toyota, BMW, 다임러Daimler, 스텔란티스Stellantis 등 많아도 너무 많다. 그렇기 때문에 전기차가 잘 팔리건, 내연차가 잘 팔리건 상관없이 모든 탈것에 필수적인 요소가 무엇일지 고민이 필요하다. 바로 타이어다.

팬데믹 이전 수준을 회복하지 못하고 있는 자동차 산업

연구 기관마다 차이는 있지만 타이어 시장의 연평균 성장률(CAGR)은 약 3.6% 수준으로 빠른 성장을 기대할 수 있는 산업이 아니다. 하지만 지금은 타이어 시장에 상당한 기회가 있다. 전기차든 내연차든 모든 자동차 업체가 반도체 부족과 공급망 문제로 생산 몸살을 앓고 있지만, 오히려 이것이 타이어 기업에 투자하고자 했던 투자자들에게는 기회로 작용하고 있다.

통계청 자료에 따르면 펜데믹 직전까지만 해도 글로벌 자동차 생산량은 연간 약 9200만 대였다. 직전 최고치는 2017년으로 한 해 동안 전 세계적으로 9800만 대가 넘는 차량이 생산됐다. 하지만 2020년 팬데믹과 함께 공장 가동이 중단되면서 차량 생산은 급격히 줄어 7772만 대 생산에 그쳤고, 2021년에

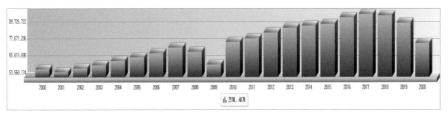

▲ 글로벌 자동차 생산 추이 (출처: 통계청, 기간: 2000~2020년)

는 빠른 정상화를 기대했지만 예상치 못한 반도체 및 공급망 문제로 인해 전년 대비 2% 증가에 그친 7978만 대 생산에 머물렀다. 자동차 생산이 부진했다는 것은 그만큼 신차에 장착하는 타이어 수요가 없었다는 것을 의미한다. 다시 말해, 차량 생산만 팬데믹 이전으로 정상화된다면 타이어 산업의 실적은 크게 늘어날 수 있다.

미국도 크게 다르지 않다. 미국은 연 1700~1800만 대의 자동차를 생산하는 거대한 시장이지만(그리고 1년에 약 1700~1800만 대의 자동차가 미국 내에서 판매된다), 2021년 미국 내 자동차 판매량은 약 1490만 대로 펜데믹 이전의 정상화까지는 아직 갈 길이 멀다. 판매량 정상화까지 갈 길이 많이 남았다는 것은 타이어 산업의 성장 가능성이 많이 남아 있다는 것을 의미한다.

잠시 후 이번 챕터의 주인공인 굿이어 타이어 앤 러버 컴퍼니(이하 굿이어 타이어)에 대해 자세히 설명하겠지만, 그전에 맛보기로 흥미로운 사실 한 가지를 소개하겠다. 팬데믹 직전인 2019년에 굿이어 타이어는 147.5억 달러의 매출을 기록했다. 당시 글로벌 자동차 판매량은 9200만 대 수준이었지만 굿이어 타이어의 생산량이 부진해 7900만 대 수준의 판매에 그쳤었다. 그런데 오히려 팬데믹 기간이었던 2021년, 굿이어 타이어는 174.8억 달러의 매출을 기

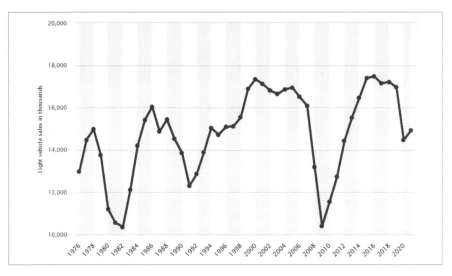

▲ 미국 자동차 판매량 추이 (출처: statista)

록했다. 분명히 신차 생산이 안 됐기 때문에 타이어도 안 팔렸을 텐데 어떻게 2021년 매출이 팬데믹 전보다 더 크게 늘 수 있었을까?

굿이어 타이어는 2021년 사업보고서를 통해 그 이유를 설명했다. 당시 전 세계적으로 자동차 교체 수요가 상당했을 뿐만 아니라 경제 정상화에 대한 기대와 함께 트럭과 같은 상용차의 타이어 수요가 컸다. 게다가 2021년 2월에 굿이어 타이어는 경쟁사인 쿠퍼 타이어를 인수했고 이 효과로 매출이 크게 늘었다. 신차 생산이 부진해도 교체 수요가 있기 때문에 타이어는 상대적으로 안정적인 수익을 낼 수 있는 산업이라는 점을 보여주는 대목이다. 뿐만 아니라 굿이어 타이어는 자동차 업계가 예상치 못한 악재에 발목 잡혀 있을 때에도 인수합병을 통해 회사의 외형을 성장시키는 대담한 사업 전략을 보여 줬다.

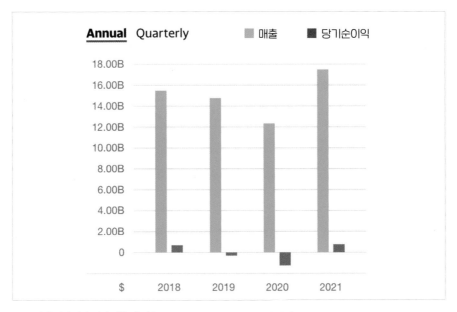

▲ 굿이어 타이어의 연간 매출 추이 (출처: Yahoo Finance, 단위: 십억 달러)

타이어에 진심인 굿이어 타이어

굿이어 타이어는 1898년 설립된 120년 넘는 역사를 가진 기업이다. 약 60여 년 전인 1839년, 고무에 미쳐 있었던 미국의 발명가 찰스 굿이어Charles Goodyear는 당시 33세의 나이로 고무 가황 공법을 개발했다. 원래 천연고무는 끈적끈적하고, 여름에 조금만 온도가 올라가도 녹아내리는 성질을 가졌다. 하지만 지금처럼 고무가 끈적이지 않고, 웬만한 온도에도 제 모양을 유지할 수 있는 이유가 바로 가황 공법 덕분이다. 찰스 굿이어가 이 공법을 개발함으로써 현대 고무 산업이 탄생할 수 있었던 것이다. 그래서 굿이어 타이어의 기업명도 현대 고무 산업을 있게 한 찰스 굿이어의 이름에서 따왔다. 회사 설립

후 1년 뒤인 1899년, 굿이어 타이어는 차량용 타이어를 처음으로 제품 포트폴리오에 편입했고, 이후 120년이라는 긴 시간 동안 타이어에만 집중해 타이어에 진심인 기업으로 발전해 왔다.

글로벌 브랜드 조사 업체 브랜드 파이낸스Brand Finance가 집계한 2022년 자료에 따르면 글로벌 3대 타이어 기업은 프랑스의 미쉐린Michelin과 일본의 브리지스톤Bridgestone, 그리고 미국의 굿이어 타이어다. 아래 표에서의 3위는 독일의 콘티넨탈Continental이지만 4위에 있는 던롭Dunlop이 굿이어 타이어의 자회사이기 때문에 사실상 글로벌 3위 기업은 굿이어 타이어라고 볼 수 있다.

이처럼 굿이어 타이어는 글로벌 3위이자 미국 내 1위 기업이다. 이런 와중에도 끊임없이 몸집을 키우던 굿이어 타이어는 2021년 2월, 경쟁사인 쿠퍼 타이어를 인수하기까지 이른다. 쿠퍼 타이어는 주로 중형 트럭용 타이어와

2022	2021	Logo	Name	Country	2022	2021	2022	2021
1 =	1	MICHELIN	Michelin	🇮🇹	$7,736M	$6,848M	AAA	AAA
2 =	2	BRIDGESTONE	Bridgestone	●	$7,099M	$6,805M	AAA-	AA+
3 =	3		Continental	▬	$4,253M	$3,163M	AA+	AA
4 =	4	DUNLOP	Dunlop	▬	$2,486M	$1,837M	AA+	AA
5 =	5	GOODYEAR	Goodyear	▬	$2,293M	$1,734M	AAA-	AA
6 =	6	PIRELLI	Pirelli	🇮🇹	$1,502M	$1,238M	AAA-	AA+
7 =	7	HANKOOK	Hankook	◉	$1,467M	$1,103M	AA	AA-
8 =	8	YOKOHAMA	Yokohama	●	$1,190M	$757M	AA+	AA-
9		TOYO TIRES	Toyo Tires	●	$907M		AA+	
10		GitiA	Giti	▬	$772M		AA-	

▲ 2022년 전 세계 타이어 업체 매출 순위 (출처: brandirectory)

레이싱 타이어, 오토바이 타이어를 생산하고 있기 때문에 우리에게는 익숙하지 않은 브랜드다. 하지만 판매량 기준으로 보면 글로벌 13위, 미국 내 4위를 차지할 만큼 상당히 큰 기업이었기 때문에 굿이어 타이어의 외형 성장에 큰 도움이 되었다.

타이어, 분명한 리오프닝 수혜 업종

팬데믹 직전, 미국의 총 차량 주행거리는 3.28조 마일을 기록하면서 사상 최대치를 경신하고 있었다. 팬데믹 기간 동안 이 수치는 2.8조 마일까지 뚝 떨어졌는데 이제 리오프닝과 함께 팬데믹 이전 수준으로 정상화되고 있는 과정에 있다. 주행거리가 많아야 타이어 사용량이 많아지고 타이어 교체 수요가 늘어난다. 마찬가지로 신차 생산과 판매가 증가해야 타이어 수요가 늘어난다. 차량 생산은 아직 팬데믹 이전 수준을 회복하지 못했다. 따라서 신차 타

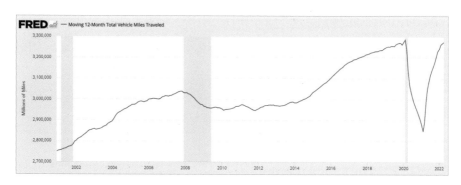

▲ 미국의 차량 주행거리 추이 (출처: FRED)

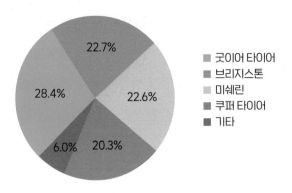

굿이어 타이어
브리지스톤
미쉐린
쿠퍼 타이어
기타

22.7%
22.6%
28.4%
6.0%
20.3%

▲ 2020년 미국 타이어 제조 기업 시장 점유율 (출처: 코트라)

이어 수요는 점점 늘어날 가능성이 높다. 총 주행거리는 이미 팬데믹 이전 수준을 회복했다. 그리고 주행거리는 앞으로 늘면 늘었지 절대 줄지 않는다. 주행거리가 는다는 것은 타이어 교체 수요가 는다는 것을 의미하기 때문에 이역시 타이어 기업에게는 기회다.

이런 가운데 우리는 미국 타이어 시장의 1위 기업인 굿이어 타이어에 주목할 필요가 있다. 게다가 미국 내 4위 타이어 기업인 쿠퍼 타이어도 인수하며 미국 타이어 시장의 거의 49% 가까이를 굿이어 타이어가 차지하게 되었다. 그만큼 미국의 경제 활동이 증가하면 할수록 가장 큰 수혜를 받게 되는 기업은 굿이어 타이어가 될 것이다.

테슬라와의 남다른 인연

2019년, 테슬라의 세계 최초 전기 픽업트럭 '사이버트럭'이 공개되었다. 우주선을 닮은 파격적인 디자인의 픽업트럭이 전기차로 나온다는 소식에 전 세계가 들썩였고, 구매 예약 신청자 수만 무려 130만 명에 달할 만큼 대중적인 흥행에도 성공했다. 하지만 출시가 지연되는 사이 포드, GM, 리비안에서 발빠르게 전기 픽업트럭을 출시했고 테슬라는 아쉽게도 최초의 타이틀을 놓치게 되었다. 하지만 파격적인 디자인의 테슬라 사이버트럭을 기다리는 사람들은 여전히 상당하다. 그리고 오는 2023년에 사이버트럭을 만날 수 있을 듯하다.

사이버트럭 공개 당시 등장했던 독특한 타이어가 있었다. 사람들은 '도대체 저런 특이한 타이어는 누가 만들었을까' 하며 궁금해했는데 바로 굿이어 타이어가 제작한 타이어였다. 여기에 매우 중요한 의미가 숨어 있다.

▲ 굿이어 타이어를 탑재한 테슬라 사이버트럭 (출처: Rubber World)

전기차의 보급과 함께 타이어도 달라지고 있다. 참고로 전기차는 타이어가 조금만 커도 주행 거리가 줄어든다. 직경이 커지든 타이어 폭이 커지든 타이어의 크기가 커질수록 주행거리는 줄어들 수밖에 없다. 하지만 전기차 특성상 가속력이 좋기 때문에 타이어의 직경이 작거나 폭이 좁으면 접지력이 떨어져서 주행 안전성이 떨어진다. 한마디로 전기차를 위한 타이어는 커야 하지만 크면 안 된다. 말장난 같지만 그래야 한다. 즉, 전기차 전용 타이어가 필요한 것이다.

요즘 우리나라에서도 전기버스가 눈에 많이 띈다. 하지만 전기버스가 조용하다는 느낌을 받은 분은 많이 없을 것이다. 우리나라의 전기버스는 전기버스임에도 소음이 큰 편이다. 전기차는 조용한 게 장점인데 왜 전기버스는 소음이 클까? 바로 타이어에서 발생하는 소음 때문이다. 전기차용 타이어는 소음을 얼마나 줄일 수 있는지도 굉장히 중요한데 이 역시 전기차 전용 타이어가 필요하다는 것을 보여주는 대목이다.

전기차 타이어가 기존 자동차 타이어와 달라야 하는 이유는 이뿐만이 아니다. 전기차는 배터리 때문에 기존 내연차보다 대체로 더 무겁다. 그렇다면 타이어는 더 많은 하중을 버틸 수 있어야 한다. 또 전기차는 내연차에 비해 가속력이 빠르다. 타이어가 쉽게 닳는다는 의미다. 결국 전기차용 타이어는 이런 점을 보완해 제작하기 때문에 대체로 더 비싸다. 요컨대 전기차용 타이어는 비싼데, 더 빨리 닳기 때문에 교체 주기도 빠르게 돌아온다. 물론 더 많은 기능을 넣다 보니 제품 가격이 비싸지는 측면은 있지만 기업이 비싼 제품을 많이 팔게 되는 것은 호재면 호재지 악재가 아니다.

이것을 모를 리 없는 글로벌 타이어 업체들은 경쟁적으로 전기차 전용 타이어를 개발해 출시하고 있다. 굿이어 타이어도 2021년 연말에 북미 전기차 시장에 맞게 개발한 전기차 전용 타이어 '뉴 일렉트릭 드라이브 GT'를 출시했다. 특히 이 타이어는 테슬라 전기차에 최적화해 개발한 것으로 알려져 있다.

굿이어 타이어가 테슬라에 타이어를 제공하는 독점 기업은 아니다. 글로벌 1위 타이어 기업인 미쉐린에 전기차 전용 타이어가 없는 것도 아니다. 미쉐린은 2021년 2월 '파일럿 스포트 EV'라는 이름의 고성능 전기차 전용 타이어를 출시하기도 했다. 하지만 전 세계에서 순수 전기차를 가장 많이 양산하고 있는 기업이 어디인가. 바로 테슬라다. 테슬라의 전기차 확산 수혜를 가장 크게 얻을 수 있는 기업은 테슬라에 맞게 타이어를 개발하고, 최적화한 굿이어 타이어일 가능성이 높다.

정리해 보면 아직 미국뿐만 아니라 전 세계의 차량 생산량은 팬데믹 이전 수준을 회복하지 못했다. 미국의 총 차량 주행거리도 아직 정상 수준이 아니다. 하지만 이런 어려운 국면 중에도 굿이어 타이어는 미국 내 4위 타이어 업체를 인수하면서 오히려 몸집을 크게 불렸고 현재 미국 내 시장 점유율 1위 타이틀을 공고히 하고 있다. 이런 가운데 전기차는 전 세계적으로 빠르게 확산되고 있다. 전기차 전용 타이어는 대체로 비싼데 이전에 비해 교체 수요도 많아질 가능성이 높다. 굿이어 타이어는 전 세계에서 전기차를 가장 많이 생산하고 가장 빠르게 생산량을 확대하고 있는 테슬라 차량에 최적화된 전용 타이어를 최근 출시했다.

분명 굿이어 타이어에는 큰 기회가 있다. 반드시 굿이어 타이어가 아니더라도 좋다. 글로벌 1, 2위의 미쉐린과 브리지스톤도 좋으니 이 책을 읽는 독자들이 전기차 산업이 아닌 타이어 산업에도 관심을 가져보길 바라는 마음이다.

굿이어 타이어 앤 러버 컴퍼니

인수합병을 통한 성장 동력 확보, 실적을 통해 확인하라

12월이 결산월인 굿이어 타이어는 2020년까지 최근 4년간 연평균 5%의 매출 감소세를 보여왔다. 하지만 팬데믹으로부터의 회복세와 2021년 인수한 쿠퍼 타이어 효과로 2021년에는 전년 대비 42%에 달하는 매출 성장세를 기록했다. 더불어 영업이익과 순이익도 빠르게 회복하는 모습이다. 연간 매출 추세는 1분기에서 4분기로 갈수록 증가하는 흐름을 나타낸다.

올해 들어 2차례 실적을 발표했는데 먼저 2022년 5월 6일 발표한 2022 회계연도 1분기 실적에 따르면 굿이어 타이어의 전년동기 대비 매출은 39.6% 증가한 49억 달러, EPS는 15.6% 증가한 0.37달러로 모두 예상치를 상회했다. 지속적인 공급망 문제, 러시아·우크라이나 전쟁, 중국의 지역 봉쇄 등 불확실성에도 불구하고 10년 이래 최고 분기 매출을 달성했다.

이어 8월 5일에 발표한 2분기 실적을 살펴보면 매출이 30.9% 증가한 52억 1000만

● 최근 2년간 실적(12월 결산 및 Non-GAAP EPS 기준)

회계연도	분기	매출	영업이익	순이익	EPS	전분기 대비
FY2020	Q1	3,056.00	−268.00	−619.00	−2.65	919%
	Q2	2,144.00	−770.00	−696.00	−2.97	−1,391%
	Q3	3,465.00	110.00	−2.00	−0.01	−103%
	Q4	3,656.00	231.00	63.00	0.27	−116%
	합계	12,321.00	−697.00	−1,254.00	−5.35	302%
FY2021	Q1	3,511.00	146.00	12.00	0.05	−102%
	Q2	3,979.00	225.00	67.00	0.27	−102%
	Q3	4,934.00	300.00	132.00	0.47	−4,800%
	Q4	5,054.00	323.00	553.00	1.95	622%
	합계	17,478.00	994.00	764.00	2.92	−155%

*매출 단위: 백만 달러, EPS 단위: 달러

달러, EPS가 43.7% 증가한 0.46달러로 모두 예상치를 상회했다. 러시아·우크라이나 전쟁, 코로나19에 따른 중국의 지역봉쇄 등 여러 어려움에도 쿠퍼 타이어의 인수 효과까지 더해져 타이어 판매량이 전년동기 대비 21% 급증한 4560만 개를 기록했고, 가격 인상을 통해 원자재 비용 등 인플레이션 상쇄 이상의 성과를 거뒀다.

벤치마크를 하회하던 모습에서 이제는 벗어날 때

1951년 9월에 상장한 굿이어 타이어의 주가는 2022년 5월 5일 기준으로 13.60달러, 시가총액은 38억 3477만 달러이다. 최근 12개월간 주가는 −30.40% 하락, 올해 들어서는 −36.21% 하락했으며 최고가는 24.14달러, 최저가는 11.82달러이다. 벤치마크인 러셀2000 지수와 비교해 보면 2019년 3월 이후 최근까지 벤치마크 수익률을 지속 하회했다. 하지만 최근 실적 발표 이후로는 벤치마크 수익률을 크게 상회하고 있다. 그리고 굿이어 타이어는 배당을 지급하지 않는다.

● **최근 5년간 굿이어 타이어 주가 추이 & 최근 3년간 주가 수익률 추이**(벤치마크 지수 포함)

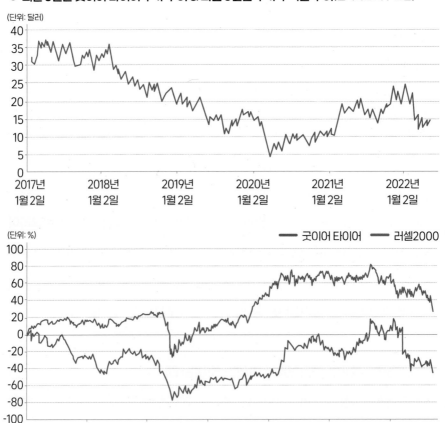

구분	최근 1개월	최근 6개월	2022년 누적	최근 1년	최근 5년
굿이어 타이어	+11.39%	−41.97%	−40.27%	−29.64%	−63.61%
러셀2000	+3.55%	−16.32%	−18.56%	−23.02%	+30.19%

*6월 9일 기준

뉴지랭크US 종목 진단

종합 점수	모멘텀 점수	펀더멘탈 점수	베타	롱텀	엔벨
85	95	74	0.83	7	89

2022년 5월 31일 뉴지랭크US 종목 진단 결과 종합 점수는 85점으로 매우 높다. 모멘텀 점수는 95점으로 상대적으로 최근 수급과 거래량이 매우 좋고, 펀더멘탈 점수도 74점으로 상대적으로 안정적인 재무 상태를 보이고 있다.

베타 지수는 0.83으로 시장 변화에 영향을 받아 상승장에 유리하고, 시즈널 지수의 경우 연중 최저점이 8월 말, 연중 최고점이 12월 말이며 그 차이가 40을 넘지 않아 연간 주가 상승률은 그리 높지 않은 편이다. 롱텀 지수상 '바닥'에 위치하고 있는 굿이어 타이어의 현재 주가는 엔벨 지수상 중심선을 강하게 상회하고 있어 단기적으로 조정 가능성이 있다.

월가의 투자 의견 및 목표 주가

최근 3개월간 발표된 굿이어 타이어에 대한 7건의 월스트리트 투자 의견을 종합하면 '매수'이고, 향후 12개월간 목표 주가는 최고 22.00달러, 최저 15.00달러, 평균 18.30달러로 현재가 대비 +41.64% 높은 상황이다.

● 최근 3개월간 월가의 투자 의견 및 목표 주가 종합

출처: Tipranks.com

● 최근 7개월간 월가의 투자 의견 및 목표 주가 현황

추천일	평가회사	애널리스트	투자등급	목표가	추천일증가
2022/05/16	Citigroup	Itay Michaeli	보유	15.00	12.20
2022/05/12	Morgan Stanley	Victoria Greer	보유	18.50	11.12
2022/05/10	Nomura	Anindya Das	매수	15.30	11.23
2022/05/09	J.P. Morgan	Ryan Brinkman	매수	22.00	11.30
2022/05/06	CFRA	Garrett Nelson	매수	20.00	12.31
2022/04/21	Deutsche Bank	Emmanuel Rosner	매수	19.00	13.52
2022/04/11	Banco BNP Paribas Brasil SA	Ashik Kurian	보유	0	13.00
2022/02/25	J.P. Morgan	Ryan Brinkman	매수	23.00	15.51
2022/02/22	Jefferies Co.	Sascha Gommel	보유	17.00	15.55
2022/02/16	Morgan Stanley	Victoria Greer	보유	20.00	16.70
2022/02/14	Nomura	Anindya Das	보유	0	16.67
2022/02/14	J.P. Morgan	Ryan Brinkman	매수	23.00	16.02
2022/02/14	J.P. Morgan	Alan Brinkman	매수	0	16.02
2022/02/14	Deutsche Bank	Emmanuel Rosner	매수	30.00	16.67
2022/02/11	Northcoast Research	John Healy	매수	0	15.77
2022/02/11	CFRA	Garrett Nelson	보유	24.00	15.77
2021/12/07	Deutsche Bank	Emmanuel Rosner	매수	0	21.69
2021/11/11	Citigroup	Itay Michaeli	보유	24.00	23.46

출처: 키움증권 HTS 영웅문G (2022년 5월 기준)

최신 분석 결과가 궁금하다면?

뉴지랭크US 분석 결과

월가 의견 및 목표 주가

사랑하는 반려동물을 위한
신개념 구독 서비스

BARK:

- 종목명: 바크 Bark Inc
- 티커: BARK | 지수: 러셀2000 | 섹터: 자유소비재 > 인터넷 및 다이렉트 마케팅 소매 유통 (반려동물 용품 및 소모품)

지금 4명 중 1명은 반려동물과 살고 있다

최근 KB금융지주의 보고서에 따르면 국내 반려동물 양육 인구가 1448만 명이라고 한다. 대한민국 국민 4명 중 1명이 반려동물과 함께 살고 있는 셈이다. 이러한 양상은 가족에 대한 개념까지 바꿔놓고 있다. 다시 말해 '정상 가족'의 개념이 확장되는 시대라고 볼 수 있다.

여러분 각자가 속한 가족은 어떤 형태를 지녔는가? 아빠, 엄마, 그리고 자녀로 이뤄진 '핵가족'에서 나아가, 무자녀 가족, 동성 결혼 가족, 입양 가족 등 다양한 형태의 가족이 탄생하고 있다. 내가 속한 우리 가족은 '4인 1견'의 형태이다. 강아지가 가족 구성원이라니, 누군가는 비웃겠지만 단 한 번이라도

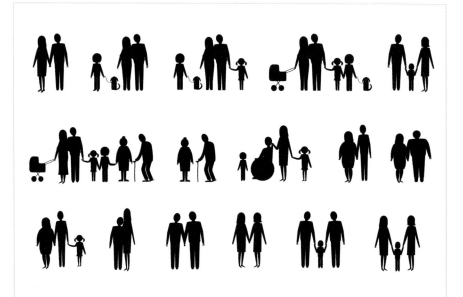

▲ 다양한 형태의 가족 (출처: Shutterstock)

강아지를 키워본 적 있는 독자라면 백 번 공감할 것이다. 천사 같은 눈을 마주보며 교감을 나눈 이상, 이 작고 연약한 존재가 내 자식만큼, 동생만큼, 그토록 예쁘고 소중할 수가 없다. 그래서 강아지를 데려오기 이전의 삶을 상상할 수 없을 정도로 가족 사랑의 중심으로 거듭난다.

견주들께서는 공감하시는가? 마음이 이렇다 보니 내 새끼 같은 이 아이를 위해 더 좋은 집과 방석, 더 귀엽고 재미있는 장난감, 조금이라도 더 맛있고 건강한 간식과 사료를 사주고 싶어진다. 이런 욕구에서 투자의 힌트를 얻어 이번 챕터에서 소개하게 된 기업이 바로 바크다.

팬데믹을 거치며 더욱 커진 반려동물 시장

반려동물만이 가져다주는 사랑스러운 매력 덕분에 반려동물 시장 규모는 매년 가파르게 성장하고 있다. 특히 팬데믹으로 인해 집에서 시간을 보내는 이들이 새로운 반려동물을 맞이하면서 시장은 더욱 확장 추세다. 그래서 보다 깐깐해진 소비자의 요구를 충족시키기 위한 프리미엄 제품, 스마트 제품도 다양해지고 있다. 글로벌 시장조사 및 통계 전문 기관 스태티스타Statista의 「미국 반려동물 현황 보고서Pet Ownership in the U.S(2022년 발간)」에 따르면 약 2000명의 미국인을 대상으로 설문 조사를 실시한 결과, 팬데믹 기간 내 '반려동물 양육을 포기했다'는 응답은 전체의 1~2%에 불과했으나 '새로운 반려동물을 입양했다'고 답한 비율은 7~10%에 달했다.

오랜 기간 집에 머물면서 쌓인 스트레스와 우울감을 반려동물과 함께 극복하려는 심리가 작용한 것이다. 결혼을 점점 미루는 MZ세대 젊은이들 사이

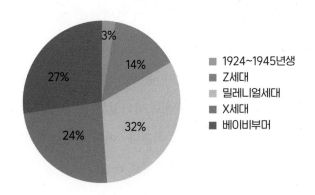

3%
14%
27%
24%
32%

■ 1924~1945년생
■ Z세대
■ 밀레니얼세대
■ X세대
■ 베이비부머

▲ 2022~2022년 세대별 반려동물 소유 비율 (출처: Statista)

에서도 반려동물 분양 트렌드가 확장하고 있다. 우리가 주목해야 할 부분은, 이런 삶의 변화 덕분에 반려동물 시장 규모가 커지고 있다는 점, 그리고 앞으로도 확장할 거란 점이다. 시장조사 업체 글로벌 인사이트_{Global Insight}의 조사 자료에 따르면, 전 세계 반려동물 시장의 규모는 2020년 2160억 달러에서 2021년 2320억 달러로, 1년 만에 6.1% 증가했다. 2027년까지는 그 규모가 3500억 달러까지 성장할 것으로 예상된다.

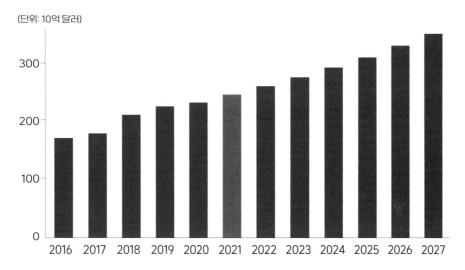

(단위: 10억 달러)

▲ 전 세계 반려동물 시장 성장세 예측 (출처: commonthreadco)

더 집요하고 더 똑똑하게

이렇게 성장 중인 반려동물 시장에서 최근 눈에 띄는 핵심 트렌드는 바로 인간화_{Humanization}와 프리미엄화_{Premiumization}이다. 인간화는 말 그대로 반려동물을 사람처럼 여긴다는 의미다. 특히 반려동물 건강 분야에서 인간화 트렌드가 두드러지는데, 앞에서 언급했듯 반려동물을 소중한 가족 구성원으로 여기기 때문에 다양한 건강 컨디션에 대해 매우 세세하게 파악한 뒤 이에 부합하는 간식과 먹을거리를 구매하는 것이다. 바크의 사업 아이템은 여기에서 비롯된다. 반려동물 각각의 건강 상태와 니즈에 맞춰 프리미엄화된 맞춤 식단을 문 앞까지 배달해 주는 구독 사업이다.

바크가 하는 일에 대해 자세히 알아보자. 바크는 다양한 종류의 반려동물 중에서도 특히 미국인들이 오랫동안 가장 사랑하고, 많이 키워온 개에만 집중한다. 하나를 하는 대신, 아주 깊이 파고든다. 바크의 사업 모토는 '반려견과 사람 간의 길고 깊은 관계 형성하기'에 근간한다. 사람이 이해하기 힘든 반려견의 필요에 대해 최대한 구체적으로 파악함으로써 필요한 모든 것을 제공해 주고, 그렇게 함으로써 반려견을 행복하게 만든다. 반려견의 행복과 웰빙을 통해 궁극적으로 사람을 행복하게 만든다는 큰 그림이다.

바크의 고객이 되면 첫째로 견주와 반려견에 대해 세부적인 프로필을 작성한다. 강아지의 이름, 성별, 견종, 나이 등 기본적인 사항들은 물론이고, 좋아하는 놀이 종류, 알러지가 있는 성분들, 선호하는 장난감 종류(공, 밧줄, 패브릭 등 14가지에 이른다) 등을 작성 후 제출한다. 제출된 내용을 바크의 반려견 전문가들이 검토한 후, 우리 강아지만을 위한 단 하나의 맞춤형 박스, '바크 박스 Bark Box'를 만들어준다. 이 박스에는 간식과 장난감, 건강 보조제, 웰빙 용품(방석, 담요, 산책 목줄 등)이 들어가며 모든 제품들은 수직적 통합을 통해 100% 바크에서 독점적으로 디자인, 개발, 생산한 '바크-메이드 Bark-made'이다.

최근에는 바크박스에 이어 신제품 출시에도 나서고 있다. 맛있는 먹을거

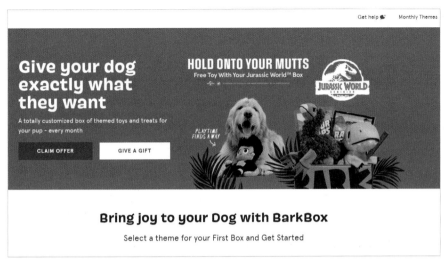

▲ 반려견 맞춤 상품을 구독을 신청할 수 있는 바크 박스 (출처: barkbox)

리와 즐거운 놀거리에서 한층 더 프리미엄화된 서비스이다. 강아지의 공간을 더 편하게 꾸며줄 '바크 홈Bark Home', 더 스마트한 이빨 케어를 위한 '바크 브라이트Bark Bright', 강아지의 건강 상태에 딱 맞게 영양 전문가들이 조합한 사료를 받아볼 수 있는 '바크 이츠Bark Eats'가 있다. 견주와 강아지의 니치한 니즈를 정확히 타깃팅함으로써 매년 1800만 명의 구독이 이뤄지고 있고, 매달 20만 건의 각기 다른 커스텀 박스가 제작되고 있다.

새로운 서비스로 지속 성장 중인 반려동물 시장

펫 케어 시장이 세분화되고, 이커머스가 급증함에 따라 바크와 같이 반려동

▲ 바크 제품 종류 (출처: 바크 홈페이지 IR 프레젠테이션 자료)

물 식품 구독 서비스를 제공하는 온라인 브랜드들이 더러 생겨났다. 최근 주목받는 개별 맞춤형 반려동물 식품 브랜드로는 '저스트 라잇 펫 푸드Just Right Pet Food', '푸포Puppo' 등이 있다. 관절이 약한 경우, 수분이 부족한 경우, 체중 조절이 필요한 경우 등 다양한 니즈에 따라 배합된 사료를 매달 문 앞에 배달받는다는 점에서 바크와 비슷하다. 다만, 반려동물의 특징을 파악하기 위해 처음에 작성하는 퀴즈가 바크에 비해 훨씬 짧고 간단해서 고객들은 커스터마이징이 덜 된다는 느낌을 받곤 한다. 더불어, 바크는 사료뿐 아니라 강아지에게 필요한 '모든 것'을 제공하는 데 반해, 해당 기업들은 사료에만 집중한다는 차이가 있다.

개는 친화력과 충성심이 좋다고 여겨져 아주 오랫동안 미국인들로부터 큰 사랑을 받아왔다. 미국 가정의 70%가 반려동물을 키우고 있고, 가장 사랑받

▲ 바크의 경쟁사가 제공하는 커스터마이징 사료 (출처: justrightpetfood, puppo)

는 반려동물 설문조사 1위 자리는 늘 반려견이 차지해 왔다. 먹고 살기 좋아지면서 사람들이 더 좋은 음식, 더 비싼 옷, 더 넓은 집을 찾듯이, 사랑하는 강아지에게도 프리미엄 라이프스타일을 제공해 주고자 하는 심리가 생기는 것은 자연스럽다. 바크는 미국 견주들 사이에서 아는 사람들은 다 아는 최고의 구독 박스로 평가받고 있다. 전 세계 강아지들의 럭셔리한 웰빙 라이프를 응원하는 투자자라면 한 번쯤은 들여다볼 만한 기업이다.

바크

70%에 달하는 매출 성장세에 주목!

3월이 결산월인 바크는 70%에 가까운 매출 성장세를 구가하고 있다. 하지만 사업 초기 성장에 집중하는 가운데 비용이 크게 증가하면서 영업이익과 순이익은 지속적인 적자를 나타내고 있다. 연간 매출 추세의 경우 1분기에서 4분기로 갈수록 증가하는 흐름을 나타낸다.

2022년 5월 31일에 발표한 2022 회계연도 4분기 실적에 따르면 매출은 전년동기 대비 14.8% 증가한 1억 2883만 달러로 예상치를 상회했고, EPS는 전년동기 대비 −0.21달러로 적자 전환하며 예상치를 하회했다. 또한 인플레이션 압력, 중국 코로나19 봉쇄, 러시아·우크라이나 전쟁 등 여러 불확실성으로 인해 다음 회계연도 매출 가이던스는 9.6% 증가한 5억 5600만 달러로 예상하고 있다.

● 최근 2년간 실적(3월 결산 및 Non-GAAP EPS 기준)

회계연도	분기	매출	영업이익	순이익	EPS	전분기 대비
FY2021	Q1	74.81	3.31	2.02	0.05	−
	Q2	86.41	−0.68	−1.38	−0.03	97% 개선
	Q3	105.18	−19.32	−24.97	−0.54	83% 개선
	Q4	112.21	−3.91	−7.06	−0.15	81% 개선
	합계	378.60	−20.60	−31.39	−0.68	3% 개선
FY2022	Q1	117.6	−11.7	−24.8	−0.23	적자 전환
	Q2	120.2	−15.4	6.5	0.04	흑자 전환
	Q3	140.8	−27.1	−13.2	−0.08	81% 개선
	Q4	128.83	−34.8	−36.7	−0.21	40% 악화
	합계	507.40	−94.20	−68.30	−0.44	35% 개선

*매출 단위: 백만 달러, EPS 단위: 달러

최근 부진한 실적과 가이던스로 우려되는 주가 흐름

2021년 6월에 정식 상장한 바크의 주가는 2022년 5월 5일 기준 2.90달러, 시가
총액은 5억 341만 달러이다. 최근 12개월간 주가는 −71.37% 하락, 올해 들어서는
−31.28% 하락했으며 최고가는 12.39달러, 최저가는 2.72달러이다. 벤치마크인 러
셀2000 지수와 비교해 보면 스팩 상장 중이던 2021년 2월 이후 벤치마크 수익률을
하회한 후 현재까지 그 격차가 커지는 모습이다. 최근 발표한 실적과 가이던스가 부
진함에 따라 이후 벤치마크와의 수익률 격차가 더욱 벌어질 것으로 우려된다. 그리
고 바크는 배당을 지급하지 않는다.

● 상장 이후 바크 주가 추이 & 주가 수익률 추이(벤치마크 지수 포함)

(단위: 달러)

| 20 |
| 18 |
| 16 |
| 14 |
| 12 |
| 10 |
| 8 |
| 6 |
| 4 |
| 2 |
| 0 |

| 2017년 1월 2일 | 2018년 1월 2일 | 2019년 1월 2일 | 2020년 1월 2일 | 2021년 1월 2일 | 2022년 1월 2일 |

(단위:%)   ━ 바크   ━ 러셀2000

| 60 |
| 40 |
| 20 |
| 0 |
| -20 |
| -40 |
| -60 |
| -80 |
| -100 |

| 2021년 2월 | 2021년 6월 | 2021년 10월 | 2022년 2월 |

구분	최근 1개월	최근 6개월	2022년 누적	최근 1년	최근 5년
바크	-10.73%	-66.09%	-27.58%	-87.25%	-
러셀2000	+3.55%	-16.32%	-18.56%	-23.02%	+30.19%

*6월 9일 기준

뉴지랭크US 종목 진단

종합 점수	모멘텀 점수	펀더멘탈 점수	베타	롱텀	엔벨
33	49	18	0.27	53	50

상장 3년 미만의 경우 모멘텀, 베타, 엔벨 등 일부만 유효한 의미를 갖는다. 2022년 5월 31일 뉴지랭크US 종목 진단 결과 종합 점수는 33점으로 낮다. 모멘텀 점수는 49점으로 상대적으로 최근 수급과 거래량이 양호하지만, 펀더멘탈 점수는 18점으로 상대적으로 부진한 재무 구조를 보이고 있다. 베타 지수는 0.27로 시장 변화에 별다른 영향을 받지 않고, 현재 주가가 엔벨 지수상 중심선을 횡보하고 있어 단기적으로 반등 가능성이 있다.

월가의 투자 의견 및 목표 주가

최근 3개월간 발표된 바크에 대한 1건의 월스트리트 투자 의견을 종합하면 '매수'이고, 향후 12개월간 목표 주가는 최고 14.00달러, 최저 14.00달러, 평균 14.00달러로 현재가 대비 +460% 높은 상황이다.

- 최근 3개월간 월가의 투자 의견 및 목표 주가 종합

출처: Tipranks.com

- 최근 12개월간 월가의 투자 의견 및 목표 주가 현황

추천일	평가회사	애널리스트	투자등급	목표가	추천일종가
2022/05/02	Jefferies Co.	Stephanie Wissink	매수	14.00	3.17
2022/02/11	Canaccord Genuity	Maria Ripps	매수	12.00	3.46
2021/06/28	Citigroup	Nicholas Jones CFA	매수	16.00	9.78
2021/06/14	Canaccord Genuity	Maria Ripps	매수	16.00	12.01
2021/06/10	Jefferies Co.	Stephanie Wissink	매수	14.00	12.36

출처: 키움증권 HTS 영웅문G (2022년 5월 기준)

최신 분석 결과가 궁금하다면?

뉴지랭크US 분석 결과

월가 의견 및 목표 주가

이번엔 진짜다!
주거용 태양광 시스템의 미래가 될 회사

SUNPOWER®

- 종목명: 선파워 코퍼레이션 SunPower Corporation
- 티커: SPWR | 지수: 러셀2000 및 S&P400 | 섹터: 정보기술 > 반도체 및 반도체 장비 (PV 셀)

'한 번 속지 두 번 속나' 태양광 투자 열풍, 믿을 수 있을까?

독자 분들 중에는 2011년 3월 11일의 그 사건을 기억하는 분이 계실 수도 있겠다. 필자가 경제 방송국에 입사한 지 3달 만에 발생한 사건이었는데 아직도 기억에 또렷하게 남아 있다. 이 날, 동일본 대지진 발생으로 원전에서 방사성 물질이 유출됐고, 이로 인해 전 세계가 패닉에 휩싸였다. 당시 전 세계는 원전의 위험성을 경고하며 태양광 에너지에 주목했다. 투자자들도 원전은 에너지원으로 사용하지 못할 위험한 것이라 여기며 태양광 투자에 열을 올렸다. 당시 태양광 웨이퍼(태양광 전지에 사용되는 반도체 소재의 얇은 조각)를 생산하던 OCI(010060)의 주가는 단숨에 60만 원을 뛰어넘었고, 증권가에서는 100만

원 달성까지 시간 문제라는 평가도 심심치 않게 내놨다. 그 이후 어떻게 됐을까? 주가는 수년간 하락해 2만 6000원 수준까지 가기도 했다.

　이뿐만 아니다. 태양광을 비롯한 신재생 관련주에 대한 투자 열풍은 순간순간 불고 꺼지는 경우가 허다했다. 2005년 교토 의정서 발효 직전에 그랬고, 2007년에도 그랬다. 2021년에는 바이든 행정부의 친환경 정책 기조와 팬데믹 이후 개인 투자자들의 투자 열풍에 힘입어 또 한 번 엄청난 열풍이 불었다. 이처럼 역사적으로 크고 작은 투자 열풍이 불고 꺼지는 현상이 발생하다 보니, 아무리 장기 투자자라도 그 열풍이 꺼지면 버티기 힘든 투자처가 바로 태양광 테마주였다.

　이번 챕터의 주인공 선파워 코퍼레이션(이하 선파워) 역시 2007년 한때 85달러까지 급등하기도 했던 주식이다(이 글을 작성하고 있는 2022년 5월 3일 기준의 주가는 17달러이다. 헉! 장기 투자한다며 15년 존버 했다면 고점 대비 −80% 손실을 기록하고 있을 수도 있겠다). 최근 바이든 정책 열풍을 타고 급등했을 때 고점 54달러 찍었지만 전고점의 63% 수준에 그쳤다. 즉, 매매 타이밍을 한 번 놓치면 15년을 기다려도 원금 회복이 불가능한 테마주가 바로 과거의 태양광이었다.

태양광, 테마주 열풍의 실패 사례라는 오명에서 벗어나다

테마주 투자는 타이밍이 생명이다. 뉴스 모멘텀도 필수다. 하지만 이는 저점매수와 고점매도를 귀신같이 잘하고, 관련 뉴스가 언제 터질지 아는 사람이나 할 수 있다. 왜냐하면 테마주 투자는 실제 숫자(실적과 펀더멘탈)보다는 뉴스에 따라 움직이기 때문이다. 따라서 이 책을 통해 테마주를 소개하는 것은 굉장히 무모할 수 있다. 그런데 지금 선파워에 주목하는 이유는 더 이상 뉴스에 좌우되는 테마주가 아닌, 실제 숫자가 확인되고 있는 기업이기 때문이다. 꿈과 상상만으로 '먼 미래에 언젠간 되겠지', '뉴스만 잘 터져 준다면' 같은 기도매매 혹은 테마주 열풍을 기대하는 게 아니라는 것이다. 일반 소비자들이 빠르게 태양광 시스템을 가정에 도입하고 있는 덕분에 이제는 신뢰할 수 있는 숫자가 눈에 보이기 시작했다. 과거의 테마주 오명을 벗고 장기 성장을 준비하는 알찬 스몰캡 기업으로 변하고 있는 것이다.

최근 태양광 시스템을 자신의 집에 설치하는 소비자들이 굉장히 빠르게 증가하고 있다. 뒤에 나올 태양광 기업별 차이점에서도 설명하겠지만, 대표적인 태양광 시스템 설치 기업들의 고객 수만 보더라도 그렇다. 선런Sunrun의 고객 수는 66만 명으로 연평균 20%씩 고객이 늘어나고 있다. 선파워 역시 지난 4분기 고객 수가 전년동기 대비 31% 늘어 1만 7000명의 고객이 증가했고, 총 누적 고객 수는 42만 7000명으로 늘어났다. 이 두 기업보다 규모는 작지만 빠르게 성장하고 있는 선노바 에너지 인터내셔널(이하 선노바)의 경우 10만 7500명이었던 고객이 1년 만에 82%나 늘어 19만 5400명까지 증가했다. 소비자가 빠르게 늘어나고 있다는 것만큼 확실한 증거는 없다.

'주거용 태양광 시스템'이 뭐길래

태양광 관련주는 종류도 다양하고 그 수도 많다. 보다 보면 도대체 뭐가 뭔지

▲ 미국 가정집에 설치된 태양광 시스템 (출처: Shutterstock)

헷갈린다. 태양광 관련주에는 폴리 실리콘을 생산하는 기업, 잉곳과 웨이퍼, 셀과 모듈을 만드는 기업, 인버터를 만드는 기업, 에너지 저장 장치(2차전지)를 만드는 기업 등 다양하다. 그중 선파워는 어느 곳에도 속하지 않는다. 왜냐하면 주거용 태양광 시스템 설치 기업이기 때문이다.

태양광 시스템 설치 기업은 대체로 자신이 스스로 제품을 생산하지 않는다. 또 다른 설치 기업인 선런의 홈페이지를 보면 쉽게 이해할 수 있다. 가정에 설치하는 태양광 시스템은 대략 태양광을 받아 전기를 생산하는 태양광 패널과 태양전지에서 직류로 생산된 전기를 사용할 수 있는 교류 전기로 바꿔주는 인버터, 생산된 전기를 저장할 수 있는 에너지 저장장치 등으로 나뉜다. 선런의 경우 인버터는 엔페이즈 에너지Enphase Energy의 마이크로 인버터를, 에너지 저장 장치는 우리나라 LG에너지솔루션의 배터리와 테슬라의 파

▲ 선런에서 제공하는 태양광 패널을 활용한 포드 전기차 충전기 서비스 (출처: sunrun)

워월 등을 사용한다. 최근에는 전기차가 급속도로 보급되면서 모든 설치 기업들이 전기차 충전 시스템까지 포함한 통합 설치 서비스를 제공하는데, 선런은 포드 모터FORD의 전기 픽업트럭인 '포드 F-150 라이트닝'에 최적화된 전기차 충전기를 설치하고 있다.

이런 식으로 설치 기업들은 스스로 제품을 생산하는 것이 아니라 각 제조기업들로부터 제품을 공급받아 고객의 상황에 맞게 조합해 설치해 주는 사업을 한다. 선노바도 마찬가지다. 선노바는 2020년 휴대용, 비상용 발전 제품 및 에너지 저장장치를 제조하는 기업인 제네락의 에너지 저장 시스템을 이용한다. 전기차 충전 시스템은 차지포인트 제품을 사용한다.

선파워도 비슷한 방식이지만 다른 기업과 다른 점이 있다. 선노바는 기존에 태양광 패널을 만들어 본 경험이 있다. 현재 미국 시장에 상장되어 있는 맥세온 솔라 테크놀로지(티커: MAXN)는 과거 선파워의 패널 생산 사업부였다. 구조조정을 통해 사업부를 독립 법인으로 분사한 이후 시장에 상장시켰기 때문에 여전히 맥세온의 패널을 사용한다. 물론 다른 패널도 사용하고 있지만 패널을 만들어본 경험을 바탕으로 현재는 퍼스트 솔라First Solar와 함께 고효율 패널을 개발하고 있다.

미국인들이 태양광 시스템을 설치하는 진짜 이유

미국 내에서 태양광 발전 시스템을 설치하는 가정이 빠르게 늘어나고 있다는 것은 확인했다. 그런데 왜 굳이 이들은 태양광 시스템을 설치하고 있는 것일까? 필연적인 이유가 있어야만 한다. 안 그러면 이 또한 한 차례 불고 지나가는 바람에 불과할 수 있기 때문이다.

미국 소비자들에게 태양광이 필요한 분명한 이유는 미국의 유틸리티 비용이 빠르게 높아지고 있기 때문이다. 유틸리티 비용은 우리나라의 전기, 가스 요금이라고 생각하면 쉽다. 우리나라 전기는 한국전력이, 가스는 한국가스공사가 전국에 공급하기 때문에 전국의 전기와 가스 요금이 동일하다. 하지만 미국은 발전소와 가스 공급 업체들이 모두 민간 기업이다. 또한 주별로, 지역별로 회사가 모두 제각각이기 때문에 사는 곳에 따라 전기료와 가스료가 모두 다르다. 그러다 보니 미국은 주별로 물가 상승률보다 유틸리티 비용이 더 빠르게 높아지는 주(파란색)가 있는 반면, 물가 상승률보다 유틸리티 비용이

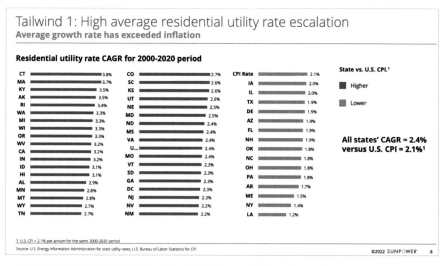

▲ 물가 상승률 대비 유틸리티 비용 증가가 높은 주(파란색), 낮은 주(주황색) 비교 (출처: 선파워 2021년 사업보고서)

덜 오르는 주(주황색)가 있다.

위 그래프는 2000년부터 2020년까지 미국 전역의 연평균 물가 상승률 대비 유틸리티 비용이 덜 오른 주(주황색)와 더 많이 오른 주(파란색)를 보여준다. 미국 50개 주 가운데 3분의 2가 2.1%의 평균 물가 상승률보다 빠른 유틸리티 비용 증가를 기록하고 있다. 심지어 이 자료는 2022년 팬데믹으로 인한 공급망 문제와 지정학적 리스크로 인한 에너지 가격 상승이 전혀 반영되지 않은 자료다. 에너지 가격 급등이 반영되면 유틸리티 비용은 더욱 빠르게 증가할 가능성이 높다. 그렇기에 미국 소비자들은 하루 빨리 태양광 발전 시스템을 설치하는 게 이득인 것이다.

또 하나의 이유는 전기차의 빠른 확산이다. 사실 전기차를 화석 연료로 만든 전기로 충전하든, 태양광으로 생산한 전기로 충전하든 차이는 없다. 즉,

전기차가 확산되기 때문에 태양광 발전 시스템 설치가 늘어나는 것은 아니라는 뜻이다. 하지만 전기차 소비자들을 대상으로 한 조사 결과에 따르면 현재 전기차 소비자의 80% 이상이 공용 충전소가 아닌 자가에 설치한 충전기를 통해 충전을 하는 것으로 나타났다. 그리고 전기차를 소유한 소비자 가운데 38%에 달하는 사람들이 자신의 집에 태양광 시스템을 갖고 있는 것으로 나타났다. 전기차를 충전하기 위해 반드시 태양광 시스템이 필요한 것은 아니지만 전기차를 선호하고 소유한 사람들은 태양광 발전을 선호하는 경향이 있다는 점을 알 수 있다. 인과관계는 아니지만 상관관계는 있다. 그렇기 때문에 전기차의 보급이 확산되면 태양광 발전 시스템을 설치하려는 미국의 소비자가 증가할 가능성이 높다.

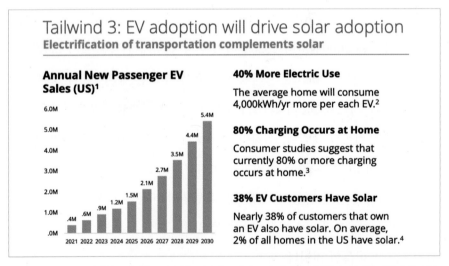

▲ 왼쪽은 증가하는 전기차 소비자를, 오른쪽은 전기차 소비자 조사 결과를 보여준다. 전기차 이용자 중 80% 이상이 자가 충전소를 이용하며, 그중 38%에 달하는 사람들이 자가에 태양광 시스템을 설치하고 있다는 내용이다(전미 평균은 2%에 불과). (출처: 선파워 2021년 사업보고서)

1등, 3등보다 매력적인 2등에 투자하자

앞서 언급한 것처럼 주거용 태양광 시스템 설치 기업은 대표적으로 선런, 선파워, 선노바가 있다. 고객 수와 매출, 시가총액 등 어떤 측면에서 보더라도 선런이 1위, 선파워가 2위, 선노바가 3위로 그 뒤를 잇고 있다. 2021년 기준으로 선런의 누적 고객 수는 66만 명, 선파워는 42.7만 명, 선노바는 19.5만 명을 기록하고 있다. 이중에 가장 앞서가는 1위 기업도, 가장 작기 때문에 가장 높은 성장률이 기대되는 3위도 아닌 2위 기업 선파워에 주목하는 이유는 따로 있다.

일단 선파워에 대한 미국 내 소비자 반응이 좋다. 5400명 소비자들을 대상으로 별점 평가(5점 만점)를 진행한 결과, 선런과 선노바는 2.5점대의 평가를

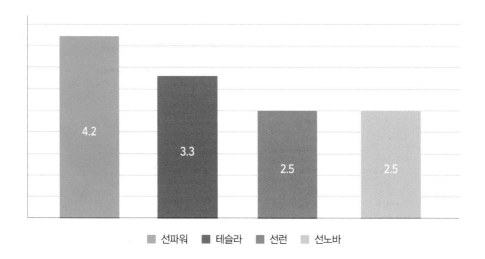

▲ 소비자 평가 지수에서 유일하게 4점 이상을 받은 선파워 (출처: 선파워 2021년 사업보고서)

받은 반면 선파워는 유일하게 4점 넘는 평가를 받았다.

현재 선파워의 누적 고객 수가 선런에 비해 적은 것은 사실이지만 선런과 선노바에 비해 훨씬 넓은 지역에서 설치 사업을 진행하고 있다. 그리고 커버하는 지역의 성장도 작년 4분기 63%에서 지난 1분기 71%로 증가하며 매우 빠른 속도를 보여주고 있다. 현재가 아닌 미래 가능성을 보면 선파워가 더 매력적으로 느껴진다.

또, 매출총이익률Gross profit Margin ratio이 24개 분기 내 최대치를 기록하고 있다. 매출총이익률이 높다는 것은 가격을 인상해도 소비자들이 이탈하지 않고 소비를 이어간다는 것을 보여주는 지표다. 때문에 높은 가격 결정력을 보여주는 대표적인 지표인데 이 역시 지속적으로 좋아지는 모습이다. 인플레이션 시대에 가격 결정력은 무엇보다 중요한데 선파워는 인플레이션에도 이익을

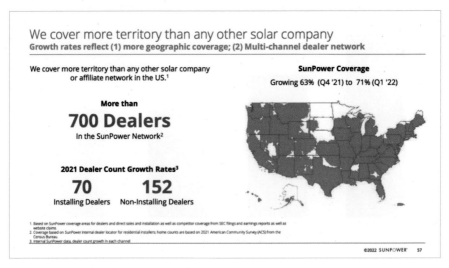

▲ 미국 내 가장 넓은 지역을 커버하는 선파워 (출처: 선파워 2021년 사업보고서)

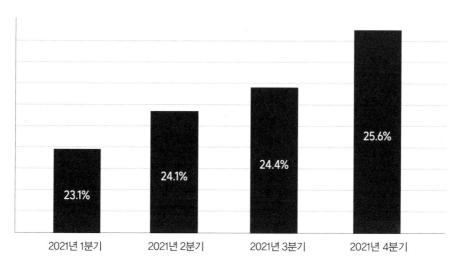

25.6%

24.4%

24.1%

23.1%

2021년 1분기   2021년 2분기   2021년 3분기   2021년 4분기

▲ 가격 결정력을 보여주는 매출총이익률의 꾸준한 증가세 (출처: 선파워 2021년 사업보고서)

지킬 수 있는 기업으로 평가된다.

　그렇다고 선런과 선노바의 투자 가치가 없다는 뜻은 아니다. 주거용 태양광 시스템 설치 산업은 이제 막 시작하는 단계다. 그렇기 때문에 경쟁 기업끼리 밥그릇을 뺏고 뺏기는 시장이 아닌 함께 성장하는 시장이다. 필자는 선파워를 가장 매력적으로 느꼈지만 독자들은 경쟁 관계에 있는 모든 기업에 폭넓은 관심을 가지는 것이 좋겠다.

선파워 코퍼레이션

코로나19 팬데믹 이후 불안정한 성장세

12월이 결산월인 선파워는 코로나19 팬데믹 이후 매출이 크게 감소하면서 팬데믹 이전 매출에 미치지 못하고 있다. 연간 매출 추세의 경우 1분기에서 4분기로 갈수록 증가하는 흐름을 나타내는데 3분기는 계절적 특성상 다소 감소세를 보인다.

올해 들어 두 번 실적을 발표했는데 먼저 2022년 5월 5일에 발표한 2022 회계연도 1분기 실적의 경우, 전년동기 대비 매출은 41.3% 증가한 3억 3610만 달러로 예상치를 상회한 반면, EPS는 60% 감소한 0.02달러로 예상치를 하회했다. 그러나 이전에 제시한 연간 가이던스를 재확인하면서 실적에 대한 우려를 다소 진정시켰다.

다음으로 2022년 8월 2일에 발표한 2분기 실적의 경우, 매출이 60.2% 급증한 4억 1777만 달러로 예상치를 상회했고 EPS도 50% 감소한 0.03달러를 기록했지만 예상치에 부합했다. 러시아·우크라이나 전쟁으로 신재생 에너지에 대한 관심과 수요가 크게 증가한 영향이며 연간 가이던스를 다시 한 번 확인했다. 최근 기후변화 및 에너

● 최근 2년간 실적(12월 결산 및 Non-GAAP EPS 기준)

회계연도	분기	매출	영업이익	순이익	EPS	전분기 대비
FY2020	Q1	290.55	−20.60	21.54	0.13	−120%
	Q2	217.67	−7.30	19.38	0.12	−86%
	Q3	274.81	−2.07	44.63	0.26	−336%
	Q4	341.81	23.96	412.48	2.42	5,950%
	합계	1,124.83	−6.01	475.05	2.80	1,767%
FY2021	Q1	306.40	−3.34	−48.39	−0.28	−319%
	Q2	308.93	0.73	75.21	0.44	267%
	Q3	323.64	6.20	−84.38	−0.49	−288%
	Q4	384.53	−31.05	20.20	0.12	−95%
	합계	1,323.49	−27.46	−37.36	−0.22	−108%

*매출 단위: 백만 달러, EPS 단위: 달러

지 안보 관련 법안의 의회 통과와 그에 따른 예산 집행으로 향후 성과도 긍정적인 상황이다.

대체 에너지에 대한 관심이 주가 흐름으로 이어져

2005년 11월에 상장한 선파워의 주가는 2022년 5월 5일 기준으로 18.08달러, 시가총액은 31억 4313만 달러이다. 최근 12개월간 주가는 −19.86% 하락, 올해 들어서는 −13.37% 하락했으며 최고가는 33.85달러, 최저가는 14.84달러이다. 벤치마크인 러셀2000 지수와 비교해 보면 2019년 3월 이후 최근까지 벤치마크 수익률을 지속 상회했다. 2020년 중반 이후부터는 그 격차를 크게 벌리는 모습인데 올해 초 주가의 급락세가 이어지면서 격차가 줄어드는 양상을 보였다. 하지만 러시아·우크라이나 전쟁 등으로 대체 에너지에 대한 관심이 다시금 확대되는 가운데 최근 실적 발표 이후 다시 격차를 키우고 있다. 그리고 선파워는 배당을 제공하지 않는다.

● 최근 5년간 선파워 주가 추이 & 최근 3년간 주가 수익률 추이(벤치마크 지수 포함)

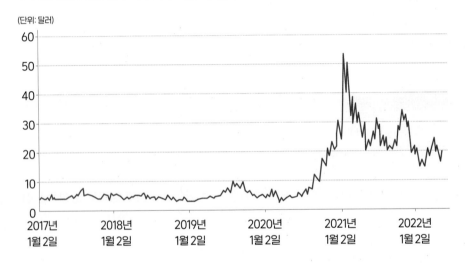

(단위: %)

선파워 ——— 러셀2000

구분	최근 1개월	최근 6개월	2022년 누적	최근 1년	최근 5년
선파워	+19.52%	-18.78%	-12.48%	-22.80%	+263.39%
러셀2000	+3.55%	-16.32%	-18.56%	-23.02%	+30.19%

*6월 9일 기준

뉴지랭크US 종목 진단

종합 점수	모멘텀 점수	펀더멘탈 점수	베타	롱텀	엔벨
72	86	57	1.01	100	80

2022년 5월 31일 뉴지랭크US 종목 진단 결과 종합 점수는 72점으로 높다. 모멘텀 점수는 86점으로 상대적으로 최근 수급과 거래량이 매우 좋고, 펀더멘탈 점수는 57점으로 상대적으로 양호한 재무 상태를 보이고 있다.

베타 지수는 1.01로 시장 변화에 영향을 받아 상승장에 유리하고, 시즈널 지수의 경우 연중 최저점이 11월 말, 연중 최고점이 2월 말로 연초에 주가가 강세를 보이는 편이다. 선파워의 현재 주가가 롱텀 지수상 장기 하락 추세를 나타내고 있는 상황에서 엔벨 지수는 중심선을 상회하고 있어 단기적으로 추가 상승 가능성이 있다.

월가의 투자 의견 및 목표 주가

최근 3개월간 발표된 선파워에 대한 11건의 월스트리트 투자 의견을 종합하면 '보유'이고, 향후 12개월간 목표 주가는 최고 26.00달러, 최저 6.99달러, 평균 20.64달러로 현재가 대비 +16.81% 높은 상황이다.

• 최근 3개월간 월가의 투자 의견 및 목표 주가 종합

출처: Tipranks.com

• 최근 4개월간 월가의 투자 의견 및 목표 주가 현황

추천일	평가회사	애널리스트	투자등급	목표가	추천일종가
2022/05/09	Roth Capital	Philip Shen	보유	20.00	15.23
2022/05/06	Piper Sandler	Kashy Harrison	보유	23.00	17.11
2022/05/06	J.P. Morgan	Mark Strouse	매도	19.00	16.90
2022/05/06	Evercore ISI	Sean Morgan	매수	26.00	16.90
2022/05/05	Robert W. Baird	Ben Kallo	매수	24.00	18.08
2022/05/02	Evercore ISI	Sean Morgan	매수	29.00	16.90
2022/05/02	Truist	Bronson Fleig	보유	18.00	16.90
2022/04/25	GLJ Research	Gordon Johnson	매도	6.99	17.66
2022/04/21	Piper Sandler	Kashy Harrison	보유	24.00	20.46
2022/04/05	Raymond James	Pavel Molchanov	매수	26.00	23.43
2022/04/04	J.P. Morgan	Mark Strouse	매도	21.00	23.96
2022/04/04	Goldman Sachs	Brian K. Lee	보유	20.00	23.69
2022/04/04	Bank of America Securities	Julien Dumoulin Smith	보유	23.00	23.69
2022/04/01	Morgan Stanley	Stephen Byrd	보유	21.00	21.41
2022/04/01	Robert W. Baird	Ben Kallo	매수	24.00	21.41
2022/03/14	Piper Sandler	Kashy Harrison	보유	20.00	19.11
2022/02/28	Truist	Tristan Richardson	보유	18.00	17.93
2022/02/17	Raymond James	Pavel Molchanov	매수	23.00	17.24

출처: 키움증권 HTS 영웅문G (2022년 5월 기준)

최신 분석 결과가 궁금하다면?

뉴지랭크US 분석 결과

월가 의견 및 목표 주가

N잡러 시대를 선도하는
글로벌 1위 프리랜서 매칭 플랫폼

Upwork

• 종목명: 업워크 Upwork Inc
• 티커: UPWK | 지수: 러셀2000 | 섹터: 산업재 > 전문 서비스 (인적자원관리 서비스)

미래에는 모두가 프리랜서가 된다

나는 아나운서다. 그리고 프리랜서다. 내가 속한 방송 업계에는 특정 회사에 소속되지 않고 나처럼 프리랜서로 활동하는 방송인들이 압도적으로 많다. 빠르게 트렌드를 포착하고, 신선하고 자극적인 정보를 생산해, 최대한 많은 시청자들의 눈길을 사로잡아야 하는 방송국의 특성상 필요에 따라, 상황에 따라 인력을 빠르게 대체해야 한다. 반대로 나 같은 방송인의 입장에서는 내 능력을 더 인정해 주고 더 높은 출연료를 지급해 주는 프로그램이 있으면 자유롭게 회사를, 혹은 담당 프로그램을 옮길 수 있어야 한다. 이런 이유에서 수많은 방송인들이 프리 선언을 했으리라. 그런데 최근의 이런 '프리 물결'은 비단 방송계에서만 나타나는 것이 아니다.

　현재 전 세계 노동 인구 가운데 약 3분의 1, 혹은 약 12억 명이 특정 소속 없이 프리랜서로 활동하고 있다. 미국만 놓고 봤을 때는 전체 인력 가운데 5900만 명(2020년 통계 기준), 혹은 36%가 프리랜서로 일하고 있다. 2013년의 13%와 비교해 보면, 약 3배 증가한 규모다. '수입도, 고용도 불안정하고, 신용도 낮고, 4대보험도 안 되는 프리랜서가 도대체 뭐가 좋아서?'라는 의문이 들 수도 있다. 그래서 그들에게 직접 물었다. 미국의 프리랜서들을 대상으로 한 설문 조사에 따르면, 응답자의 84%가 프리랜싱freelancing(프리랜서로 일하다)을 함으로써 '자신이 원하는 라이프스타일을 살게 됐다'고 응답했다. 64%는 '회사에 소속됐을 때보다 건강이 개선됐다'고 응답했다. 이런 특유의 매력 덕분에 프리랜서 인구는 꾸준히 늘어나고 있으며 이 시장은 미국 내 1조 달러 규모의 산업으로 성장했다.

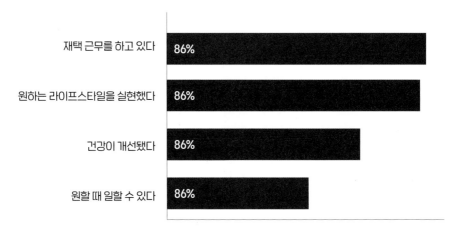

▲ '왜 프리랜싱을 선택했는가'에 대한 설문조사 응답 (출처: firstsiteguide)

코로나19로 확장된 프리랜서 시장

프리랜서 시장이 드라마틱하게 확장한 데에는 역시 코로나19가 있었다. 2020년, 팬데믹으로 인해 수백만 명의 사람들이 일자리를 잃었다. 근대 역사 상 이렇게 많은 인구가 한순간에 일자리를 동시에 잃은 적은 없었다. 코로나 19로 인한 대규모 실직 사태는 사람들로 하여금 노동 시장을 탐험하고, 프리랜싱의 기회를 모색하게끔 강제했다.

실제로 미국 내 코로나19로 인해 프리랜서 시장에 입성한 사람의 숫자가 2020년 한 해 동안 200만 명을 넘겼다. 통합해 보자면 자의적 판단에 의해서든, 혹은 외부적 요인에 의해서든, 프리랜싱을 택하는 사람들이 많아지고 있고, 기업들 역시 프리랜서 고용을 확대하고 있기 때문에 그 시장의 규모는 앞

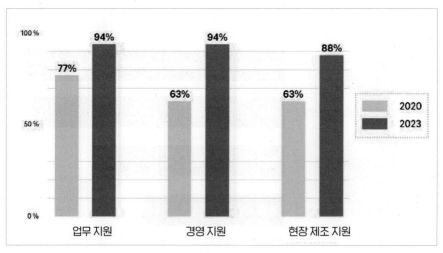

▲ 팬데믹 이후 늘어난 프리랜서 수요 (출처: SAP Fieldglass / Oxford Economics)

으로 더 성장할 것으로 기대된다. 따라서 우리는 투자자로서 이렇게 성장하고 있는 시장 안에서 투자의 기회를 찾아야 한다.

업워크, 프리랜서 매칭 전 세계 1위 업체

이때 주목할 만한 기업이 이번 챕터에서 소개할 업워크Upwork다. 국내에선 생소할 수 있지만 업워크는 프리랜서 매칭 플랫폼 업계의 글로벌 1위 기업이다. 국내에서 비슷한 사업을 하는 기업으로 '크몽'을 떠올려 볼 수 있겠다. 크몽은 프리랜서, 구직자와 기업체, 구인자를 서로 연결시켜 주는 플랫폼으로 익숙한 기업이다. 한마디로, 업워크는 크몽이 하고 있는 일을 '글로벌' 하게

▲국내 대표 프리랜서 매칭 플랫폼 크몽 홈페이지 (출처: kmong)

하고 있는 기업이다.

업워크, 왜 절대 강자인가?

업워크나 크몽과 같이 구직자와 구인자를 연결시켜 주는 플랫폼을 프리랜스 마켓플레이스Freelance Marketplace라고 일컫는다. 이러한 마켓플레이스는 프리랜스 산업에서 매우 핵심적인 역할을 수행한다. 이제 막 시작한 신규 프리랜서들에게 첫 기회를 안겨주는 곳이자, 업계에서 이미 인정받는 베테랑들에게는 계속해서 새로운 클라이언트를 제공하기 때문이다. 인터넷상에서 찾아볼 수 있는 마켓플레이스의 개수는 수십 개가 넘지만 가장 인기 있는 플랫폼으로는 업워크와 파이버Fiverr, 프리랜서닷컴Freelancer.com 정도가 꼽힌다.

이중 업워크는 '수요자와 공급자의 니즈를 정확하게 타깃팅한 프리랜서 일자리 매칭 서비스'를 제공한다. 즉, 구인자로 하여금 직무에 최적화된 인력을 최소한의 인건비를 들여 고용할 수 있게끔 도와주고, 반대로 구직자로 하여금 본인이 가장 잘할 수 있는 직무를 최대한 높은 페이를 받고 수행할 수 있게끔 도와준다.

따라서 크게 보면 서비스의 종류는 둘로 나눌 수 있다. 하나는 '일할 사람 찾아 주기', 다른 하나는 '일할 곳 찾아 주기'다. 'Find Talent'가 일할 사람을 찾아주는 구인 기능인데 구인자의 선호, 여건, 예산에 따라 네 가지 방식으로 분류된다. 첫째, 'Talent Marketplace'는 고용주가 직접 직무를 포스팅해서 프리랜서들이 찾아오게 하는 방식이다. 원하는 인재상과 급여를 게재해

놓으면 이를 희망하는 프리랜서들이 알아서 찾아오게 만드는 것이다. 둘째, 'Project Catalogue'는 특정 직무를 해결해 줄 인력이 당장 필요한 고용주에게 적합하다. 이미 등록된 프리랜서들의 프로필을 살펴본 뒤 마음에 드는 인력을 구매하면 된다.

첫 번째, 두 번째는 고용주가 직접 시간과 에너지를 들여 인재를 찾는 방식이다. 이런 식으로 웹사이트를 헤맬 시간이 없는 사람들을 위한 기능이 세 번째 'Talent Scout'다. 업워크의 구인 매니저에게 원하는 직원을 설명해 주면 업워크 매니저가 직접 해당 직무에 최적화된 소수의 프리랜서를 선별해 고용주에게 보내준다. 고용주는 선정된 소수의 인재 중 가장 마음에 드는 사람을 고르면 되니 간편하다. 네 번째 'Enterprise Suite'는 세 번째 방식이 기업 단위로 확장된 모델이다. 한꺼번에 많은 인력이 필요한 기업을 위해, 검증된 인

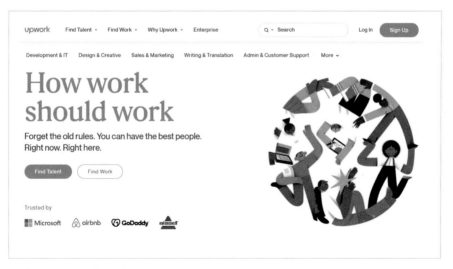

▲ 다양한 기업과 협력하고 있는 업워크 (출처: upwork)

재 수십, 수백 명을 업워크가 함께 골라주는 서비스다. 마이크로소프트나 에어비앤비를 포함해 포춘 500대 기업 중 30%가 업워크의 엔터프라이즈 모델에 가입되어 있다.

다음은 엔터프라이즈 서비스를 활용한 실제 사례이다. 포춘 500대 기업 중 하나에 소속된 마케팅 매니저에게 2주 만에 120개의 마케팅 영상을 제작 및 보급하라는 지시가 떨어졌다. 혼자서 해결하기란 불가능한 업무였다. 어떻게 하면 될까 고민하며 머리가 아프던 차 업워크를 생각해 냈다. 그녀는 업워크에서 지목해 주는 최적의 인재 80명과 단 며칠 만에 계약을 맺어 120개의 영상을 시간 내에 성공적으로 보급했다. 보통 때의 4분의 1 비용만을 들여서 말이다. 검증된 실력자들을 빠르게 매치해 주는 데다가 비용까지 절감시켜 주니, 엔터프라이즈 서비스의 평균 만족도는 98%에 달한다고 한다.

반대로 'Find Work'는 일할 곳을 찾아주는 구직 기능이다. 이때 구직자 개인의 상황에 따라 크게 둘로 나뉜다. 나의 능력과 원하는 시간당 임금을 기재한 프로필을 등록해서 클라이언트가 찾아오게 만드는 방식, 혹은 등록된 구인 공고를 보고 마음에 드는 클라이언트에 내 프로필을 보내는 방식이다. 클라이언트와 처음 접촉하는 단계부터 계약 체결, 업무의 진행, 마지막 임금 지급의 단계까지 원활하게 이뤄질 수 있도록 업워크가 도와주기 때문에 프리랜서 입장에서 든든하다. 성격이 고약하거나 비즈니스 소통Interaction이 깔끔하지 않은 클라이언트를 만나 마음 고생할 염려도 적다. 앞서 함께 일해본 프리랜서들이 적어놓은 클라이언트 리뷰를 좋은 점부터 불만 사항까지 아주 세세하게 확인할 수 있기 때문이다. 그 밖에도 미심쩍은 일자리나 수상한 기미가 느껴지는 사기성(?) 일자리를 철저하게 검토하고 걸러내는가 하면, 클라이언트와 법적 분쟁 상황에 놓였을 때 업워크의 도움을 받아 해결할 수도 있다. 무엇보다 가장 중요한 돈 문제를 중간에서 깔끔하게 해결해 준다. 내가 원하는 지급 방식으로, 정확히 원하는 기간 안에 받을 수 있도록 업워크가 책임지고 보호해 준다.

그렇다 보니 능력 있는 프리랜서들이 모두 업워크로 모여들 수밖에 없다. IT개발, 영업·마케팅, 작문·번역, 디자인, CS, 금융·회계 등 12개 분야에 걸쳐 8000만 명의 전문가들이 집합해 있고, 그 안에서 다시 173가지의 서브 카테고리로 나누어 전문성을 세분화했다. 최근 많은 기업들이 뽑고 싶어 하는 IT개발 부문에서는 매주 2만 건이 넘는 신규 일자리가 업데이트된다. 일자리가 많으니 많은 프리랜서들이 유입되고, 상호 리뷰를 통해 누적된 데이터로 양질의 클라이언트와 검증된 프리랜서들만이 계속 머물게 되는 선순환 구조가 완성된다.

업워크의 주요 경쟁자, 파이버와 솔리드 긱스

이번에는 업워크의 경쟁사들에 대해 알아보자. 업워크와 비슷한 사업을 하는 미국의 기업들과 각각의 주요 특징을 정리했다.

파이버Fiverr는 프리랜서들 사이에서 업워크 다음으로 가장 많이 사용되는 프리랜스 마켓플레이스다. 파이버는 프리랜서가 자신의 서비스를 하나의 '상품'으로 게재하면 클라이언트가 찾아오게끔 하는 방식으로 출발했다. 내 서비스의 값어치를 내가 직접 설정할 수 있어 프리랜서 입장에선 그야말로 '부

▲ 업워크의 대표 경쟁사인 파이버와 솔리드긱스

르는 게 값'인 것이다. 하지만 반복 업무, 단순 노동 위주의 상품들이 주로 올라오기 때문에 업워크에 비해 임금 수준이 저렴한 측면이 있다. 그래서 이제막 입문한 아마추어 프리랜서들이 부담 없이 시작하기에 적합하다.

업워크와 파이버가 프리랜서 마켓플레이스라면, 솔리드긱스SolidGigs는 리드 제너레이션 도구Lead Generation Tool로 활용된다. 리드란 내 서비스에 관심을

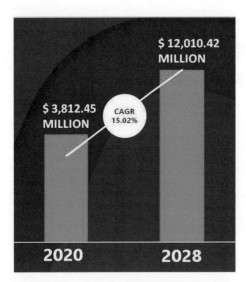

▲ 프리랜스 플랫폼 시장의 성장 전망 (출처: VMR)

갖고 있는 잠재적 고객·클라이언트를 의미하고, 리드 제너레이션이란 이러한 잠재적 고객들이 직접 나에게 문의를 남기게 하는 마케팅 기법을 의미한다. 솔리드긱스는 잠재적 고객을 프리랜서에게 데려다주는 역할까지만 수행하고 손을 뗀다. 이후 계약을 체결하고 업무를 진행하는 건 프리랜서 자신의 몫이다. 상대방에게 내 실력을 얼마나 잘 어필하느냐에 따라 더 많은 고객을 확보할 수 있는 것이다. 실력 좋고, 말발도 좋은 인기 프리랜서들은 업무 스케줄이 5~6개월간 꽉꽉 차 있기도 하다.

빠르게 성장하는 산업이면서 높은 점유율을 가진 기업에 투자하자

프리랜싱 산업은 빠르게 성장하고 있지만, 성장 속도에 비해 투자 대상으로서 아직까지 시장에서 큰 관심을 받지 못하고 있다. 흔히, 성장하는 산업 내에서 점유율을 높이는 기업이야말로 최고의 투자 대상으로 여겨지곤 한다. 프리랜싱 시장의 향후 연평균 성장률(CAGR)은 15.3%에 달할 것으로 기대되고 있고, 그 안에서 업워크는 10% 가까운 점유율을 차지하며 업계 1위 플랫폼으로 부상해 있다. 향후에도 능력 있는 프리랜서들이 실시간으로 더 몰릴수밖에 없는 순환 구조를 구축해 놓은 업워크에, 남들보다 한발 빠르게 주목해 보자.

업워크

코로나19 팬데믹이 가져온 매출 성장세

12월이 결산월인 업워크는 최근 5년간 연평균 25%를 넘는 매출 성장세를 보여왔다. 더욱이 코로나19 팬데믹 이후 2년간 매출 성장세는 30%에 육박하고 있다. 연간 매출 추세의 경우도 1분기에서 4분기로 갈수록 증가하는 흐름을 나타낸다. 반면 성장을 위한 투자와 비용이 지속 증가하고 지난해부터 이어지고 있는 금리 상승으로 인해 영업이익과 순이익은 악화되는 실정이다.

2022년 4월 27일에 발표한 2022 회계연도 1분기 실적에 따르면 전년동기 대비 매출은 24.4% 증가한 1억 4134만 달러, EPS는 217% 가까이 악화된 −0.19달러로 모두 예상치를 상회했다. 2분기 가이던스와 연간 가이던스 역시 예상치를 상회하면서 시장의 기대가 큰 상황이다. 반면 경쟁 업체인 파이버의 최근 실적과 가이던스가 예상치를 하회하자 업워크를 비롯한 동종 업체들의 실적 우려까지 자극하는 모양새이다.

● 최근 2년간 실적(12월 결산 및 Non-GAAP EPS 기준)

회계연도	분기	매출	영업이익	순이익	EPS	전분기 대비
FY2020	Q1	83.20	-9.05	-10.02	-0.09	80%
	Q2	87.53	-10.98	-11.02	-0.09	350%
	Q3	96.75	-3.03	-2.75	-0.02	-33%
	Q4	106.15	0.66	0.93	0.01	흑자 전환
	합계	373.63	-22.41	-22.87	-0.19	27%
FY2021	Q1	113.62	-7.70	-7.84	-0.06	-33%
	Q2	124.18	-16.40	-16.54	-0.13	44%
	Q3	128.14	-8.32	-9.31	-0.07	250%
	Q4	136.86	-21.81	-22.56	-0.18	적자 전환
	합계	502.80	-54.22	-56.24	-0.44	132%

*매출 단위: 백만 달러, EPS 단위: 달러

2022년 들어 하방 압력을 크게 받고 있는 주가 흐름

2018년 10월에 상장한 업워크의 주가는 2022년 5월 5일 기준으로 20.44달러, 시가 총액은 26억 5007만 달러이다. 최근 12개월간 주가는 -48.95% 하락, 올해 들어서는 -40.16% 하락했으며 최고가는 60.70달러, 최저가는 18.00달러이다. 벤치마크인 러셀2000 지수와 비교해 보면 2020년 11월 이후 벤치마크 수익률을 상회하기 시작해 격차를 크게 벌렸다. 하지만 2020년 10월부터 급락세를 나타내기 시작하더니 2021년 들어 벤치마크를 하회한 이래 지속적으로 하방 압력을 받고 있다. 그리고 업워크는 배당을 지급하지 않는다.

● 상장 이후 업워크 주가 추이 & 최근 3년간 주가 수익률 추이(벤치마크 지수 포함)

(단위: 달러)

(단위: %)

구분	최근 1개월	최근 6개월	2022년 누적	최근 1년	최근 5년
업워크	+1.18%	−47.55%	−44.22%	−61.97%	−
러셀2000	+3.55%	−16.32%	−18.56%	−23.02%	+30.19%

*6월 9일 기준

뉴지랭크US 종목 진단

종합 점수	모멘텀 점수	펀더멘탈 점수	베타	롱텀	엔벨
52	78	25	1.02	0	71

2022년 5월 31일 뉴지랭크US 종목 진단 결과 종합 점수는 52점으로 양호하다. 모멘텀 점수는 78점으로 상대적으로 최근 수급과 거래량이 좋은 데 반해, 펀더멘탈 점수는 25점으로 상대적으로 부진한 재무 상태를 보이고 있다.

베타 지수는 1.02로 시장 변화에 영향을 받아 상승장에 유리하고, 시즈널 지수의 경우 연중 최저점이 12월 초, 연중 최고점이 2월 말이며 연초 주가가 강한 편이다. 롱텀 지수상 '바닥'에 위치하고 있는 업워크의 현재 주가는 엔벨 지수상 중심선을 상회하고 있어 단기적으로 추가 상승 가능성이 있다.

월가의 투자 의견 및 목표 주가

최근 3개월간 발표된 업워크에 대한 10건의 월스트리트 투자 의견을 종합하면 '매수'이고, 향후 12개월간 목표 주가는 최고 45.00달러, 최저 20.00달러, 평균 30.40달러로 현재가 대비 +66.58% 높은 상황이다.

• 최근 3개월간 월가의 투자 의견 및 목표 주가 종합

출처: Tipranks.com

• 최근 4개월간 월가의 투자 의견 및 목표 주가 현황

추천일	평가회사	애널리스트	투자등급	목표가	추천일종가
2022/05/31	Jefferies Co.	Brent Thill	보유	20.00	18.74
2022/05/23	RBC	Brad Erickson	보유	21.00	17.62
2022/05/17	Piper Sandler	Matthew Farrell CFA	매수	30.00	16.76
2022/05/16	Stifel Nicolaus	Scott Devitt	보유	20.00	16.50
2022/04/28	Needham	Bernie McTernan	매수	33.00	20.54
2022/04/28	JMP	Andrew Boone	매수	45.00	21.96
2022/04/28	Goldman Sachs	Eric Sheridan	매수	34.00	21.96
2022/04/28	Canaccord Genuity	Maria Ripps	매수	36.00	20.50
2022/04/28	Stifel Nicolaus	Scott Devitt	매수	30.00	19.29
2022/04/27	BTIG	Marvin Fong	매수	34.00	19.29
2022/04/25	MKM Partners	Rohit Kulkarni	매수	31.00	20.11
2022/04/25	Stifel Nicolaus	Scott Devitt	매수	30.00	20.16
2022/04/22	Needham	Bernie McTernan	매수	42.00	19.44
2022/04/18	BTIG	Marvin Fong	매수	34.00	20.86
2022/03/18	Canaccord Genuity	Maria Ripps	매수	40.00	22.21
2022/03/07	Piper Sandler	Matthew Farrell CFA	매수	40.00	19.66
2022/03/07	Stifel Nicolaus	Scott Devitt	매수	30.00	19.03
2022/02/11	Needham	Bernie McTernan	매수	42.00	25.98

출처: 키움증권 HTS 영웅문G (2022년 5월 기준)

최신 분석 결과가 궁금하다면?

뉴지랭크US 분석 결과

월가 의견 및 목표 주가

베일에 싸여 있던
전 세계 위스키 시장의 실세

MGP

- 종목명: 엠지피 인그리디언츠 MGP Ingredients Inc
- 티커: MGPI | 지수: 러셀2000 및 S&P600 | 섹터: 필수소비재 > 음료 (증류주 제조)

소맥, 와인 그다음은 위스키?

몇 년 전까지만 해도 위스키는 우리에게 그다지 친숙한 주종이 아니었다. 특히나 MZ세대에 속하는 필자에게 위스키는 파격적인 이름의 칵테일 '섹스온더비치'나 소맥의 일종인 '테슬라(테라+참이슬)'에 비하면 '내겐 너무 먼 당신'이었다. 그런 위스키가 젊은이들 사이에서 '힙한 문화'로 떠오르기 시작한 것은 흥미롭게도 코로나19 팬데믹 이후였다. 술집이나 클럽에 가지 못하게 된 사람들이 '홈술', '혼술'을 택하면서 대형마트의 위스키 판매량이 늘어났고, 위스키와 섞어 칵테일로 마실 수 있는 토닉워터의 판매량도 동반 상승했다. 관세청 자료에 따르면 지난해 위스키 수입액은 1억 5434만 달러(약 1831억 원)

로 전년 대비 37% 늘었는데, 이는 7년 만의 상승세라고 한다. 이마트에서도 2020년 위스키 매출이 72.6% 늘어났다고 발표한 바 있다.

하이볼(위스키, 얼음, 소다수를 섞어 만드는 칵테일의 일종)의 재료로 인기 있는 위스키 '짐 빔Jim Beam'의 고향 미국에서는 더 일찌감치 이러한 변화가 감지되었다. 2007년부터 2015년까지 방송된 TV드라마 시리즈 〈매드맨Mad Men〉이 불러일으킨 현상이었다. 드라마 속 주인공들이 즐겨 마시는 칵테일로 나오는 '올드패션드'의 주재료가 버번 위스키인데, 이 드라마의 인기와 더불어 미국 내 위스키 열풍이 시작되었다. 여담으로 이 드라마는 1960년대 광고 업계를 배경으로 하는데 등장인물들이 위스키를 마시는 장면이 계속해서 나온다. 심지어 사무실에서도 마신다. 술과 함께 약간 미친 상태가 되어야 창의성이 배가 되는 것인지 의문이다.

〈섹스앤더시티〉가 도시에서의 삶, 뉴요커에 대한 환상을 만든 것처럼, 〈매드맨〉 속 성공한 광고업자 돈 드레이퍼Don Draper의 행동 양식이 미국인들의

▲ TV드라마 〈매드맨〉 속 등장하는 칵테일들

향수와 밀레니얼 세대의 동경을 불러온 것이다. 〈매드맨〉의 힘으로 위스키
는 '성공한 사람의 고뇌와 행복을 담은 술'로 리브랜딩 되었고, 다시금 미국의
'핫템'으로 떠올랐다. 거기에 최근 몇 년간 팬데믹으로 인해 생겨난 홈술 현상
이 위스키 수요를 촉진시켰다.

할아버지의 할아버지로부터 내려온다던 위스키 원액의 충격적 비밀

2010년대 초반까지만 해도 위스키 브랜드에 있어 원액의 출처는 극비에 가까
운 것이었다. 저마다 해당 브랜드의 제품은 자사의 노하우로만 만들 수 있는
것임을 강조했고, 그로 인해 인지도와 인기를 높였다. 그러나 2010년대 후반,
온라인을 중심으로 충격적인 사실이 드러나기 시작했다. 바로 많은 이들이 찾
는 각각 다른 위스키 중 같은 원액으로 만들어진 제품이 많다는 것이었다.

▲ 지금은 영국계 기업 디아지오에 속해 있는 위스키 브랜드 '불렛'의 위스키 종류 (출처: bulleit)

위스키 브랜드들은 늘 자사의 제품이 '할아버지 대에서부터 전해 내려온' 특별한 비법으로 손수 만들고, 소량생산 한다고 강조하곤 했다. 그러나 사실은 대부분의 위스키가 인디애나주 로렌스버그에 위치한 증류소로부터 받은 대량 생산용 원액으로 만들어진 제품이었던 것이다. 이제 사람들은 궁금해하기 시작했다. 그렇다면 이 수많은 위스키 브랜드에 원액을 공급한 기업은 어디일까? 지금까지 베일에 싸여 있던 기업, 엠지피 인그리디언츠(이하 엠지피)가 스포트라이트를 받는 순간이다.

위스키를 좋아하는 사람이라면 마셔봤을 법한 불렛Bulleit, 리뎀션Redemption, 템플턴Templeton, 엔젤스 엔비Angel's Envy 등 브랜드의 라이 위스키가 모두 엠지피로부터 원액을 공급받아 만들어진 제품이다.

토막상식

버번 위스키, 라이 위스키 무엇이 다를까?

옥수수를 51% 이상 사용하면 버번 위스키(=아메리칸 위스키)로, 호밀을 51% 이상 사용하면 라이 위스키로 분류된다. 위스키는 원료의 배합 비율에 따라 그 맛과 향이 제각각이다. 위스키 시장에서는 통상적으로 라이 위스키가 버번 위스키보다 가격이 비싸다. 그리고 같은 숙성 기간이라면 라이 위스키가 버번 위스키보다 급이 높다고 생각되는 편이다. 일례로, 국내에서도 하이볼의 주 재료로 인기가 많은 '짐 빔(Jim Beam)' 위스키의 경우 버번 위스키에 해당한다.

작은 증류소로 시작해 위스키 업계의 큰손이 되다

미국 위스키 업계를 꽉 잡고 있는, 포브스 선성 '2022년 미국 최고의 스몰캡 100선'에 당당히 이름을 올린 엠지피에 대해 자세히 알아보자.

엠지피는 1847년 미국 인디애나주 로렌스버그에서 증류소로 출발한 기업이다. 당시 증류소 이름은 '로스빌 연합 증류소Rossville Union Distillery'였던 것으로 전해지는데 오랜 역사에 맞춰 그 이름도 몇 번이나 변해왔다. 그만큼 이리저리 위기를 극복하며 여러 주인의 손을 거쳐 발전한 곳이라고 생각해 볼 수 있겠다. 20세기 초, 미국에서 금주법이 제정되며 위스키에 대한 수요가 꺾이자 로렌스버그 증류소도 한때 큰 어려움을 겪었다. 그리고 금주법이 폐지된 1933년, 우리나라에도 탄산수 브랜드로 잘 알려진 '씨그램Seagram' 기업에 인수되기도 했다.

증류소는 CL파이낸셜 등 여러 인수자를 거치다 2011년에 1941년부터 몇

▲ 엠지피 증류소 외벽의 모습. 지금도 증류소에 '씨그램' 글자가 있다. (출처: Robb Report)

대에 걸쳐 켄터키주에서 증류소를 운영하며 성장해 온 MGPMidwest Grain Products 그룹에 인수되며 '엠지피 인그리디언츠'로 탄생했다. 오늘날에는 로렌스버그뿐 아니라 캔터키주 애취슨에서도 증류소를 운영하고 있으며, 고급 주류 외에도 공업용 알코올, 밀가루, 단백질 가공품(비건 미트 등)까지 생산하는 곳으로 거듭났다(팬데믹 기간 동안에는 소독 제품을 만들기도 했다). 이러한 사세에 힘입어 2015년에는 러셀2000 지수에도 이름을 올렸다.

엠지피는 밀Wheat 분야에서도 열일 중인데 파스타면, 빵 등을 만들 때 쓰이는 밀가루를 포함해 과민성 대장증후군 환자에게 적합한 로우 포드맵Low FODMAP(포드맵은 체내에 잘 흡수되지 않고 발효되는 탄수화물 당을 일컬으며 로우 포드맵은 이 당의 함유 수치가 낮은 것을 의미한다) 인증을 받은 저항성 전분, 코셔Kosher(유대인들의 종교적 음식 분류) 인증을 받은 밀 단백질(식물성 고기에 사용됨) 제조에도 열심이다. 엠지피는 2022년 2월 새로운 단백질 압출 시설을 짓기로 결정하고 1670만 달러를 투자하는 등 식물성 단백질 분야에도 진심인 기업이다.

미국 위스키의 소울을 만들다

현재 엠지피의 원액을 사용한 위스키 브랜드의 숫자는 무려 50개가 넘는 것으로 알려져 있다. 실례로, 2015년에 유명 위스키 브랜드 '템플턴Templeton'은 이러한 방식 때문에 집단 소송의 대상이 된 적이 있다. 템플턴은 라벨에 '금주법 이전의 라이 레시피로 만든', '소량 생산' 등을 표기했는데 소송을 거치며 소비자들의 오해를 유발할 수 있는 이 문구를 지워야 했다. 그 대신 '인디애나주에서 증류함'을 표기하게 되었다. 2006년 이후 템플턴 위스키를 구매한 소비자들에 대한 환불도 진행되었다고 한다.

물론 그렇다고 이 수많은 위스키들이 동일한 원액에 라벨 갈이만 한 제품이라고 볼 수는 없다. 단지 브랜드에 맞게끔 맞춤형 대량 생산을 해주었을 뿐, 얼마든지 각기 다른 배합 비율Mash bill을 적용할 수 있기 때문이다. 최고 품질의 원재료를 구할 자금이 부족하거나 증류 경험이 풍부하지 않은 소규모 수제 위스키 업체들도 엠지피의 고객사다.

게다가 위스키에 있어 가장 중요한 요소 중 하나는 '에이징'이다. 최소 6년에서 최대 10년간 숙성 기간을 보내야 하기에 실질적인 매출을 내기까지의 시간을 견딜 만큼 빵빵한 자금력을 가진 회사가 아니라면 엠지피와 같은 위스키 원액 공급 회사가 반드시 필요하다. 이는 신규 업체에게는 진입 장벽으로 작용하며 엠지피와 같은 기업의 위치를 공고히 해준다.

공식적으로 엠지피는 어느 브랜드가 자신들의 원액을 사용하는지 밝히고 있지는 않으나 '인디애나주에서 증류되었다'는 문구가 있는 위스키라면 엠지피와 모종의 관계가 있을 가능성이 대충 99.8%는 될 것이다.

미국에서 제일 큰 증류소 중 하나라고?

엠지피의 로렌스버그 증류소는 무려 40개가 넘는 건물로 이루어져 있어 하나의 마을에 가까울 정도로 거대하다. 필자가 대학생이던 시절 '버스 타고 서울대학교 앞에서 내리는 사람은 바보'라는 우스갯소리가 떠오른다. 엠지피의 본사인 켄터키주 애취슨에도 증류소 등을 포함한 여러 사옥이 자리하고 있다. 증류소 자체의 규모도 큰 데다 사업 부문도 여럿이니 그럴 법도 하다는 생각이 든다. 재미있는 점은 단 여섯 명의 사람만 있어도 공장을 가동할 수 있다고 자신할 정도로 이곳의 모든 생산 과정이 자동화되어 있다는 점이다.

2021년 엠지피는 또 하나의 대규모 양조 업체인 '럭스코Luxco'를 인수했다. 1958년 세인트 루이스에서 출발한 럭스코 역시 브랜드 술에 있어서 선두 생

▲ 엠지피의 노하우가 축적된 자체 상품인 로스빌 유니온 위스키 (출처: rossvilleunion)

산자이자 공급자, 수입자로 통하는 곳이다. 2016년 자체 브랜드도 런칭해 꾸준히 제품을 리뉴얼 및 판매하고 있다. 현재 엠지피의 시초가 된 증류소의 이름을 딴 로스빌 유니온Rossville Union 위스키가 바로 그것이다. 이렇게 엠지피는 원액 제조뿐 아니라 자체 브랜드 포트폴리오도 착실히 만들어가고 있다.

미국의 소울에 건배하는 기업들

엠지피의 미래 가치가 궁금하다면 세계에서 가장 많이 팔리는 위스키 '잭다니엘Jack Daniel'을 만드는 '브라운 포먼Brown Forman'을 함께 짚어보자. 1870년에 설립된 '잭다니엘 증류소'는 미국에서 가장 오래된 증류소로도 유명하다. 매출의 대부분이 위스키 판매로부터 나오며 잭다니엘, 우드포드 리저브, 에라두라(데킬라) 등의 브랜드를 보유하고 있다. 2021년에는 버번 위스키의 인기가 높아지자 새로운 증류소 건설을 시작하기도 했다.

영국의 위스키 제조 기업인 '디아지오Diageo, DEO'는 엠지피의 고객사 중 '큰 손'으로 알려져 있다. 위스키 매니아들 사이 잘 알려진 브랜드 '불렛' 역시 현재는 디아지오의 자회사이다. 디아지오의 최근 실적 분석을 통해 시장 성장성을 전망해 볼 수 있다. 지난 분기, 디아지오의 '불렛 버번 위스키'의 순매출이 19% 줄어드는 등 위스키의 미국 내 판매가 감소세를 보였는데 월스트리트저널은 이 같은 추세가 위스키의 인기가 없어져서가 아니라 제품이 모자라서 팔지 못했기 때문이라 분석했다.

앞에서도 언급했듯이 위스키는 최소 몇 년간의 숙성이 필수이다. 때문에 지금 당장 생산량을 늘린다고 해도 넘쳐나는 수요에 곧바로 대응할 수가 없다. 엠지피의 원액을 사용하는 디아지오의 '불렛 버번 위스키'의 경우엔 위스키를 담을 병이 모자라서 수요를 맞추지 못했다고 한다. 팬데믹으로 식당이나 술집을 가기는 어려워졌지만, '홈술족'의 증가로 오히려 알코올 소매점 Liquor store 혹은 온라인을 통한 위스키 판매는 증가한 것이다.

미국 증류주 양조장 협회의 자료에 따르면 2021년 레스토랑과 술집의 매출이 팬데믹 이전 수준을 회복했다고 한다. 이제부터는 홈술뿐 아니라 식사 자리, 술자리에서의 위스키 판매 증가도 기대해 볼 만하다는 신호다. 더불어 근래 불어온 프리미엄 위스키 열풍으로 위스키의 황금기가 다시 시작되었다는 분석도 나온다.

한편 위스키가 인플레이션 영향을 빗겨갈 수 있다는 분석도 있다. 최소 몇 년 전부터 숙성을 시작하는 위스키의 특성상, 물가가 급격히 상승하더라도 그 상승분을 제품 가격에 그대로 반영할 필요가 없다는 것이다.

위스키, 보드카, 진의 증류 원액을 영어로 '스피릿Spirits'이라 한다. 말 그대로 술의 영혼으로 여겨질 만큼, 증류주에 있어서는 핵심 요소이기 때문이다. 미국 문화의 핵심인 위스키의 영혼을 만드는 기업이 궁금하다면 엠지피의 행보에 관심을 가져보자.

엠지피 인그리디언츠

코로나19 팬데믹의 진정한 수혜주

12월이 결산월인 엠지피는 코로나19 팬데믹 이전까지 매출 성장률이 매년 감소하다가 2019년에는 급기야 역성장을 기록했다. 그런데 2020년 들어 전년 대비 9%의 매출 성장세를 보이더니 2021년에는 럭스코 인수를 통해 전년 대비 59%에 달하는 매출 성장세를 기록했다. 더불어 영업이익과 순이익도 매출 이상의 증가세를 나타냈다. 그야말로 코로나19 팬데믹의 수혜주라 할 수 있겠다. 연간 매출 추세의 경우 1분기에서 4분기로 갈수록 증가하는 흐름을 나타낸다.

2022년 5월 5일에 발표한 1분기 실적에 따르면 매출은 전년동기 대비 80.2% 급증한 1억 9520만 달러, EPS는 전년동기 대비 67.3% 급증한 1.69달러를 기록하며 모두 예상치를 상회했다. 이와 함께 분기 배당금을 전 분기와 동일한 0.12달러로 확정했다. 또한 전년 대비 10~14%의 매출 성장세를 반영한 연간 가이던스를 재확인했다.

다음으로 8월 4일에 발표한 2분기 실적의 경우 매출이 11.5% 증가한 1억 9500만 달

● 최근 2년간 실적(12월 결산 및 Non-GAAP EPS 기준)

회계연도	분기	매출	영업이익	순이익	EPS	전분기 대비
FY2020	Q1	99.08	13.71	9.84	0.57	0%
	Q2	92.56	11.34	8.49	0.50	9%
	Q3	102.96	13.65	10.38	0.61	27%
	Q4	100.92	15.54	11.63	0.69	-9%
	합계	395.52	54.24	40.35	2.37	4%
FY2021	Q1	108.32	20.50	15.43	0.90	58%
	Q2	174.94	27.66	20.06	0.91	82%
	Q3	176.61	32.88	23.67	1.08	77%
	Q4	166.85	45.32	31.87	1.44	109%
	합계	626.72	126.36	91.31	4.37	84%

*매출 단위: 백만 달러, EPS 단위: 달러

러, EPS가 9.4% 감소한 1.15달러로 모두 예상치를 상회하면서 인플레이션과 공급망 문제 등으로 인한 비용 증가에도 연간 가이던스 달성에 대한 기대를 높였다.

코로나19 팬데믹 이후 놀라운 주가 흐름

1988년 10월에 상장한 엠지피의 주가는 2022년 5월 5일 기준으로 96.42달러, 시가총액은 21억 1987만 달러이다. 최근 12개월간 주가는 +56.22%, 올해 들어서는 +13.45% 상승했으며 최고가는 96.42달러, 최저가는 58.91달러이다. 벤치마크인 러셀2000 지수와 비교해 보면 2019년 9월 이후 벤치마크 수익률을 하회하기 시작해 격차가 커지기도 했지만 2021년 10월부터 빠르게 격차를 줄이더니 올해 4월부터는 벤치마크를 상회하기 시작했다.

● 최근 엠지피 5년간 주가 추이 & 최근 3년간 주가 수익률 추이(벤치마크 지수 포함)

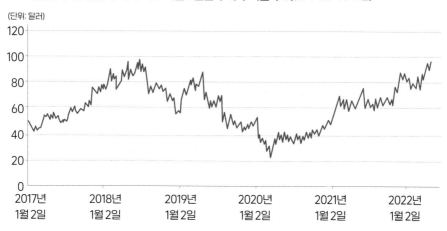

(단위: 달러)

(단위: %)

구분	최근 1개월	최근 6개월	2022년 누적	최근 1년	최근 5년
엠지피	+0.04%	+8.33%	+10.43%	+22.81%	+91.08%
러셀2000	+3.55%	−16.32%	−18.56%	−23.02%	+30.19%

*6월 9일 기준

엠지피는 분기 단위로 배당금을 지급하고 있으며 최근 1년간 배당금은 주당 0.48달러, 배당 수익률은 0.51%이다. 최근 5년간 연평균 배당 성장률은 +31.5%이며, 2020년부터 현재의 배당금을 유지하고 있다.

● 최근 5년간 엠지피 배당 추이

구분	2017	2018	2019	2020	2021
배당 금액(달러)	0.16	0.32	0.40	0.48	0.48
전년 대비	+33.3%	+100%	+25.0%	+20.0%	—

*자료: Seekingalpha.com 및 Devidend.com

뉴지랭크US 종목 진단

종합 점수	모멘텀 점수	펀더멘탈 점수	베타	롱텀	엔벨
71	48	93	0.4	81	61

2022년 5월 31일 뉴지랭크US 종목 진단 결과 종합 점수는 71점으로 높다. 모멘텀 점수는 48점으로 상대적으로 최근 수급과 거래량이 양호하고, 펀더멘탈 점수는 93점으로 상대적으로 매우 안정적인 재무 구조를 보이고 있다.

베타 지수는 0.4로 시장 변화에 크게 영향을 받지 않고, 시즈널 지수의 경우 연중 최저점이 2월 초, 연중 최고점이 12월 말이며 그 차이가 40을 넘어 연간 주가 상승률이 조금 높은 편이다. 롱텀 지수상 '머리'에 위치하고 있는 엠지피의 현재 주가는 엔벨 지수상 중심선을 상회하고 있어 단기적으로 추가 상승 가능성이 있다.

월가의 투자 의견 및 목표 주가

최근 3개월간 발표된 엠지피에 대한 1건의 월스트리트 투자 의견을 종합하면 '매수'이고, 향후 12개월간 목표 주가는 최고 115.00달러, 최저 115.00달러, 평균 115.00달러로 현재가 대비 +18.73% 높은 상황이다.

• 최근 3개월간 월가의 투자 의견 및 목표 주가 종합

출처: Tipranks.com

• 최근 5개월간 월가의 투자 의견 및 목표 주가 현황

추천일	평가회사	애널리스트	투자등급	목표가	추천일종가
2022/05/06	Cowen	Vivien Azer	매수	115.00	95.81
2022/02/25	Lake Street Capital	Ben Klieve	매수	100.00	78.63
2022/02/22	Lake Street Capital	Ben Klieve	매수	100.00	78.58
2022/01/21	Cowen	Vivien Azer	매수	99.00	78.10
2021/11/29	Truist	Bill Chappell	매수	100.00	76.36
2021/02/26	Craig-Hallum	Alex Fuhrman	보유	70.00	63.88
2021/02/26	Truist	William Chappell	보유	0	62.46
2021/01/26	National Securities	Ben Klieve	매수	75.00	55.73
2021/01/26	Craig-Hallum	Alex Fuhrman	보유	55.00	55.73
2020/10/30	National Securities	Ben Klieve	매수	55.00	42.00
2020/10/29	Craig-Hallum	Alex Fuhrman	보유	42.00	42.96
2020/07/30	National Securities	Ben Klieve	매수	50.00	36.19
2020/07/16	Berenberg Bank	Donald McLee	매수	45.00	36.37
2020/04/14	National Securities	Ben Klieve	매수	50.00	34.73
2020/04/09	Suntrust Robinson Humphrey	William Chappell	매수	45.00	35.08
2020/02/27	Craig-Hallum	Alex Fuhrman	보유	32.00	28.48
2020/02/27	Suntrust Robinson Humphrey	William Chappell	보유	35.00	28.48
2020/01/28	Suntrust Robinson Humphrey	William Chappell	보유	45.00	35.28

출처: 키움증권 HTS 영웅문G (2022년 5월 기준)

최신 분석 결과가 궁금하다면?

뉴지랭크US 분석 결과

월가 의견 및 목표 주가

주택에도 친환경 소재가 대세!
친환경 인조 데크계의 글로벌 최강자

Trex®

- 종목명: 트렉스 Trex Company
- 티커: TREX │ 지수: 러셀1000 및 S&P400 │ 섹터: 산업재 > 건축 제품 (재생목제품)

집착에 가까운 미국인들의 나무 사랑

이번 챕터를 시작하기 전에 우리나라와 미국의 다른 문화적 차이를 이해해야 한다. 먼저, 믿기 어렵겠지만 미국인들은 대부분 나무집에 산다. 미국주택 건축업자협회National Association of Home Builders에 따르면 2019년에 건축된 주택의 90% 이상이 나무로 지어졌다고 한다. 90%라는 수치를 보면 알 수 있듯이 집은 나무로 지어야 한다는 게 미국의 일반적인 인식이다. 왜 미국인들이 이렇게나 나무집에 집착하는지에 대한 논리적 설명은 어렵다. 다만, 납득 가능한 몇 가지 설이 존재한다.

하나는 16세기 말 영국인들이 북미 대륙에 처음 이주하기 시작하면서 많은 집을 빠르게 지어야 하다 보니 빠르게 지을 수 있는 나무를 사용하기 시작했다는 설이다. 북미 대륙은 워낙 나무가 풍부했기에 저렴하고 쉽게 구할 수 있는 것을 주택의 주 재료로 사용했다는 것이다. 기원이 어떻든 미국인들은 경제적이고, 짓기 쉬우며, 수리도 용이한 나무로 집을 짓는다는 사실에 변함은 없다.

또 미국인들의 데크 사랑은 대단하다. 데크는 집과 연결된 공간에 설치하는 마당의 일종인데 의자를 설치해서 휴식을 취하거나, 수영장과 연결해서 맨발로 데크 위를 걷곤 한다. 마찬가지로 미국인들이 언제부터, 왜 데크를 사

▲ 나무로 만들어진 데크의 모습 (출처: shutterstock)

랑하기 시작했는지 정확한 기원과 이유를 찾기는 어렵다. 다만, 1980년대 이후 내부 생활 공간을 마당까지 확장하면서 데크가 미국 가정의 필수품이 됐다는 설명이 설득력 있게 다가온다.

데크를 설치하면 바베큐를 즐기거나 야외에서 일을 할 수 있어 기능적으로 좋을 뿐만 아니라, 인테리어 측면에서도 보기 좋기 때문에 데크 설치 여부에 따라 집값이 달라지기도 한다. 그래서 투자한다는 셈 치고 데크를 설치하는 수요도 상당하다(구글에 '집값 높이는 데크 설치 방법'은 수없이 검색되는 인기 키워드 중 하나다). 정확한 기원은 설명하기 어려워도 미국 가정에 데크가 필수품이라는 사실에는 변함이 없다. 나무집에 살면서 데크까지 필수품이라면 미국인들이 얼마나 나무 데크를 좋아할지 짐작되지 않는가?

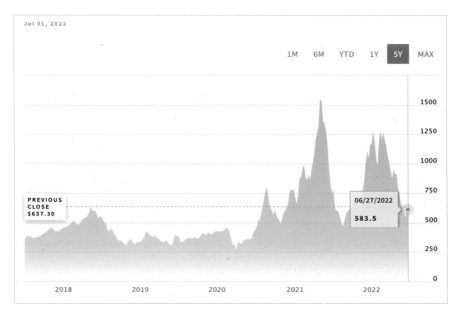

▲ 천정부지로 치솟은 미국 목재(Lumber) 가격 (출처: nasdaq)

하지만 팬데믹 이후 목재 가격이 천정부지로 치솟으며 나무는 더 이상 경제적인 건축 재료가 아니게 되었다. 최근 다소 안정세를 보이고 있지만 여전히 2018년 최고치 수준을 넘는다. 또 나무를 대량 벌목하는 것은 친환경이 강조되는 글로벌 트렌드와 맞지 않는다. 한편 이상 기후로 산불을 비롯한 자연재해가 증가하고 있다. 나무집은 산불에 취약할 수밖에 없는데 왜 여전히 나무집에 집착하냐는 미국 내 자성의 목소리도 높아지고 있다.

실제 2021년 6월 2일자 타임지에는 '산불은 계속 악화된다. 그런데 왜 미국인들은 여전히 나무로 집을 짓는가'라는 제목의 기사가 실리기도 했다. 기사를 보면 매년 캘리포니아는 산불에 시달린다고 한다. 2021년에 발생한 캘리포니아 산불은 수개월간 이어졌고, 한번 산불이 발생하면 수백 채의 주택이 소실되고 수천 명의 주민이 피해를 입는다. 기사에서는 2015년 대형 산불

▲ 2015년 캘리포니아 산불을 버틴 비목조 주택 (출처: 타임지)

에도 끄떡없이 버텨낸 주택을 소개한다. 나무가 아닌 강철과 콘크리트 및 단열재를 사용했기 때문에 화마가 마당까지 집어삼켰지만 살아남은 것이다. 우리에겐 당연한 건축 재료가 미국인들에겐 왜 이렇게 다가가지 못하는 것인지 이해하기 어렵지만 이제 나무집은 득보다 실이 많다는 것이 미국인들에게도 인식되고 있다.

기사에 등장하는 북부 캘리포니아 지역에서 주택 건설을 하는 한 업체 대표에 말에 따르면 '2020년 화재로 집을 잃은 고객의 21건의 재건축 중 19건이 비목재 자재를 사용하고 있다'고 한다. 성급하게 일반화할 수는 없지만 목조 주택에 대한 미국인들의 인식이 변하기 시작했다는 것을 알 수 있는 대목이다.

나무보다 더 나무 같은 '트렉스' 데크

여전히 미국인들에게 데크는 기능적으로나, 집값을 높이는 투자 차원에서나 필수품이다. 데크의 주재료는 나무지만 더 이상 나무는 환경에도, 경제적으로도, 개인의 재산을 자연재해로부터 보호하는 차원에서도 매력적인 재료가 아니다. 하지만 대대손손 이어져온 나무 사랑이 한순간에 뒤바뀔 수는 없다. 결국, 미국 가정에 남은 선택지는 나무보다 더 나무 같은 친환경 인조 데크밖에 없다. 그래서 우리는 친환경 인조 데크 시장 1위 기업인 트렉스에 주목해야 한다.

우리는 이 대목에서 '인조 데크가 과연 소비자에게도 매력적일까?'라는 핵

▲ 인조 데크(왼쪽) vs. 나무(오른쪽) (출처: trex)

심 질문을 해야 한다. 사람들이 나무를 선호하는 이유는 나무가 나무답기 때문이다. 만약 인조 데크가 나무보다 더 나무답다면 마다할 이유가 없다. 데크를 제조하는 업체마다 기술력의 차이는 있겠지만 오히려 일반 나무는 가공하는 과정에서 나무만이 가지는 매력인 결이 뭉개지기도 한다. 하지만 인조 데크는 대부분 나무의 결을 잘 살리기 때문에 심미적으로 매력적이다.

트렉스는 인조 데크 원료의 95%를 재활용 재료로 사용한다. 그렇기 때문에 인조 데크지만 친환경이라는 수식어가 붙는 것이다. 환경을 생각하는 소비자라면 나무보다 트렉스의 데크가 더욱 매력적인 선택이다.

하지만 아무리 나무보다 더 나무 같고 친환경이라고 해도 가격이 비싸면 소비자의 선택을 받기 어렵다. 그런데 트렉스는 심지어 가격조차 훨씬 경쟁력 있다. 미국의 주택 서비스 온라인 플랫폼인 홈어드바이저에 따르면 일반 목조 데크는 제곱피트당 약 30~60달러지만 트렉스 인조 데크는 같은 면적에도 약 9~16달러에 불과하다(2020년 기준, 출처: 트렉스 공식 홈페이지 FAQ).

　이는 최초 구입 비용만 비교한 것이다. 데크는 유지 비용도 고려해야 한다. 나무 데크는 매년 주기적으로 바니쉬(원목 코팅제, 과거 니스칠 한다고 표현했던 그것이다)와 페인트를 칠해야 한다. 그리고 나무 데크는 대부분 야외에 설치된다. 때문에 데크는 비에 맞고, 햇빛에 말랐다가, 겨울에 얼었다가, 봄에 녹았다가, 새벽에 이슬 맺혔다가, 낮에 말랐다가를 1년 365일 반복한다. 그러면 나무 데크는 쉽게 갈라지고 썩고 벌레가 생기는 등 변질된다. 또한 데크에서 여유롭게 커피나 와인 한잔 즐기다가 실수로 흘리면 어떤 일이 벌어질까? 한 번 나무에 흡수된 커피나 와인 얼룩은 그라인더로 갈아내기 전에는 없앨 수 없다. 이 때문에 나무 데크는 주기적으로 교체해 주거나 그라인더를 통해 수선을 해줘야 한다. 여기에 드는 비용과 수고를 감안하면 그럴 필요 없는 인조 데크에 비해 나무 데크는 너무나도 비싸고 수고롭고 성가신 인테리어인 것이다.

　그렇다면 인조 데크에 단점은 없는 것일까? 가장 큰 단점이 있다. 바로 나무가 아니라는 것이다. 수백 년간 이어진 사람들의 행동 양식은 그것이 비합리적이라 해도 쉽게 바뀌지 않는다. 명백한 천체 관측과 궤도 계산으로 지구가 돈다고 주장했던 코페르니쿠스도 지구가 세상의 중심이라고 믿었던 당시 사람들을 결국 설득하지 못했다. 이처럼 사람들의 인식은 큰 사건(티핑 포인트)이 발생하기 전에는 바뀌기 어렵다. 인조 데크도 마찬가지다. 아무리 나무에 비해 합리적이라고 주장한들 사람들의 인식이 바뀌지 않으면 아무 소용없다.

　하지만 앞서 기술한 것처럼 미국 내부에서도 왜 나무에 집착하냐는 자성의 목소리가 힘을 얻고 있다. 사람들의 인식이 변하고 있다. 그래서 완전히 변화하기 전인 지금이 인조 데크 시장의 최강자 트렉스에 주목할 때인 것이다.

모든 면에서 월등한 우등생

인조 데크 시장의 3대 기업은 트렉스와 팀버테크TimberTech, 아제크AZEK를 꼽을 수 있다. 간단한 구글링 만으로도 데크 구입을 고민하는 수많은 사람들이 남긴 '트렉스와 팀버테크, 아제크 중에 뭐가 가장 좋을까요?'라는 질문을 확인할 수 있다. 이 중 팀버테크는 아제크의 비상장 자회사이고, 이외에도 베란다Veranda와 초이스데크ChoiceDeck 등의 업체가 있지만 이들 역시 비상장 기업이다. 투자자라면 트렉스와 아제크만 비교해도 크게 무리가 없을 것이다.

인조 데크의 제조 기술 발달로 각각의 품질 차이는 거의 느끼기 어려울 정도다. 그래서 제품의 품질만으로 기업의 우위를 따지기는 어렵다. 친환경 측면에서도 마찬가지다. 트렉스는 재료의 95%를 재활용 원료를 사용한다고 자랑하고, 아제크는 완전 순환 PVC 활용 프로그램FULL-CIRCLE PVC RECYCLING을 도입했다고 자랑한다. 환경공학자가 아닌 이상 둘 중에 무엇이 환경에 더 좋은지 비교하기는 쉽지 않다. 따라서 두 기업 모두 친환경적으로 사업을 영위하고 있다는 점에서도 큰 차이를 발견하기 어렵다.

그렇다면 두 기업의 차이점은 어디에서 발생할까? 바로 제품 포트폴리오에서 뚜렷하게 나타난다. 핵심 제품이 인조 데크이기 때문에 이것을 중심으로 설명했지만 인조 데크를 취급하는 기업들은 모두 데크 설치에 필요한 다양한 제품들도 함께 판매한다.

　여러분이 자신의 집에 데크를 설치하기로 마음을 먹었다고 상상해 보자. 무엇이 필요할까? 떨어지지 않을 난간, 오르내릴 수 있는 기능과 아름다움을 동시에 주는 나선형 계단Spiral Stairs, 뜨거운 햇빛을 피할 수 있는 천막의 일종인 파고라Pergola, 데크에서 사용할 아웃도어 전용 부엌과 가구 등 많은 것들이 필요하다. 이런 제품 포트폴리오를 고르게 갖춘 기업이 바로 트렉스다. 아제크도 다양한 제품 포트폴리오를 갖추고 있지만 난간Fencing, 아웃도어 전용 가구, 나선형 계단 등이 없다. 덕분에 트렉스가 아제크에 비해 매출과 이익,

	트렉스	팀버테크	아제크	베란다	초이스테크
데크	○	○	○	○	○
난간	○	○	○	○	○
나선형 계단	○				
패시아(데크 마감재)	○	○	○	○	○
데크 조명	○	○	○		
아웃도어 가구	○		○		
파고라(천막)	○	○	○		
데크용 배수 시스템	○	○	○		
펜스(울타리)	○			○	
데크용 부품(패스너)	○	○	○		

▲ 인조 데크 시장의 주요 기업 및 제품 포트폴리오 비교 (출처: trex)

▲ 다양한 데크와 인테리어 (출처: trex)

시가총액 측면에서 모두 우월하다. 투자자 입장에서도 뭔가 부족한 기업보다는 모든 것을 다 갖춘 기업이 낫지 않겠는가.

고정관념의 변화, 기회의 장이 열린다

필자도 번듯한 데크에 선베드를 놓고 뜨거운 태양 아래에서 태닝하는 로망이 있다. 하지만 우리나라의 주거 형태에서 데크를 갖기란 쉽지 않다. 고급 빌라 혹은 펜트하우스에 살면 가질 수도 있겠다. 그렇게 하기 위해 열심히 사는 것 아닌가? 아직 그럴 상황은 아니지만 만약 필자가 데크를 설치한다면 생각할 것도 없이 나무보다 트렉스 데크를 선택할 것이다. 경제적, 환경적, 심미적 측면 등 모든 면에서 우월한 인조 데크가 있는데 도대체 미국인들은 왜 여전히 나무에 집착하는지 이해가 안 될 정도다. 수백 년간 이어진 고정관념과 습관에서 아직 벗어나지 못하고 있다는 것 외에는 설명이 안 된다.

오랜 시간 이어진 고정관념과 습관은 특별한 사건이 터지지 않는 한 변하기 쉽지 않다. 아무리 논리적으로 틀렸다고 하더라도 말이다. 하지만 팬데믹과 기후 변화, 이로 인한 자연재해는 수백 년간 이어진 고정관념과 습관을 비틀고 있다. 변화의 시작이 눈에 보인다. 트렉스에 기회의 장이 열리고 있다.

트렉스

코로나19 팬데믹이 불러온 성장세 강화

12월이 결산월인 트렉스는 최근 5년간 연평균 20%가 넘는 매출 성장세와 순이익 증가세를 보여왔다. 더욱이 코로나19 팬데믹 이후 2년간 매출 성장세는 무려 27%에 이르고 있다. 연간 매출 추세는 주택 건설의 계절적 특성으로 인해 1분기와 2분기에 강한 증가세를 보이다가 3분기와 4분기에는 감소세를 나타낸다.

2022년 5월 9일에 발표한 2022 회계연도 1분기 실적에 따르면 매출은 전년동기 대비 38.2% 증가한 3억 2923만 달러, EPS는 47.6% 증가한 0.62달러로 모두 예상치를 상회했다. 아울러 마진율이 최대 35% 증가할 것으로 전망한 기존 연간 가이던스를 재확인했다.

올해 들어 부진한 주가 상승세

1999년 4월에 상장한 트렉스의 주가는 2022년 5월 5일 기준으로 55.98달러, 시가

● 최근 2년간 실적(12월 결산 및 Non-GAAP EPS 기준)

회계연도	분기	매출	영업이익	순이익	EPS	전분기 대비
FY2020	Q1	200.40	55.14	42.40	0.37	35%
	Q2	220.65	63.40	47.22	0.41	34%
	Q3	231.50	56.94	42.71	0.37	3%
	Q4	228.29	58.17	43.30	0.37	21%
	합계	880.83	233.64	175.63	1.52	23%
FY2021	Q1	245.52	64.49	48.55	0.42	15%
	Q2	311.60	82.36	61.37	0.53	29%
	Q3	335.87	98.10	73.80	0.64	73%
	Q4	303.96	30.44	25.03	0.22	−40%
	합계	1,196.95	275.38	208.74	1.81	19%

*매출 단위: 백만 달러, EPS 단위: 달러

총액은 64억 174만 달러이다. 최근 12개월간 주가는 −47.33% 하락, 올해 들어서는 −58.54% 하락했으며 최고가는 140.68달러, 최저가는 55.98달러이다. 벤치마크인 러셀2000 지수와 비교해 보면 2019년 7월 이후 최근까지 벤치마크 수익률을 상회하고 있다. 지난해 말부터 벤치마크와의 격차가 크게 줄어들기는 했지만 최근 실적 발표 이후 격차를 다시 벌리는 모양새다. 그리고 현재 트렉스는 배당을 제공하지 않고 있다.

● 최근 5년간 트렉스 주가 추이 & 최근 3년간 주가 수익률 추이(벤치마크 지수 포함)

(단위: 달러)

(단위: %)

━━ 트렉스 ━━ 러셀2000

구분	최근 1개월	최근 6개월	2022년 누적	최근 1년	최근 5년
트렉스	+5.84%	−53.18%	−51.40%	−34.41%	+289.79%
러셀2000	+3.55%	−16.32%	−18.56%	−23.02%	+30.19%

*6월 9일 기준

뉴지랭크US 종목 진단

종합 점수	모멘텀 점수	펀더멘탈 점수	베타	롱텀	엔벨
70	48	93	1.94	72	62

2022년 5월 31일 뉴지랭크US 종목 진단 결과 종합 점수는 70점으로 높다. 모멘텀 점수는 48점으로 상대적으로 최근 수급과 거래량이 양호하고, 펀더멘탈 점수는 93점으로 상대적으로 매우 안정적인 재무 상태를 보이고 있다.

베타 지수는 1.94로 시장 변화에 매우 크게 영향을 받아 상승장에 유리하고, 시즈널 지수의 경우 연중 최저점이 1월 중순, 연중 최고점이 12월 말이며 그 차이가 50을 넘어 연간 주가 상승률이 높은 편이다. 롱텀 지수상 '어깨'에 위치하고 있는 트렉스의 현재 주가는 엔벨 지수상 중심선을 상회하고 있어 단기적으로 추가 상승 가능성이 있다.

월가의 투자 의견 및 목표 주가

최근 3개월간 발표된 트렉스에 대한 15건의 월스트리트 투자 의견을 종합하면 '보유'이고, 향후 12개월간 목표 주가는 최고 102.00달러, 최저 60.00달러, 평균 78.43달러로 현재가 대비 +23.09% 높은 상황이다.

• 최근 3개월간 월가의 투자 의견 및 목표 주가 종합

출처: Tipranks.com

• 최근 3개월간 월가의 투자 의견 및 목표 주가 현황

추천일	평가회사	애널리스트	투자등급	목표가	추천일종가
2022/05/20	Banco BNP Paribas Brasil SA	Yves Bromehead	보유	75.00	63.86
2022/05/16	J.P. Morgan	Michael Rehaut	매도	66.00	59.35
2022/05/10	Loop Capital Markets	Jeffrey Stevenson	보유	63.00	56.02
2022/05/10	Credit Suisse	Daniel Oppenheim	보유	65.00	58.63
2022/05/10	Berenberg Bank	Alexander Leach	매수	102.00	0
2022/05/10	Truist	Keith Hughes	매수	90.00	56.02
2022/05/10	Barclays	Matthew Bouley	보유	68.00	56.02
2022/05/10	Stifel Nicolaus	John Baugh	매수	90.00	58.73
2022/05/10	Robert W. Baird	Timothy Wojs	보유	66.00	56.02
2022/04/25	Loop Capital Markets	Jeffrey Stevenson	보유	68.00	59.32
2022/04/25	Bank of America Securities	Rafe Jadrosich	매도	60.00	59.32
2022/04/20	J.P. Morgan	Michael Rehaut	매도	69.00	63.73
2022/04/14	Robert W. Baird	Timothy Wojs	보유	72.00	60.99
2022/04/13	Jefferies Co.	Philip Ng	보유	71.00	64.48
2022/04/06	B.Riley Financial	Alex Rygiel	매수	88.00	64.53
2022/04/05	Credit Suisse	Daniel Oppenheim	매도	65.00	66.60
2022/03/31	Barclays	Matthew Bouley	보유	84.00	71.20
2022/03/30	J.P. Morgan	Michael Rehaut	매도	78.00	74.00

출처: 키움증권 HTS 영웅문G (2022년 5월 기준)

최신 분석 결과가 궁금하다면?

뉴지랭크US 분석 결과

월가 의견 및 목표 주가

2장

테크놀로지 혁명

인류의 미래를 바꿀 금융, 교통, 생활과 IT의 결합

세계 경제를 주도하는 미국이지만 의외로 답답하고 못 미더운 구석이 존재한다. 인터넷이나 공공기관 처리 속도는 우리나라가 미국보다 훨씬 앞서고, 무이자 할부 등의 각종 금융 서비스도 미국에게는 그림의 떡일 때가 많은 것이다. 우리에겐 익숙한 시스템이 미국에서 어색하다는 것은 여기에 성장의 기회가 있다는 뜻과 같다. 미국에서 금융 혁명이 된 할부 시스템, 원 디지털 플랫폼을 표방하는 대출 플랫폼 등 우리에게 익숙해서 자칫 놓치기 쉬운 새로운 투자 기회를 발견해 보자.

채권 시장의 구닥다리 거래를 바꿀
새로운 전자 거래 플랫폼

✕ Market Axess®

- 종목명: 마켓액세스 홀딩스 MarketAxess Holdings Inc
- 티커: MKTX | 지수: 러셀1000 및 S&P500 | 섹터: 금융 > 캐피탈 마켓 (금융 거래소 및 데이터)

채권, 아직도 전화로 주문을 한다고?

이제는 짜장면 한 그릇도 전화로 주문하지 않는다. 주식의 매수매도 주문이 손가락 터치 한 번으로 끝나는 시대도 이미 도래한 지 오래다. 이런 최첨단 시대에 아직도 구식 전화 주문이 이뤄지고 있는 분야가 있다. 놀라지 마시라. 바로 채권 시장이다.

채권 시장은 주식 시장보다 훨씬 규모가 크다. 또한 채권 시장 투자자들은 대부분 일반 개인보다 전문 투자가들이다. 개인들이 주로 활동하는 주식 시장보다 훨씬 큰 채권 시장에서 세상 누구보다 앞서 갈 것 같은 전문 투자자들이 아직도 전화로 매수매도 주문을 하고 있다는 것이 믿기지 않는다. 하지만

▲ 여전히 전화 주문은 채권 시장의 주요 거래 방법이다. (출처: Shutterstock)

사실이다.

미국 증권 산업 금융 시장 협회Securities Industry & Financial Market Association, SIFMA
에 따르면 2020년 글로벌 채권 시장 규모는 123.5조 달러에 이른다. 같은 기
간 글로벌 주식 시장 규모는 105.8조 달러다. 그런데 전자 거래가 보편화된
주식 시장과 달리 아직도 채권 시장은 전자 거래보다 유선 전화를 통한 딜러
와 브로커 간의 거래가 이뤄지고 있다.

주식 시장보다 더 큰 먹을 거리가 채권 시장에 떡하니 놓여 있는데 전 세
계의 천재적인 사업가들이 이 시장을 그냥 놔둘 리가 없다. 이 시장을 노리
고 채권 전자 거래 플랫폼을 만든 기업이 바로 마켓액세스 홀딩스(이하 마켓액
세스)다.

최초는 아니다, 하지만 호응을 받은 것은 최초!

사실 채권 전자 거래 플랫폼이 최근에 생긴 것은 아니다. 채권 전자 거래 플랫폼 중 대표 기업인 트레이드웹은 1996년 설립돼 2019년 시장에 상장됐고, 마켓액세스는 2000년 설립돼 2004년 시장에 상장됐다. 새로울 것 없어 보이는 이 시장의 특별한 점은 여기에 있다. 자본시장연구원의 자료를 보자.

> "전자 거래 플랫폼이 설립된 지는 약 10년 이상 지났지만, 시장 점유율을 유지하고 이익을 내는 곳은 일부에 불과하며 그동안 많은 전자 거래 플랫폼들이 설립되었다가 서비스를 중단했다."
> "골드만삭스, 모건스탠리, UBS 등 투자은행들은 독자적으로 채권 전자 거래 플랫폼을 개발 및 설립하였으나 투자자들의 호응을 얻지 못하면서 철수한 경우가 대부분"
> "여타 업체들의 철수에도 불구하고 성공적으로 살아남은 전자 거래 플랫폼은 브로커텍BrokerTec, 마켓액세스MarketAxess, 트레이드웹, 블룸버그로 평가된다."

난다 긴다 하는 글로벌 투자 은행들이 지금까지 채권 전자 거래 플랫폼을 만들 생각을 안 했을까? 앞서 이미 수많은 기업들이 플랫폼을 만들었지만 결국 실패했다. 살아남더라도 이익을 내는 기업은 소수에 불과하다. 그만큼 유선 전화 거래에 익숙한 전문 투자자들의 습관을 바꾸기가 쉽지 않았던 것이다. 원래 똑똑한 사람들의 습관을 바꾸는 게 훨씬 더 어렵다.

엄밀히 따지면 단순히 습관을 바꾸는 차원이 아니다. 채권 투자자들이 유선 전화로 주문과 거래를 했던 이유는 채권 거래가 정보 싸움이기 때문이다. 각각의 채권 투자자들은 자신이 확보한 정보를 토대로 채권에 대한 가격 결정의 주도권을 놓치고 싶지 않아 한다. 그렇기 때문에 제한된 정보 속에서 직접 유선 전화를 통해 거래를 함으로써 더 좋은 거래 결과를 가져올 수 있었다. 이런 채권 투자자들에게 전자 거래 플랫폼은 정보와 가격 결정의 주도권을 잃는 것으로 인식될 수 있다. 때문에 마켓액세스는 처음부터 채권 투자자들을 직접 연결하지 않았다. 대신 은행과 회사채 투자자를 전자 거래로 연결해 주는 방식을 통해 채권 거래 시장에 서서히 침투했다. 이것이 유선 전화 방식의 채권 시장을 깨고 전자 거래로 투자자들을 끌어들인 결정적인 전략으로 평가된다.

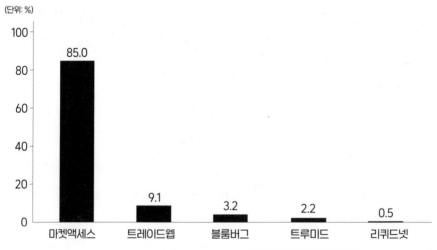

● 2019년 1분기 기준 미국 내 회사채 전자 거래 플랫폼 시장 점유율

(단위: %)

출처: 그린위치 어소시에이츠(Greenwich Associates)

덕분에 마켓액세스는 미국 내 (회사채) 전자 거래 플랫폼 시장에서 85%라는 압도적인 점유율을 차지하고 있다. 소수만 성공할 수 있는 시장에서 압도적인 시장 점유율을 가진 기업이 있다면 우리는 반드시 관심을 기울여야 한다. 마켓액세스가 바로 그 기업이다.

성장? 그게 뭔가요, 아직 시작도 안 했는데

'앞으로 이 시장의 성장 여력이 얼마나 많을까?'라는 의문을 가지는 독자들을 위해 현재 몇 %의 채권 거래가 전화로 이뤄지는지, 몇 %의 거래가 전자 거래 플랫폼을 통해 이뤄지는지 한눈에 보여줄 수 있으면 좋겠지만 현실적으로 어렵다. 다만, 마켓액세스가 실적 발표할 때 제시하는 총 침투 가능 시장 지표를 통해 이 시장의 성장은 아직 시작도 안 했다는 것을 짐작할 수 있다.

마켓액세스는 회사채 거래를 중심으로 성장했다. 그러다 보니 고 신용등급의 미국 회사채U.S High-grade 시장의 침투율이 가장 높다. 하지만 여전히 총 침투 시장에 비해 침투율은 매우 낮다. 이는 성장 가능성이 많다는 의미와 같다. 월스트리트저널이 그린위치 어소시에이츠Greenwich Associates를 인용한 자료에 따르면 지난 2021년 7월, 투자 등급 이상의 회사채 거래 가운데 41%가 전자 거래로 이뤄졌다. 이는 2019년 같은 기간에 비해 26% 많은 수준이었다. 하지만 회사채의 전자 거래가 빠르게 증가해도 여전히 절반 넘는 미국의 고 신용등급 회사채 거래는 유선 전화로 이뤄지고 있다는 것을 의미한다.

이외에 하이일드 채권, 유로본드 등 다른 채권들도 마찬가지다. 10년 동안

● 매우 낮은 수준의 시장 침투율을 보이는 마켓액세스

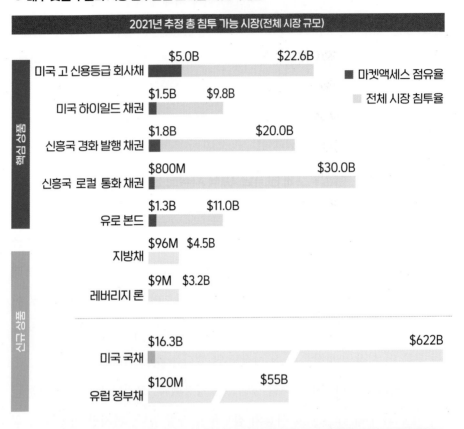

2021년 추정 총 침투 가능 시장(전체 시장 규모)

해외 상품

미국 고 신용등급 회사채 — $5.0B / $22.6B
미국 하이일드 채권 — $1.5B / $9.8B
신흥국 경화 발행 채권 — $1.8B / $20.0B
신흥국 로컬 통화 채권 — $800M / $30.0B
유로 본드 — $1.3B / $11.0B

신규 상품

지방채 — $96M / $4.5B
레버리지 론 — $9M / $3.2B

미국 국채 — $16.3B / $622B
유럽 정부채 — $120M / $55B

■ 마켓액세스 점유율
▨ 전체 시장 침투율

추정 총 시장, 7780억 달러(일평균 거래량 기준)

단위: 10억 달러, 출처: 마켓액세스 2021년 4분기 실적 보고서

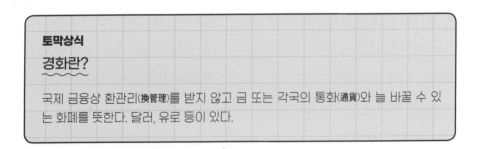

토막상식

경화란?

국제 금융상 환관리(換管理)를 받지 않고 금 또는 각국의 통화(通貨)와 늘 바꿀 수 있는 화폐를 뜻한다. 달러, 유로 등이 있다.

채권 전자 거래가 빠르게 성장했지만, 여전히 침투율은 저조한 수준이다. 무엇보다도 채권 시장에서 가장 큰 시장은 바로 미국 국채U.S Treasuries 시장이다. 그림 한 장에 다른 채권 시장과 함께 표현하는 것이 어려울 정도로 미국 국채는 압도적인 시장 규모를 갖고 있다. 하지만 아직 침투율은 3%에도 미치지 못한다. 여러모로 마켓액세스에게 채권 시장은 블루오션과 같다.

녹록치 않은 경쟁에도 매력적인 이유

채권 전자 거래 플랫폼 시장은 살아남은 기업이 얼마 없기 때문에 소수의 플레이어만이 활동하고 있다. 하지만 경쟁 환경이 그리 녹록하지만은 않다. 마켓액세스와 경쟁하는 대표 기업으로는 트레이드웹Tradeweb이 있다. 마켓액세스는 1900여 고객을 대상으로 하는 반면, 트레이드웹은 2500여 고객을 대상으로 하고 있다. 마켓액세스가 주로 채권 거래만을 한다면 트레이드웹은 채권뿐만 아니라 파생상품과 ETF 등 40여 개 상품을 거래하고 있다. 이 때문에 2021년 기준 트레이드웹의 매출은 약 10억 달러 수준인 반면 마켓액세스의 매출은 약 7억 달러 수준에 그쳤다.

마켓액세스는 2004년 시장에 상장해 시장에서 거래된 시간이 18년에 달하는 반면, 트레이드웹은 2019년 시장에 상장했다. 이제 겨우 3년 정도밖에 시장에서 거래되지 않았지만, 사실 설립된 것은 1996년으로 트레이드웹이 더 오랜 역사를 갖고 있다.

이런 측면에서 보면 트레이드웹이 매출도 더 크고, 거래 상품도 많으며, 역사도 길기 때문에 투자에 있어 더욱 매력적으로 보일 수 있다. 하지만 이런 이유만으로 기업의 우위를 따질 수는 없다.

오히려 마켓액세스는 시장에서 거래된 지 18년이 지났기 때문에 시장의 신뢰도가 높다. 배당을 통해 시장의 신뢰도를 짐작해 볼 수 있는데, 트레이드웹은 2019년부터 매 분기마다 주당 0.08달러의 배당을 지급하고 있지만 아직 단 한 번의 배당 성장은 없었다. 반면, 마켓액세스는 2009년 첫 배당을 시작해 지금까지 매 분기 배당을 지급하고 있는데, 한 해도 빠짐없이 배당률을 성장시켰다. 게다가 이익률Profit margin 측면에서 트레이드웹은 21% 수준으로 마켓액세스의 36% 수준에 비해 낮다.

기본적으로 채권 시장은 유선 전화를 통한 거래가 아직도 이뤄지고 있기 때문에 트레이드웹과 마켓액세스를 함께 성장하는 시장으로 보는 게 맞다. 이런 가운데 트레이드웹이 덩치가 더 커보이지만, 마켓액세스는 오랜 시간 시장에서 쌓은 신뢰와 더 높은 수익성으로 채권 시장에 전자 거래 플랫폼을 도입하고 있다는 측면에서 더 매력적으로 다가온다.

이제 막 주식투자를 시작한 주린이조차 터치 한 번으로 거래를 할 수 있는 시대다. 그런데 주식 시장보다 더 큰 채권 시장의 막대한 돈이 여전히 유선 전화를 통해 거래되고 있다. 물론 채권 투자자들의 저항을 극복해야 하기 때문에 시간은 다소 걸릴 수 있겠지만 무너지지 않을 것 같던 저항을 뚫고 채권 투자자들을 전자 거래 플랫폼으로 끌어들이고 있는 마켓액세스의 행보에 주목할 필요가 있겠다.

마켓액세스 홀딩스

금리 상승으로 성장세 둔화

12월이 결산월인 마켓액세스는 최근 5년간 연평균 14%의 매출 성장세와 17%의 순이익 증가세를 보여왔다. 연간 매출 추세의 경우 1분기에서 4분기로 갈수록 증가하는 흐름을 나타낸다. 반면 지난해부터 이어지고 있는 금리 상승으로 인해 실적 성장세가 급격히 꺾이고 있다. 따라서 연준의 기준금리 인상 등 재정 정책이 향후 실적에 상당한 영향을 미칠 것으로 예상된다.

2022년 4월 20일에 발표한 2022 회계연도 1분기 실적에 따르면 기록적인 채권 거래량에도 불구하고 채권 가격 하락으로 전년동기 대비 4.8% 감소한 1억 8605만 달러의 매출을 기록하며 예상치를 하회한 반면 EPS는 21.2% 감소한 1.73달러로 예상치를 상회했다.

이어 7월 20일에 발표한 2022 회계연도 2분기 실적을 살펴보면 매출은 3.3% 증가한 1억 8222만 달러로 예상치에 소폭 미치지 못했고, EPS는 0.6% 증가한 1.78달러

● 최근 2년간 실적(12월 결산 및 Non-GAAP EPS 기준)

회계연도	분기	매출	영업이익	순이익	EPS	전분기 대비
FY2020	Q1	168.98	91.09	74.82	2.01	42%
	Q2	184.80	104.14	83.85	2.25	73%
	Q3	164.01	87.81	67.78	1.81	24%
	Q4	171.35	91.70	72.93	1.95	44%
	합계	689.13	374.73	299.38	8.01	45%
FY2021	Q1	195.46	103.47	80.46	2.15	7%
	Q2	176.33	87.18	67.29	1.79	−20%
	Q3	162.09	74.00	57.96	1.54	−15%
	Q4	165.06	72.58	52.19	1.39	−29%
	합계	698.95	337.24	257.89	6.88	−14%

*매출 단위: 백만 달러, EPS 단위: 달러

를 기록하면서 예상치를 조금 넘어섰다. 금리 상승에도 증시 불확실성에 따라 채권 시장이 확대되면서 전년동기 대비 거래량은 43% 급증했고, 시장 점유율도 1% 이상 증가한 것으로 나타났다.

금리 변동에 따른 주가 흐름, 꾸준히 증가하는 배당

2004년 11월에 상장한 마켓액세스의 주가는 2022년 5월 5일 기준으로 275.97달러, 시가총액은 104억 1566만 달러이다. 최근 12개월간 주가는 −37.08% 하락, 올해 들어서는 −32.90% 하락했으며 최고가는 492.13달러, 최저가는 257.12달러이다. 벤치마크인 러셀2000 지수와 비교해 보면 2019년 3월 이후 최근까지 벤치마크 수익률을 지속 상회했다. 2021년 들어 국채 금리가 상승하면서 벤치마크와의 격차를 계속해서 줄이더니 2022년 4월 초 국채 금리 급등에 따른 국채 가격 하락 영향으로 이후 주가가 벤치마크를 하회했다. 하지만 최근 1개월간 벤치마크를 재차 상회하고 있다.

마켓액세스는 분기 단위로 배당금을 지급하고 있으며 최근 1년간 배당금은 주당 2.80달러, 배당수익률은 1.01%이다. 최근 5년간 연평균 배당 성장률은 +18.18%이며, 2009년 배당을 지급한 이래 현재까지 12년간 배당을 늘려왔다.

● 최근 5년간 마켓액세스 주가 추이 & 최근 3년간 주가 수익률 추이(벤치마크 지수 포함)

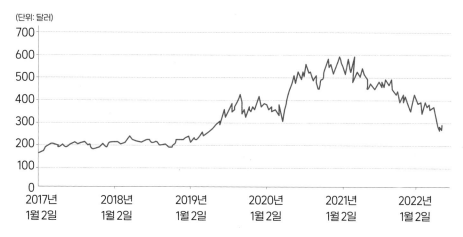

(단위: 달러)

(단위: %)

─── 마켓액세스 ─── 러셀2000

구분	최근 1개월	최근 6개월	2022년 누적	최근 1년	최근 5년
마켓액세스	+7.03%	−27.85%	−30.95%	−36.81%	+34.10%
러셀2000	+3.55%	−16.32%	−18.56%	−23.02%	+30.19%

*6월 9일 기준

● 최근 5년간 마켓액세스 배당 추이

구분	2017	2018	2019	2020	2021
배당 금액(달러)	1.32	1.68	2.04	2.40	2.64
전년 대비	+26.9%	+27.3%	+21.4%	+17.6%	+10.0%

*자료 : Seekingalpha.com 및 Devidend.com

뉴지랭크US 종목 진단

종합 점수	모멘텀 점수	펀더멘탈 점수	베타	롱텀	엔벨
37	38	36	0.72	26	63

2022년 5월 31일 뉴지랭크US 종목 진단 결과 종합 점수는 37점으로 낮다. 모멘텀 점수는 38점으로 상대적으로 최근 수급과 거래량이 좋지 않고, 펀더멘탈 점수는 36점으로 상대적으로 부진한 재무 구조를 보이고 있다.

베타 지수는 0.72로 시장 변화에 크게 영향을 받지 않고, 시즈널 지수의 경우 연중 최저점이 1월 말, 연중 최고점이 12월 말이며 그 차이가 70을 넘어 연간 주가 상승률이 상당히 높은 편이다. 롱텀 지수상 '무릎'에 위치하고 있는 마켓액세스의 현재 주가는 엔벨 지수상 중심선을 상회하고 있어 단기적으로 추가 상승 가능성이 있다.

월가의 투자 의견 및 목표 주가

최근 3개월간 발표된 마켓액세스에 대한 7건의 월스트리트 투자 의견을 종합하면 '보유'이고, 향후 12개월간 목표 주가는 최고 395.00달러, 최저 270.00달러, 평균 323.50달러로 현재가 대비 +14.85% 높은 상황이다.

● 최근 3개월간 월가의 투자 의견 및 목표 주가 종합

출처: Tipranks.com

● 최근 4개월간 월가의 투자 의견 및 목표 주가 현황

추천일	평가회사	애널리스트	투자등급	목표가	추천일종가
2022/05/19	Deutsche Bank	Brian Bedell	보유	270.00	261.64
2022/04/25	Credit Suisse	Gautam Sawant	보유	316.00	265.63
2022/04/21	Morgan Stanley	Michael Cyprys	보유	361.00	273.93
2022/04/21	Deutsche Bank	Brian Bedell	보유	300.00	272.88
2022/04/21	Compass Point	Christopher Allen	보유	275.00	272.88
2022/04/20	Rosenblatt Securities	Sean Horgan	매수	395.00	273.93
2022/04/20	Jefferies Co.	Daniel Fannon	보유	324.00	276.12
2022/04/19	Credit Suisse	Gautam Sawant	보유	332.00	256.96
2022/04/14	Rosenblatt Securities	Sean Horgan	매수	383.00	266.50
2022/04/13	Morgan Stanley	Michael Cyprys	보유	367.00	273.95
2022/04/11	Jefferies Co.	Daniel Fannon	보유	324.00	280.84
2022/04/07	Deutsche Bank	Brian Bedell	보유	314.00	282.46
2022/04/06	Raymond James	Patrick O'Shaughnessy	보유	0	305.88
2022/04/06	Credit Suisse	Gautam Sawant	보유	372.00	305.88
2022/04/04	Morgan Stanley	Michael Cyprys	보유	402.00	346.93
2022/03/08	Rosenblatt Securities	Sean Horgan	매수	460.00	342.37
2022/02/18	Deutsche Bank	Brian Bedell	보유	384.00	375.88
2022/02/15	Credit Suisse	Gautam Sawant	보유	412.00	379.00

출처: 키움증권 HTS 영웅문G (2022년 5월 기준)

최신 분석 결과가 궁금하다면?

뉴지랭크US 분석 결과

월가 의견 및 목표 주가

BNPL 열풍의 선두 주자!
어서와, 무이자 할부는 처음이지?

- 종목명: 어펌 홀딩스 Affirm Holdings Inc.
- 티커: AFRM | 지수: Not Listed | 섹터: 정보 기술 > IT 서비스 (금융 거래 및 데이터 처리)

미국에는 할부가 없다

미국 기업에 투자하다 보면 한국인은 뒷북을 칠 수밖에 없다. 미국인들이 무엇에 열광하는지, 무엇을 사용하는지 한국에 있는 우리가 바로 알 길이 없기 때문이다. 한 예로, 우리는 팬데믹으로 화상 업무를 하며 '줌Zoom'이라는 기업을 알게 됐지만 현지의 개발자들은 이미 줌을 사용한 지 오래였다. 이런 와중에 우리가 미국보다 훨씬 빠른 분야가 있다. 바로 무이자 할부다. 우리가 먼저 경험한 것을 토대로 미국 기업에 투자할 수 있는 몇 안 되는 기회인데 이 기회의 중심에 어펌 홀딩스(이하 어펌)라는 기업이 있다. 먼저 어펌을 이해하기 위해서는 한국과 미국의 금융 시스템 차이부터 이해해야 한다.

미국에는 할부라는 제도가 없다. 1950년, 세계 최초로 신용카드가 만들어진 미국에 할부 제도가 없다는 사실이 놀라울 따름이다. 우리는 할부도 무이자가 아니면 결제 버튼에 선뜻 손이 가지 않는다. 할부로 결제하면서 이자 내는 것도 아까워하는 우리다. 그런데 하물며 할부도 없는 미국에 무이자 할부가 있을까?

최근 미주 매체 뉴스를 보다가 깜짝 놀랐다. 바로 한국식 무이자 할부가 미국에 도입된다는 뉴스였다. 기사 작성 시점은 2021년이었는데, 이제서야 신용카드로 무이자 할부가 가능해진다는 게 뉴스 거리가 되는 곳이 바로 미국인 것이다. 그렇다면 무이자 할부가 없던 시절에 미국인들은 어떻게 물건을 구매했을까?

할부 없이 냉장고, TV, 자동차 구매는 어떻게?

미국도 우리나라와 마찬가지로 수천 달러에서 수만 달러에 달하는 냉장고, TV, 자동차 같은 비싼 제품들은 일시불이 어렵다. 그렇다면 미국인들은 그동안 어떻게 고가 제품을 구매해 왔을까? 할부와 비슷한 형태의 구매 방법이 있긴 있다. 우리나라에 없는 개념이라 직역은 어렵지만, 'Rent-to-Own', 'Lease-to-own', 'Layaway'와 같은 방식 등이 그러하다. 'Rent-to-Own'과 'Lease-to-own'은 일정 금액을 먼저 지불한 이후에 남은 금액을 할부처럼 분할 납부하는 방법이다. 예컨대 1000달러짜리 TV를 구매한다고 가정하면 300달러를 먼저 지불하고 제품을 구매한 다음 나머지 금액을 할부로 내는 방식이다. 다만, 분할 납부하는 나머지 금액에 대해서는 비싼 이자를 지불해야 한다. 신용등급과 제품에 따라 다르겠지만, 이자가 최소 20%를 넘는다.

이자를 납부할 수 있다고 해서 제품 구매가 수월한 것은 아니다. 이 지불방식은 매장이 제공하는 일종의 단기 대출 금융 상품을 이용하는 것이다. 즉, 가게는 당신이 돈을 갚을 사람인지, 돈 떼어먹고 도망갈 사람인지 여부를 관상만 보고 알 수 없다. 그래서 이런 지불 방식을 이용하려고 하면 고객에게 신용등급을 요구한다. 미국의 신용 평가는 우리나라처럼 1~10등급으로 이뤄진 방식이 아니라 1~1000점까지 점수로 이뤄져 있다. 고객은 자신의 신용등급을 알고 있어야만 이 지불 방식을 이용할 수 있으며, 점수가 낮으면 이방식의 구매는 불가능하다. 구매 가능한 신용등급이어도 점수에 따라 지불해야 하는 이자는 제각각이다. 또, 같은 제품, 동일한 신용등급이어도 매장에 따라 지불하는 이자가 서로 다르기 때문에 조금이라도 더 저렴하게 구매하려면 발품을 많이 팔아야 한다. TV 한 대 장만하는데 이렇게 불편해서 어떻게 하겠는가.

한편, 'Layaway' 방식은 분할 납부를 한다는 측면에서 할부와 비슷하지만 지불 결제가 완료되어야만 제품을 받을 수 있다. 다시 말해, 지금 구매 버튼을 눌러도 제품을 못 받는다. 3개월이면 3개월, 6개월이면 6개월 금액을 분할 납부하고 지불이 완료되면 그제서야 제품을 받을 수 있다. 이런 방식으로 구매가 이뤄지는 이유도 앞과 마찬가지다. 판매자는 당신이 돈을 갚을지 떼어먹을지 알 수 없기 때문에 분할 납부가 모두 완료되어야만 제품을 보내주는 것이다. 이해는 하는데, 지금 구매한 TV가 반 년 뒤에나 우리 집에 도착한다니 우리는 상상조차 할 수 없는 일이다.

실제 이 방식은 미국에서 연말 쇼핑 시즌에 흔히 이용되곤 한다. 추수감사절 직후 블랙프라이데이부터 크리스마스까지 이어지는 연말 쇼핑 시즌에 대비해 미국인들은 9~10월부터 자신이 구매하고 싶은 품목을 'layaway' 방식으로 구매를 한다. 그리고 자신이 제품을 받고 싶은 시점까지 비용을 분할 납부하고 쇼핑 시즌에 제품을 수령하는 방식이다. 익숙하게 사용하던 방식이었지만 불편하다는 것은 누구나 알고 있었다.

2021년, 월마트가 'layaway' 방식을 폐지하고 훨씬 더 편한 'BNPL' 방식을 채택하기로 했다는 내용이 기사로 등장했다. 그리고 기사에서 말하는 BNPL

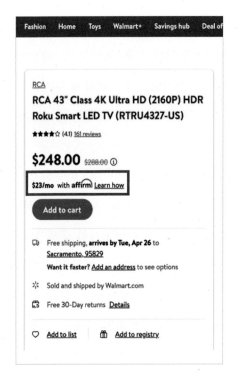

▲ 분할 납부를 지원하는 어펌의 서비스가 상단에 위치하고 있다. (출처: walmart)

업체가 바로 어펌이다. 실제 월마트 홈페이지를 방문하면 지금도 어펌이 제공하는 BNPL 방식으로 결제할 수 있는 버튼이 가장 첫 화면에 보인다.

BNPL, 지금 사고 돈은 나중에 내라!

이런 현실을 이해했으니 이제 어펌과 BNPL을 이해할 준비가 됐다. 몰랐겠지만 미국에서는 제품 하나 구매하는 게 이처럼 힘들고 불편했다. 편하려면 비싼 이자를 지불해야 하는 게 바로 미국의 현실이었던 것이다. 소비자들의 이런 불편함을 혁신적이고 파괴적으로 해소해 주겠다고 등장한 기업이 바로 어펌이다. 어펌은 BNPL 서비스를 제공한다. BNPL은 'Buy Now, Pay Later'의 줄임말인데 우리말로 해석하면 '지금 사고 돈은 나중에 낸다'는 뜻이다. 그냥 할부다.

참고로 우리나라의 현금 결제 비율은 20%도 안된다. 이미 거의 대부분의 결제를 신용카드 등 현금이 아닌 다른 수단을 이용하는 우리에게 '지금 사고 돈은 나중에'라는 BNPL은 너무 당연하게 느껴진다. 그렇다 보니 왜 미국의 밀레니얼들이 BNPL에 그토록 열광하는지 이해가 될 리 없다. 하지만 앞서 설명한 것처럼 할부 한 번 이용하려면 상당한 불편함을 느껴왔던 미국인들에게 BNPL은 엄청나게 혁신적인 지불 방법인 것이다. 게다가 BNPL 서비스의 상당 부분은 비싼 이자를 지불하지 않아도 되는, 일종의 무이자 할부 방식이다. 묻지도 따지지도 않고 무이자 할부를 해준다고 하니 그토록 열광한 것이다.

어펌의 역사는 페이팔Paypal에서부터 이어진다. 페이팔은 1998년 천재 프로그래머라 불리는 맥스 레브친Max Levchin과 페이스북의 최초 투자자로 유명한 피터 틸Peter Thiel이 공동 창업한 전자 결제 서비스 기업이다. 이렇게 출발한 페이팔은 이제 글로벌 전자 결제 분야의 최강자로 자리하고 있다. 지금으로부터 24년 전, 전자 결제라는 개념조차 제대로 확립되지 않았던 시절, 페이팔로 온라인 송금 서비스를 출시해 세상을 지금의 모습으로 바꾼 인물이 맥스 레브친이고 그가 BNPL 서비스를 제공하기 위해 창업한 기업이 어펌인 것이다.

가만히 앉아 있어도 알아서 홍보해 주네

신용카드, 할부, BNPL의 공통점이 있다. 여러분이 이제 막 전자 결제 플랫폼을 개발했다고 가정해 보자. 열심히 이 매장, 저 매장 발로 뛰어다니면서 여러분의 결제 플랫폼을 이용해 달라고 홍보와 마케팅, 영업을 해야 할 것 같지 않은가. 이때 매장 사장님들이 '갑', 결제 플랫폼 기업이 '을'이라고 생각하겠지만 신용카드, 할부, BNPL은 각각 전혀 다른 특성을 갖고 있다.

여러분이 미국에서 전자제품 매장을 운영하는 사장님이라고 상상해 보자. 그런데 월마트가 BNPL 서비스를 도입했다. 소비자들이 월마트에서 TV와 냉장고, 식기세척기를 BNPL로 구입하면 분할 납부 완료할 때까지 기다릴 필요도 없고, 20% 넘는 비싼 이자를 지불하지 않아도 되고, 최초에 지불해야 하는 목돈도 필요 없다. 그러면 불과 1년 전 여러분 매장에서 제품을 구입하던 소비자들이 월마트로 갈 것이다. 여러분은 고객을 뺏기지 않기 위해 하루 빨리 BNPL 서비스를 도입해야 할 것이다. 즉, BNPL은 서비스를 제공하는 어펌이 여기저기 발품 팔면서 영업하는 구조가 아니라 판매자들이 너도나도 먼저 도입하는 서비스라는 것이다. 얼마나 좋은가. 가만히 앉아 있으면 판매자들이 찾아와 같이 사업하자고 하는 게 BNPL 서비스인 것이다.

그래서 작년에도 흥미로운 현상이 몇 차례 있었다. 작년 연말 쇼핑 시즌을 앞두고 미국 최대의 유통사인 월마트와 미국 최대의 이커머스 기업인 아마존이 어펌의 BNPL 서비스를 도입했다는 뉴스가 대대적으로 보도됐다. 그런데 그 보도자료는 어펌이 아닌 월마트와 아마존이 낸 것이다. 아마존과 월마트가 대대적으로 '우리는 BNPL 이용할 수 있으니 우리 매장에 많이 오셔서 많이 사세요'라고 나서서 홍보한 것이다.

경쟁 심한 BNPL 업계, 이중 '연체 수수료'조차 없는 어펌 승!

전 세계적으로 가장 큰 BNPL 기업으로는 3개가 꼽힌다. 스웨덴에서 탄생해 유럽 BNPL 시장을 꽉 잡고 있는 클라르나Klarna와 호주의 대표적인 BNPL 기업인 애프터페이Afterpay, 그리고 어펌이다. 물론 이게 전부는 아니다. 어펌 외에도 미국에는 BNPL 서비스를 제공하는 쿼드페이Quadpay와 세즐Sezzle도 있다. 여기서 끝이 아니다. 기존 결제 플랫폼 업체들도 너도나도 BNPL 서비스를 출시하고 있다. 페이팔도 기존 결제 시스템에 추가로 BNPL을 도입하고 있으며, 애플도 골드만삭스와 손잡고 BNPL 서비스를 출시했다. 경쟁 환경이 녹록한 것은 아니다. 그렇다면 각 경쟁사를 좀 더 자세히 비교해 보자.

단연 전 세계 1위는 클라르나다. 2005년 설립됐기 때문에 그 어떤 BNPL 기업보다 오랜 역사를 갖고 있다. 총거래규모Gross merchant volume, GMV 측면에서나 2억 3000만 명의 월간 활성 이용자 수 측면으로 보나 단연 1위다. 다만, 이 기업은 비상장 기업이기 때문에 투자할 수가 없다. 2위는 호주를 대표하는 BNPL 기업인 애프터페이다. 어펌보다 2년 늦은 2014년에 창업했지만 총 거래 규모 측면에서나 월간 활성 이용자 수가 1억 6000만 명이 넘는다는 측면에서 글로벌 2위 기업이라 할 수 있다. 다만, 애프터페이는 지금은 사명을 블록으로 바꾼 스퀘어Square가 올해 1월 인수를 완료했다. 오늘의 주인공인 어펌은 3위다. 총 거래 규모도 전 세계 3위 규모이고, 월간 활성 이용자 수도 1억 1000만 명으로 3위다.

이쯤되면 독자들은 '3위밖에 안된다고?'라고 생각할 것이다. 현재 3위라는 것만으로는 굳이 우리가 어펌에 주목해야 할 만한 이유를 찾기 어렵다. 하지만 어펌만이 갖고 있는 장점을 생각하면 얘기가 달라진다.

바로 연체 수수료를 비롯한 일체의 수수료가 없다는 것이다. 다음 그림은 어펌의 홈페이지 첫 화면인데 수수료가 없다는 점을 가장 큰 장점으로 광고한다. 어펌의 창업자 맥스 레브친은 창업 초부터 많은 인터뷰를 통해 '고객의 실수로 돈을 벌지 않겠다'는 말을 여러 차례 반복했다. 그의 비전이 고스란히 어펌의 BNPL 서비스에 반영되어 있는 것이다.

냉정하게 보면 고객 입장에서는 어펌의 BNPL을 이용하든, 클라르나를 이용하든, 애프터페이를 이용하든 차이점이 없다. 여러분은 3개월 할부로 구매할 때 현○카드로 결제하든 신○카드로 결제하든 차이점을 느낄 수 있는가.

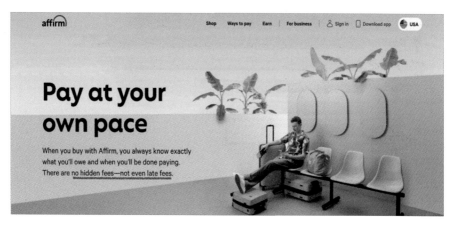

▲ 어펌 공식 홈페이지에서 찾아볼 수 있는 '어떤 숨은 수수료도 없습니다. 심지어 연체 수수료도 없습니다'라
는 문구 (출처: affirm)

여러분이 구매하고자 하는 곳에서 3개월 무이자 할부를 제공해 주는 카드사를 이용할 뿐이다. 반대로 대부분의 결제 플랫폼이 BNPL 서비스를 도입하고 있는 상황에서 소비자들이 어펌의 BNPL 서비스를 이용하려면 어펌만이 제공하는 특별함이 있어야 한다. 그렇지 않으면 소비자들은 굳이 어펌의 BNPL을 이용할 이유가 없을 것이다. 이런 측면에서 연체 수수료가 없는 어펌의 장점은 분명 소비자들에게 크게 다가올 수밖에 없다.

이런 장점이 정말 잘 먹히고 있는 것일까. 미국의 금융 서비스 기업 파이퍼 샌들러Piper Sandler가 미국 10대들을 대상으로 매년 두 차례에 걸쳐 진행한 설문 조사 결과를 보면 어펌 사용량이 빠르게 증가하고 있는 것을 알 수 있다. 상기한 것과 마찬가지로 현 시점에서 사용량 순위만 보면 어펌은 그 자체로 매력을 느끼기 어렵다. 다만, 다른 BNPL 기업에 비해 어펌 사용량이 빠르게 늘어나고 있다는 것은 그만큼 성장성이 뛰어나다는 것을 증명한다. 그렇기

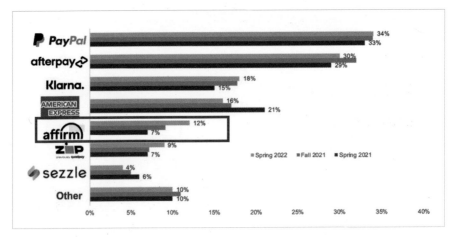

▲ 미국 10대가 애용하는 BNPL 서비스 순위. 점유율은 낮지만 높은 성장세를 보여주는 어펌. (출처: Piper Sandler)

때문에 우리는 어펌에 주목해야 하는 것이다.

"생각보다 사람들이 그렇게 무책임하지 않아요" 낮은 연체율!

우리나라도 그렇지만 젊은 사람들의 신용카드와 할부 이용이 늘어난다는 뉴스가 나오면 어르신들은 "쯧쯧~ 요즘 젊은 사람들 문제야"라는 반응을 보이곤 한다. 다른 국가라고 다를 리 없다. BNPL 서비스의 확산과 함께 미국 사회에서도 MZ세대의 연체 문제에 대한 우려가 대두되었다. 하지만 생각보다 BNPL을 이용하는 소비자들이 그렇게 무책임하게 돈을 쓰고 있지 않는 것으로 나타난다. 연체율이 생각보다 높지 않은 것이다. 직접 비교할 수 있는 자료는 찾기 어렵지만, 최대한 접근 가능한 범위에서 취합한 자료를 보면 이렇다.

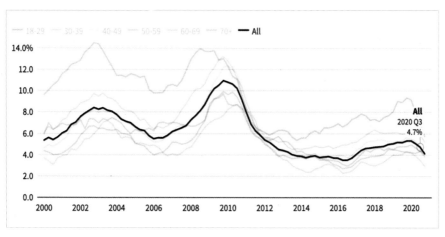

▲ 미국 전 연령 대상 90일 이상 연체한 심각한 신용카드 채무 불이행 비율 추이. 점차 낮아지는 것을 확인할 수 있다. (출처: Investopedia)

위의 그래프를 보면 신용카드 사용 고객들의 연체율은 대략 4% 정도 수준으로 나타난다. 하지만 BNPL을 이용하는 소비자들의 연체율은 대체로 1% 미만이라고 각 사는 얘기한다. 세계 1위 BNPL 기업인 클라르나는 연체율이 1% 미만, 어펌은 약 1% 수준이라고 각 사 대변인을 통해 밝혔는데 직접 비교는 어렵지만 신용카드를 사용하는 전 연령의 평균 연체율보다 BNPL을 이용하는 소비자들의 연체율이 대체로 낮은 경향을 보인다는 것만은 분명하다. 연체 수수료도 없으면, 막 쓰고 안 갚는 모럴 해저드가 팽배할 것 같지만 실상은 그렇지 않은 것이다.

정리해 보면 미국은 할부 구매가 쉽지 않았다. 하지만 BNPL 서비스가 출시되면서 미국인들은 부담 없이 매우 편하게 할부 구매를 할 수 있게 됐다. BNPL 시장의 경쟁이 심한 것은 분명하다. 어펌이 경제적 해자가 높거나 독점적인 것은 아니다. 하지만 연체 수수료조차 물리지 않는 강점을 내세우고 있고, MZ세대의 사용량이 빠르게 늘어나고 있다는 측면에서 우리는 어펌에 주목해 볼 필요가 있다.

참고로 2022년 6월 6일, 애플은 세계개발자회의wwdc를 통해 '애플페이 레이터Applepay later'를 공개했다. 바로 애플페이의 BNPL 서비스다. 온라인과 오프라인 어디든 상관없이 애플페이 결제가 가능한 곳이라면 언제 어디서든 할부를 이용할 수 있게 된 것이다. 어펌뿐만 아니라 모든 BNPL 기업들의 최대 강적이 나타났다.

전 세계 애플페이 이용자 수는 5억 명을 넘는데 이들이 어떤 어려움도 없이 BNPL을 이용할 수 있게 된 것이다. 우리나라에 삼성페이가 도입된 이후 카드 없이 스마트폰만 들고 다니는 사람이 많아진 것처럼 애플페이가 가능한 곳에서는 애플워치만으로 결제하는 사람들이 많다. 애플워치로 결제도 하고, 지하철도 타는 등 이렇게 편리한 애플 생태계 속에 BNPL 서비스까지 탑재된다면 다른 BNPL 기업들에게 부담이 될 것은 자명하다. 다만, 2021년 말 기준 어펌의 활성 이용자 수는 1억 2700만 명에 달한다. 이처럼 엄청난 사용자 기반을 갖고 있는 어펌에게는 독자적인 성장만이 아니더라도 인수합병 등 여러 가지 기회가 열려 있다는 점을 참고로 알아두면 좋겠다.

어펌 홀딩스

최근 2년간 매출 성장세가 무려 82%

12월이 결산월인 어펌은 최근 2년간 연평균 82%에 가까운 매출 성장세를 보이고 있다. 반면 영업손실과 순손실도 지난해 대폭 확대된 것으로 나타났는데 이후 매출 성장세가 유지될 경우 비용 증가세가 둔화되면서 손실 규모가 감소할 것으로 전망된다.

2022년 5월 12일에 발표한 2022 회계연도 3분기 실적에 따르면 매출은 전년동기 대비 53.8% 급증한 3억 5480만 달러, EPS는 81% 개선된 −0.19달러로 모두 예상치를 상회했다. 총 거래 금액이 73% 증가한 39억 달러에 이르는 가운데 4분기 및 연간 가이던스 모두 예상치를 상회했다.

러시아·우크라이나 전쟁의 직격탄을 맞은 주가

2021년 1월에 정식 상장한 어펌의 주가는 2022년 5월 5일 기준으로 27.02달러, 시

● 최근 2년간 실적(12월 결산 및 Non-GAAP EPS 기준)

회계연도	분기	매출	영업이익	순이익	EPS	전분기 대비
FY2020	Q1	87.95	−32.97	−30.80	−0.64	—
	Q2	129.98	−32.63	−31.00	−0.64	—
	Q3	138.27	−81.51	−85.62	−1.80	—
	Q4	153.33	39.32	34.81	0.73	—
	합계	509.53	−107.79	−112.60	−2.63	−7%
FY2021	Q1	173.98	−44.62	−15.28	−0.24	−63%
	Q2	204.04	−26.77	−26.61	−0.38	−41%
	Q3	230.67	−169.46	−247.16	−1.06	−41%
	Q4	261.78	−124.69	−128.23	−0.48	−166%
	합계	870.46	−379.19	−430.92	−2.72	4%

*매출 단위: 백만 달러, EPS 단위: 달러

가총액은 76억 8603만 달러이다. 최근 12개월간 주가는 −50.37% 하락, 올해 들어서는 −73.13% 하락했으며 최고가는 168.52달러, 최저가는 26.22달러이다. 벤치마크인 러셀2000 지수와 비교해 보면 2019년 3월 이후 최근까지 벤치마크 수익률을 지속 상회했다. 하지만 2022년 2월 러시아·우크라이나간 긴장이 고조되면서부터 주가가 벤치마크를 하회하기 시작했다. 그리고 4월 초에는 전쟁에 따른 불확실성으로 향후 가이던스를 철회하면서 주가가 급락하는 등 좋지 않은 모습이 이어졌는데 최근 주가가 반등세를 보이면서 최근 1개월간 수익률은 벤치마크를 상회하고 있다. 한편 어펌은 배당금을 지급하지 않고 있다.

● 상장 이후 어펌 주가 추이 & 주가 수익률 추이(벤치마크 지수 포함)

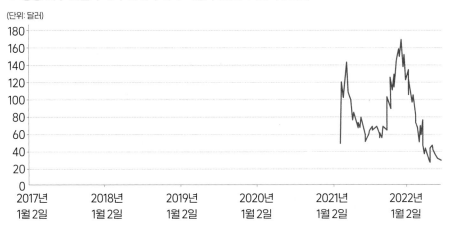

(단위: 달러)

2017년 1월 2일 · 2018년 1월 2일 · 2019년 1월 2일 · 2020년 1월 2일 · 2021년 1월 2일 · 2022년 1월 2일

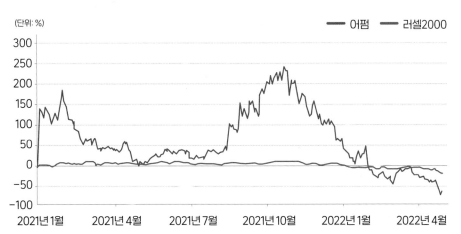

(단위: %)　　　　　　　　　　　　　　　　　　　── 어펌　── 러셀2000

2021년 1월 · 2021년 4월 · 2021년 7월 · 2021년 10월 · 2022년 1월 · 2022년 4월

구분	최근 1개월	최근 6개월	2022년 누적	최근 1년	최근 5년
어펌	+14.05%	−82.22%	−77.75%	−64.85%	−
러셀2000	+3.55%	−16.32%	−18.56%	−23.02%	+30.19%

*6월 9일 기준

뉴지랭크US 종목 진단

종합 점수	모멘텀 점수	펀더멘탈 점수	베타	롱텀	엔벨
59	**87**	31	**0.21**	2	**100**

상장한 지 3년 미만의 경우에는 모멘텀, 베타, 엔벨 등 일부만 유효한 의미를 갖는다. 2022년 5월 31일 뉴지랭크US 종목 진단 결과 종합 점수는 59점으로 양호하다. 모멘텀 점수는 87점으로 상대적으로 최근 수급과 거래량이 좋은 데 반해 펀더멘탈 점수는 31점으로 상대적으로 부진한 재무 구조를 보이고 있다.

베타 지수는 0.21로 시장 변화에 별다른 영향을 받지 않고, 현재 주가가 엔벨 지수상 중심선을 강하게 상회하고 있어 단기적으로 조정 가능성이 있다.

월가의 투자 의견 및 목표 주가

최근 3개월간 발표된 어펌에 대한 15건의 월스트리트 투자 의견을 종합하면 '매수'이고, 향후 12개월간 목표 주가는 최고 80.00달러, 최저 17.00달러, 평균 42.43달러로 현재가 대비 +48.88% 높은 상황이다.

• 최근 3개월간 월가의 투자 의견 및 목표 주가 종합

출처: Tipranks.com

• 최근 2개월간 월가의 투자 의견 및 목표 주가 현황

추천일	평가회사	애널리스트	투자등급	목표가	추천일종가
2022/05/23	Mizuho	Dan Dolev	매수	50.00	25.49
2022/05/17	Mizuho	Dan Dolev	매수	50.00	25.24
2022/05/16	Loop Capital Markets	Hal Goetsch	보유	26.00	23.25
2022/05/13	RBC	Daniel Perlin	매수	48.00	23.71
2022/05/13	Piper Sandler	Kevin Barker	보유	32.00	21.49
2022/05/13	Deutsche Bank	Bryan Keane	보유	35.00	23.71
2022/05/13	D.A. Davidson	Chris Brendler	매수	50.00	23.71
2022/05/13	Credit Suisse	Timothy Chiodo	보유	36.00	21.49
2022/05/13	Bank of America Securities	Jason Kupferberg	매수	77.00	23.71
2022/05/13	Truist	Andrew Jeffrey	매수	0	23.71
2022/05/13	Barclays	Ramsey El Assal	매수	35.00	23.71
2022/05/12	Mizuho	Dan Dolev	매수	79.00	18.04
2022/05/11	J.P. Morgan	Reginald Smith	보유	30.00	16.23
2022/05/10	Morgan Stanley	James Faucette	매수	80.00	18.19
2022/05/10	Stephens Inc	Vincent Caintic	매도	17.00	17.91
2022/05/08	RBC	Daniel Perlin	매수	58.00	0
2022/05/04	Deutsche Bank	Bryan Keane	보유	35.00	28.02
2022/04/26	Bank of America Securities	Jason Kupferberg	매수	77.00	30.18

출처: 키움증권 HTS 영웅문G (2022년 5월 기준)

최신 분석 결과가 궁금하다면?

뉴지랭크US 분석 결과

월가 의견 및 목표 주가

동남아의 교통, 생활, 금융을 지배하는
슈퍼앱을 잡아라!

Grab

- 종목명: 그랩 홀딩스 Grab Holdings Limited
- 티커: **GRAB** | 지수: **Not Listed** | 섹터: **산업재 > 육상 운송** (인터넷 미디어 및 서비스)

단순한 택시라고 생각한다면 큰 오산

우리의 세상은 단계적으로 변해왔다. 물물교환을 하던 사람들이(1단계), 돈이 등장하면서 현금 거래를 하기 시작했다(2단계). 현금이 늘어나자 현금을 보관해 주고, 교환해 주며, 송금해 주는 은행이 생겨났고, 이를 가능하게 한 것이 바로 은행들이 깔아놓은 3단계 금융 네트워크다. 이후 기술의 발전과 함께 4단계에 접어들자 스마트폰과 PC로 모든 금융 거래가 가능하게 됐다.

그런데 3단계 금융 네트워크가 채 발달하기 전부터 4단계 스마트폰을 손에 쥐기 시작한 곳들이 있으니 바로 중국과 동남아시아다. 중국은 은행들이 드넓은 대륙에 네트워크를 다 깔기도 전에 스마트폰부터 사용하기 시작했다. 그러자 예금과 결제 등 과거에는 금융사를 통해 이뤄지던 일들이 모두 스마트폰으로 가능하게 됐다. 그 대표적인 사례가 바로 텐센트Tencent의 위챗페이Wechat pay다. 은행 계좌도 없던 중국인들은 스마트폰을 먼저 손에 쥐게 됐고, 집 근처에 은행이 없어도 금융 거래를 할 수 있게 되면서 텐센트가 놀라운 속도로 성장한 것이다. 덕분에 텐센트는 2004년 상장 이래 18년 만에 5만 6000%의 수익률을 기록했다. 미리 이곳에 투자했다면 얼마나 큰 수익을 얻을 수 있었을지 후회하며 한탄하지 말고 18년 전 텐센트와 같은 흐름을 보이고 있는 동남아의 슈퍼앱 그랩 홀딩스(이하 그랩)에 주목해 보자.

그랩을 흔히 동남아판 우버Uber라 부른다. 동남아로 여행 다녀온 사람들은 누구나 한 번쯤 그랩을 사용해 봤을 정도로 '교통=그랩'이라는 공식이 통용되는 곳이다. 그래서 그랩을 단순히 교통 수단으로만 생각하는 사람들이 많은데, 이게 전부라고 생각하면 큰 오산이다. 물론, 그랩은 차량 공유로 시작해 배달 시장까지 장악했다는 점에서 출발과 사업 모델이 우버와 유사하다. 유로모니터Euromonitor에 따르면 동남아 시장에서 그랩의 차량 공유 시장 점유율은 72%, 배달 시장 점유율은 50%로 압도적이다.

2위 사업자와 그랩의 점유율 격차는 어마어마하다. 그만큼 동남아 시장에

분류	그랩	그랩의 경쟁자	점유율 격차
음식 배달	50%	20%	2.5배
운송/차량 공유	72%	15%	4.8배
전자 지갑	23%	14%	1.6배

▲ 경쟁 사업자와 압도적인 점유율 격차를 보여주는 그랩 (출처: 그랩 2021년 1분기 보고서)

서 그랩은 넘사벽 입지를 다지고 있지만 여전히 적자다. 차량 공유와 배달로 흑자를 내기는 매우 어렵다. 그럼에도 불구하고 그랩에 전 세계가 주목하는 이유는 압도적 시장 점유율로 신용카드는커녕 은행 계좌조차 없었던 동남아인들의 온라인 결제 시장을 파고들고 있기 때문이다. 아직은 적자지만, 차량 공유와 배달로 확보한 압도적인 고객층을 이용해 미래에는 얼마나 막대한 돈을 벌어들이게 될 것인지에 대한 투자자들의 기대가 크다. 그랩이 제시하고 있는 비전도 이를 뚜렷하게 보여준다.

그랩으로 시작해 그랩으로 끝나는 일상

그랩은 동남아의 우버로 불리지만 사실 그랩이 꿈꾸고 있는 비전은 훨씬 더 거대하다. 그랩은 아침에 눈을 뜨는 순간부터 모든 이들이 그랩으로 시작해 잠들 때까지 그랩과 함께하는 사업 모델을 구축하고 있다.

식사 주문에서부터 출퇴근길 카풀, 택배 및 배송, 온라인 쇼핑과 BNPL 결제, 주식투자와 대출, 보험 가입 등 고객들의 모든 삶에 깊숙이 침투하는 것이 그랩의 비전이고, 이를 위해 이미 관련 서비스를 모두 제공하고 있다. 이처럼 그랩 하나로 모든 것을 할 수 있다고 해서 그랩은 동남아 슈퍼앱으로 불린다.

과거 중국의 위챗페이 사례처럼 동남아시아도 계좌조차 없는 사람이 훨씬 많다. 맥쿼리의 조사에 따르면 동남아시아에서 총 결제 규모 중 60%가 여전히 현금으로 이뤄지고 있으며 유로모니터와 월드뱅크의 2018년 조사에 따르

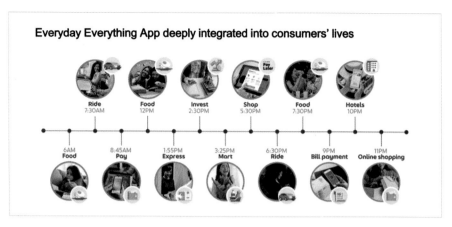

▲ 그랩으로 시작해서 그랩으로 끝나는 하루의 모습 (출처: 그랩 사업보고서)

면, 그중에서도 베트남과 필리핀, 인도네시아의 경우 금융 서비스를 누리지 못하는 인구가 전체의 80%에 달한다고 한다.

이렇게 금융 사각지대에 놓인 사람들이 과연 은행 계좌는 있을 것이며, 신용카드가 있을까? 만약 이 수많은 사람들에게 그랩이 없었다면 어떻게 택시를 타고 어떻게 음식을 배달시킬 것이며, 어떻게 온라인 쇼핑을 하고, 어떻게 BNPL 할부를 이용할 수 있겠는가. 80%의 금융 사각지대 인구를 타깃으로 독점적인 결제 시장을 목표로 성장하고 있는 곳이 바로 그랩이다.

동남아 여행 가서 그랩 택시 이용 안 해본 분들이 없겠지만, 사실 지금 그랩의 성장을 이끄는 산업은 배달이다. 우리나라의 음식 배달은 대체로 오토바이가 하고, 사람은 주로 차를 타고 이동하기 때문에 배달과 택시가 마치 다른 산업처럼 보이지만 그랩이 지배하고 있는 동남아시아는 오토바이 천국이다. 오토바이 뒤에 사람이 타면 라이드 셰어링이지만, 오토바이 뒤에 물건을 실으면 배달이다. 오토바이 운전자는 뒤에 사람이 타든 음식이 타든 편지가 타든 소포가 타든 아무 상관이 없다. 덕분에 별다른 저항 없이 배달 사업이 굉장히 빠른 속도로 그랩의 성장을 이끌고 있다. 역시 편한 것은 전 세계 어느 사람이든 똑같이 느낀다.

동남아 슈퍼앱 경쟁

그랩은 모든 서비스의 총상품판매량(GMV) 측면에서 동남아 1위 기업이다. 그렇다고 경쟁사가 없는 것은 아니다. 돈 되는 시장이라는 것을 기업가들이 모를 리 없기에 경쟁도 매우 치열하다. 다만 국가별로, 사업부문별로 경쟁하고 있는 기업이 제각각이라 모두 비교하기는 어렵다. 예컨대, 베트남에서만 쇼피푸드, 푸디 등 배달 업체가 있고, 심지어 우리나라의 배달의 민족도 베트남에 진출했다. 베트남의 전자지갑 기업만 해도 모모, 잘로페이, 비에텔페이 등 다양한 업체가 있다. 국가별로는 더욱 다양하다. 그래도 그랩을 슈퍼앱이라는 측면에서 비교하면 가장 강력한 경쟁 기업으로 꼽히는 곳이 있다. 바로 고투 그룹GoTo Group과 씨 리미티드Sea Limited이다. 두 기업에 대해 간략히 살펴보자.

먼저 고투 그룹은 고젝Gojek과 토코피디아Tokopedia가 합병하면서 두 기업의 첫 글자를 따 만든 지주회사다. 고젝은 인도네시아 차량 공유 서비스로 출발한 기업이고, 토코피디아는 동남아시아의 알리바바로 불리는 인도네시아 전자상거래 1위 기업이다. 모빌리티에 강점을 갖고 있는 고젝과 배송이 핵심인 토코피디아의 합병 시너지가 얼마나 클지 기대를 모으고 있다. 다만, 비상장

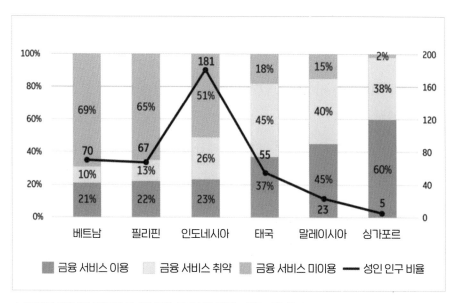

▲ 2018년 기준 동남아시아 국가별 금융 서비스를 접하는 인구 비율 (출처: Euromonitor, World Bank, Bain and Temasek)

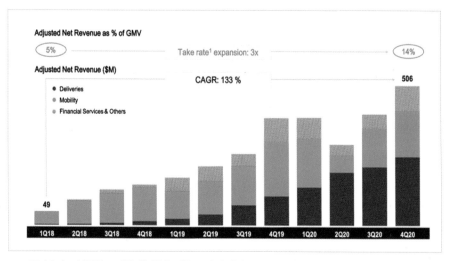

▲ 코로나19에도 불구하고 빠른 성장률을 이룬 그랩의 사업 분야. 진녹색은 배달, 녹색은 운송, 노랑은 금융을 의미한다. (출처: 그랩 사업보고서)

기업이고 인도네시아(물론 인구 2.7억 명의 엄청난 시장이다)를 중심으로 성장하다 보니, 다른 동남아 국가에서의 영향력이 상대적으로 약하다. 이에 비해 그랩은 동남아 전역에서 사용되고 있기 때문에 고투 그룹에 비해 확장성이 뛰어난 것으로 평가된다.

씨 리미티드는 온라인 게임 개발 및 배급사인 가레나에서 출발한 싱가포르 기업이다. 지금은 전자상거래 플랫폼인 쇼피Shopee와 전자 결제 플랫폼인 씨머니SeaMoney까지 갖고 있다. 다만, 슈퍼앱이라 부르는 다른 기업과 달리 모빌리티가 없고, 음식 배달 서비스인 쇼피푸드는 시작한 지 얼마 되지 않았다. 무엇보다 이미 뉴욕 시장에 상장되어 있고(티커: SE), 시가총액이 800억 달러가 넘어 더 이상 스몰캡 기업이 아니다. 그랩은 모빌리티와 배달뿐만 아니라 보험과 대출, 온라인 결제 등 사용자가 하루를 그랩으로 시작해 그랩으로 끝낼 수 있게 광범위한 서비스를 제공하는 것에 비해, 씨 리미티드는 전자상거래와 콘텐츠 분야에 초점이 맞춰져 있다는 면에서 그랩과는 차이가 있다.

학창시절 선배들의 족보를 물려받은 경험이 있는가? 완전히 새로운 것은 이해하기도 어렵고 투자하기도 어렵다. 어설프게 투자했다가 시행착오를 겪을 수도 있다. 하지만 전례가 있다면 깊이 있는 이해가 가능하고, 앞으로 어떤 일이 벌어질지 가늠할 수도 있다. 우리에겐 중국이라는 아주 공부하기 좋은 족보가 있지 않은가. 신흥국에서 시작한 전자 결제 시장이 어떤 경로를 거쳐 발전했고, 어떤 전략을 사용한 기업이 모빌리티 공룡이 됐는지 등이 이미 족보에 다 나와 있다. 시행착오는 그들이 대신해 줬으니 얼마나 고마운 일인가. 우리에게 남은 것은 공부하고 선택하는 것이다.

그랩 홀딩스

전년 대비 44% 가까이 급증한 매출

12월이 결산월인 그랩은 2021 회계연도 기준으로 전년 대비 매출이 43.7% 급증했고, 영업손실과 순손실은 비용 증가로 인해 악화되었지만 EPS는 95% 가까이 개선되었다. 2022년 5월 19일에 발표한 2022 회계연도 1분기 실적에 따르면 전년동기 대비 매출은 5.6% 증가한 2억 2800만 달러로 예상치를 상회했고, EPS는 97% 개선된 −0.11달러로 예상치에 부합했다. 배달 건수와 배달 금액 모두 30% 이상 큰 폭의 성장세를 유지했고, 연간 가이던스 역시 30% 이상 증가한 수치를 제시하면서 예상치를 크게 상회했다. 코로나19 팬데믹이 잦아들면서 실적 개선은 더욱 강력해질 것으로 보인다.

벤치마크를 상회하는 날은 언제?

2021년 12월에 정식 상장한 그랩의 주가는 2022년 5월 5일 기준으로 3.03달러, 시

● 최근 3년간 실적(12월 결산 및 Non-GAAP EPS 기준)

회계연도	매출	영업이익	순이익	EPS	전년 대비
FY2019	−845.00	−3,010.00	−3,747.00	−31.68	−
FY2020	469.00	−1,298.00	−2,608.00	−18.76	41% 개선
FY2021	675.00	−1,555.00	−3,449.00	−0.95	95% 개선

*매출 단위: 백만 달러, EPS 단위: 달러

가총액은 116억 875만 달러이다. 최근 12개월간 주가는 −74.41%, 올해 들어서는 −57.50% 하락했으며 최고가는 17.06달러, 최저가는 2.71달러이다. 벤치마크인 러셀2000 지수와 비교해 보면 2020년 12월 스팩 상장 3개월 시점부터 현재까지 벤치마크 수익률을 하회하고 있다. 더불어 그랩은 배당금을 지급하지 않는다.

● 상장 이후 그랩 주가 추이 & 주가 수익률 추이(벤치마크 지수 포함)

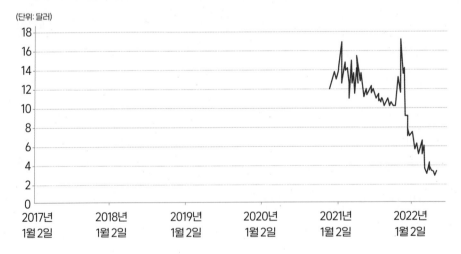

(단위: 달러)

(단위: %)

구분	최근 1개월	최근 6개월	2022년 누적	최근 1년	최근 5년
그랩	+1.76%	−64.23%	−59.97%	—	—
러셀2000	+3.55%	−16.32%	−18.56%	−23.02%	+30.19%

*6월 9일 기준

뉴지랭크US 종목 진단

종합 점수	모멘텀 점수	펀더멘탈 점수	베타	롱텀	엔벨
29	56	3	0.09	65	44

정식 상장한 지 1년 미만인 그랩의 경우 모멘텀, 베타, 엔벨 등 일부만 유효한 의미를 갖는다. 2022년 5월 31일 뉴지랭크US 종목 진단 결과 종합 점수는 29점으로 낮다. 모멘텀 점수는 56점으로 상대적으로 최근 수급과 거래량이 양호하고, 펀더멘탈 점수는 3점으로 상대적으로 매우 부진한 재무 구조를 보이고 있다.

베타 지수는 0.09로 시장 변화에 별다른 영향을 받지 않고, 현재 주가가 엔벨 지수상 중심선을 횡보하고 있어 단기적으로 반등 가능성이 있다.

월가의 투자 의견 및 목표 주가

최근 3개월간 발표된 그랩에 대한 8건의 월스트리트 투자 의견을 종합하면 '강력 매수'이고, 향후 12개월간 목표 주가는 최고 6.00달러, 최저 3.04달러, 평균 4.91달러로 현재가 대비 +84.597% 높은 상황이다.

• 최근 3개월간 월가의 투자 의견 및 목표 주가 종합

출처: Tipranks.com

• 최근 5개월간 월가의 투자 의견 및 목표 주가 현황

추천일	평가회사	애널리스트	투자등급	목표가	추천일종가
2022/05/31	Bernstein Research	Venugopal Garre	매수	3.04	2.50
2022/05/23	HSBC	Piyush Choudhary	매수	4.75	3.15
2022/05/20	Citigroup	Alicia Yap	매수	6.00	3.23
2022/05/19	Goldman Sachs	Usjima Pang Vittayaamnuaykoon	매수	6.00	3.14
2022/05/18	Evercore ISI	Mark Mahaney	매수	8.00	2.53
2022/05/03	Citigroup	Alicia Yap	매수	5.80	3.03
2022/04/27	Loop Capital Markets	Rob Sanderson	매수	5.00	2.71
2022/04/19	Bernstein Research	Venugopal Garre	보유	0	3.09
2022/03/24	Morgan Stanley	Mark Goodridge	매수	4.90	3.63
2022/03/15	Bank of America Securities	Sachin Salgaonkar	보유	3.60	3.21
2022/03/04	Evercore ISI	Mark Mahaney	매수	8.00	3.36
2022/03/04	Citigroup	Alicia Yap	매수	8.20	3.36
2022/02/24	J.P. Morgan	Ranjan Sharma	보유	5.70	5.50
2022/02/24	DBS Vickers	Sachin Mittal	보유	5.60	5.50
2022/02/21	CLSA	Hornghan Low	매도	4.76	0
2022/02/17	Citigroup	Alicia Yap	매수	9.00	5.84
2022/01/27	Goldman Sachs	Usjima Pang Vittayaamnuaykoon	매수	7.90	5.71
2022/01/26	Evercore ISI	Mark Mahaney	매수	10.00	5.94

출처: 키움증권 HTS 영웅문G (2022년 5월 기준)

최신 분석 결과가 궁금하다면?

뉴지랭크US 분석 결과

월가 의견 및 목표 주가

완벽하게 구축한 금융 생태계,
한 번 들어오면 나갈 수 없어!

SoFi ⠿

- 종목명: 소파이 테크놀로지 SoFi Technologies Inc
- 티커: SOFI | 지수: 러셀1000 | 섹터: 금융 > 소비자 금융 (소비자 금융)

"국물도 없다" 냉정한 미국 신용사회

소파이 테크놀로지(이하 소파이)를 소개하는 글을 보면 대부분 이렇게 시작한다. '스탠퍼드 졸업생이 후배들에게 학자금 대출을 해주면서 시작한' 혹은 '하나의 앱으로 주식, 대출 모두 할 수 있는 원 스탑 샵으로 성장' 등의 화려한 소개가 소파이의 이름 뒤에 붙는다. 기대에 부흥하지 못해 미안하지만, 소파이를 이런 식으로 이해하면 안 된다. 소파이가 왜 미국에서 대단한 기회를 갖고 있는지 알기 위해서는 우리나라와 미국의 차이를 먼저 이해해야 한다.

우리는 신용카드, 대출, 보험 등 다양한 금융 서비스를 너무나 손쉽게 이용한다. 그러다 보니 그 이면의 방대한 금융 시스템 속에서 어떤 일이 일어나고 있는지 간과하곤 한다. 여러분이 별 생각 없이 긁는 한 번의 신용카드도 (이해를 위해 과장 섞어 말하면) 수십 년간 누적된 엄청난 데이터가 복잡한 계산식을 통해 통계적 결과값으로 나왔기 때문에 이용 가능한 것이다. "띠리~띠리~ 수도권에 거주하는, 대졸, 연봉 4000만 원, 중견 기업, 30대, 남성, 역사적·통계적으로 채무 불이행 확률 1% 미만. 띠리~ 띠리~ 결제해도 좋습니다."

물론, 실제 작동 방식이 이런 것은 아니다. '금융은 방대한 데이터와 통계의 예술'이라는 사실을 여러분들이 체감할 수 있게 과장해서 표현한 것이다. 현실에서는 이렇다. 여러분들이 직장을 다니든, 자영업을 하든, 프리랜서든, 알바를 하든 여러분과 비슷한 사람들의 역사적으로 누적된 데이터, 여기에 여러분들의 과거 금융 데이터까지 더해 나온 통계적 결과값이 이미 '국가 신용정보 시스템'에 모두 등록되어 있다. 이것이 핵심이다. 우리는 모든 국민의 모든 신용정보를 국가가 하나의 신용정보 시스템으로 통합해 관리하고 있다. 그리고 여기에 저장된 데이터를 신용카드사도 이용하고, 은행도 이용하고, 보험사도 이용한다. 즉, 여러분이 A은행에 가든, B은행에 가든 여러분의 신용정보는 동일하다. 예금 금리와 대출 금리가 크게 다르지 않은 이유는 여기에 있다. 기껏 해야 지점장 권한으로 부수 거래를 할 경우 대출 이자를 조금 할인해 주거나, 상품 가입 시 예금 이자 조금 더 주고 정도의 차이밖에 없다.

하지만 미국은 한국과 다르다. 극도로 고도화된 자본주의 사회인 만큼 이 방대한 데이터를 서로 공유하지 않는다. 데이터는 돈으로 직결되기 때문이다. 이 데이터와 통계를 기반으로 다른 곳보다 더 좋은 금융 상품을 고객에게 판매하고 더 많은 고객을 모아야 하는데, 이렇게 중요한 데이터를 함부로 공유할 수 없다. 따라서 미국의 신용정보는 우리나라와 같이 하나로 통합되어 있지 않다. 대신 미국에는 3대 개인 신용 평가 기업인 트랜스유니언, 애퀴팩스, 익스피리언이 있다. 이들은 금융 기관으로부터 신용정보를 취합해 신용점수를 산출한다. 그래서 미국에서는 똑같은 사람이라도 어떤 금융 기관을 이용하는지, 어떤 신용 평가 기관에서 신용점수를 산출했는지에 따라 신용점수가 제각각이다.

미국에서 생활하려면 자신의 신용점수를 알고 있는 것이 매우 중요하다. 냉장고 하나, TV 하나를 구매할 때에도 신용정보가 필요하기 때문이다. 앞서 BNPL 업체인 어펌 챕터에서 언급한 것처럼 고가의 제품을 일시불로 결제할 수 있는 사람은 많지 않기 때문에 대부분 'Rent-to-Own' 방식으로 제품을 구매한다. 이 방식은 일종의 할부 혹은 리스 방식으로 매장에서 제공하는 일종의 금융 상품으로 소비자가 얼마나 지불 여력이 있는지 관상만 보고 알 수 없기 때문에 매장은 소비자에게 신용점수를 요구한다. 그리고 신용점수에 따라 분할 납부 가능한 금융 상품, 그리고 지불하는 이자가 모두 달라진다. 이 외에도 신용카드 발급을 받으려고 해도 신용점수가 필요하고 자동차를 구매할 때에도, 주택을 구매할 때에도 당연히 신용점수를 요구한다.

그렇다면 미국에서 대학을 졸업하고 사회에 첫 발을 내딛는 사회 초년생들은 신용점수가 높을까, 낮을까? 당연히 낮다. 금융 거래 횟수가 적으니 신용점수가 높을 수 없다. 실제로 미국의 3대 신용 평가 기업인 익스피리언Experian이 조사한 바에 따르면, 세대별로 젊은 세대의 신용점수가 낮은 경향을 보였다. 더욱 흥미로운 사실은 여기에 있다. 전체 미국인들의 평균 신용점수는 714점(2021년 기준)이지만 MZ세대는 평균에도 한참 못 미치는 600점대의 신용점수를 갖고 있다. 심지어 40~50대가 되어서야 겨우 미국 평균 신용점수

Generation	2020	2021
Silent generation (76+)	758	760
Baby boomers (57-75)	736	740
Generation X (41-56)	698	705
Millennials (25-40)	679	686
Generation Z (18-24)	674	679

▲ 2020, 2021년 기준 미국의 세대별 평균 신용점수. Z세대 신용점수가 가장 낮다. (출처: Experian)

에 겨우 가까워지기 시작한다(그래도 여전히 평균 이하다).

여러분이 지금 미국에 거주하는 20~30대라고 상상해 보자. 번듯한 대학을 졸업했으며, 번듯한 직장에 입사했다. 물론 그렇지 않은 사람들에 비해서는 나을 수 있겠지만 금융 거래 기록이 적은(즉, 신용점수를 올릴 기회가 없었던) 것은 사실이기 때문에 여러분들의 신용점수는 낮을 가능성이 높다. 그러면 무슨 일이 발생할까? 딱히 내가 잘못한 것도 없는데 신용카드 이자도 많이 지불해야 하고, 자동차나 주택을 구입할 때 연세 지긋하신 분들에 비해 더 비싼 이자를 지불해야 한다. 억울하지 않겠는가. 연체 한 번 없이 평생을 열심히 살아도 미국 전체 평균 수준의 신용점수로 끌어올리려면 (즉, 미국 전체 평균보다 이자를 더 지불하지 않으려면) 50대 정도는 되어야 한다. 앞으로 20~30년은 고생해야 겨우 평균 수준에 가까워지는 것이다. 아, 생각만 해도 맥이 빠진다. 이 지점을 파고 든 것이 바로 소파이다.

명문대생의 심장을 파고든 사업 전략

이제 여러분들이 많이 들어봤던 창업 스토리가 나올 시점이다. 소파이는 스탠퍼드 졸업생들이 십시일반 돈을 모아 학부생들에게 학자금 대출을 해준 것으로부터 시작된다. 스탠퍼드 졸업생이라고 빼기며 은행을 찾아가도 좋은 대우를 받을 수 있었을까? 사립대생이든, 주립대생이든 금융 거래가 적어 신용점수 낮은 것은 모두 똑같다. 은행이 자선 단체도 아니고 신용점수 낮은 고객에게 "어이쿠~ 스탠퍼드 졸업하셨군요. 우대금리 드릴게요"라고 하지 않는다. 하지만 소파이 창업자들이 후배들에게 학자금 대출을 해준 결과, 좋은 학교를 졸업한 인재들이어서 그런지 좋은 기업에 취직할 확률이 높았고, 학자금 대출을 잘 갚더라는 데이터를 얻게 된다. 이후 학교를 확대한 소파이는 스탠퍼드를 넘어 하버드와 MIT 등 손꼽히는 명문대 재학생들에게 학자금 대출을 해줬다.

소파이는 이런 식으로 데이터를 모았다. 데이터가 모이면 통계적 결과값을 도출할 수 있다. 이런 부류의 사람들에게 학자금 대출을 실행할 경우 부도율, 연체율 등이 계산을 통해 나온다. 결과를 보니 이들은 부도율과 연체율이 낮다. 그렇기 때문에 이들에게 저렴한 이자의 학자금 대출이 가능해진 것이다. 미국은 학자금 대출의 늪이 매우 깊다. 오죽했으면 오바마 대통령도 40이 넘어서야 겨우 학자금 대출을 다 갚을 수 있었다고 토로한 바 있다. 졸업하고도 거의 20년 가까이 갚아야 하는 게 미국의 학자금 대출인데, 그렇다면 졸업생들은 비싼 이자를 지불해야 하는 일반 은행 학자금 대출을 받을까, 아니면 다른 곳보다 더 저렴한 이자를 지불하는 소파이의 대출을 받을까. 답은 뻔하다.

이런 이유로 소파이의 타깃 고객은 '고소득이지만 아직 부자가 아닌High Income Not Rich Yet 밀레니얼 세대'를 타깃으로 한다. 이들을 줄여서 '헨리HENRY'라고 부르기도 하는데, 헨리에게 소파이는 선택이 아닌 필수다.

소파이는 앱 하나로 예금과 대출, 카드와 주식투자 등 거의 대부분의 금융 거래를 할 수 있는 '원 스탑 샵'이기도 하다. 하지만 이것이 소파이의 성장과 투자 가치의 전부가 아니다. 원 스탑 샵이면 뭐하나, 대출 이자 비싸면 말짱 도루묵이다. 대출 이자 0.1% 차이 때문에 매달 수십만 원을 더 낼 수도 있기 때문이다. 이런 돈을 아끼려고 헨리들이 얼마나 고심하고 발품 파는지를 알고 있고, 핵심적인 가려운 부분을 긁어주고 있는 곳이 바로 소파이인 것이다.

교차 판매에 대한 오해와 착각

소파이는 공식 홈페이지와 보도자료를 통해 '금융 솔루션을 하루 안에, 하나의 어플을 통해 제공할 수 있는 유일한 회사'라는 문구로 자사를 홍보한다. 이는 어플을 통해 교차 판매가 가능하다는 것을 의미하는데 미디어에서는 이 덕분에 소파이의 성장 가능성이 높다는 평가를 자주 하곤 한다. 하지만 제대로 이해할 필요가 있다. 교차 판매란 한 명의 고객에게 자신의 금융 상품뿐만 아니라 다른 금융 상품까지 얹어 판매하는 것을 말한다. 예를 들어, 예금 들러 온 고객에게 펀드도 팔고, 보험도 파는 것이다. 예적금 가입을 위해 은행을 방문했던 기억을 떠올려보자. 창구 직원으로부터 이런 말을 들었던 경험은 누구나 있을 것이다. "지금 예금 이자보다 금리가 높은 상품이 있는데 어

▲ '원 디지털 플랫폼' 구축을 목표로 하는 소파이

떠세요?" 이게 바로 교차 판매다.

소파이는 대놓고 '원 디지털 플랫폼'을 추구한다고 밝히고 있다. 원 디지털 플랫폼이란 한 곳에서 모든 것을 해결할 수 있는 금융 플랫폼을 말하는데, 이런 금융 플랫폼이 생기면 어떤 일이 벌어질까? 일단 소비자의 입장에서는 굉장히 좋다. 예컨데 모기지 대출을 찾고 있다고 가정해 보자. 플랫폼에 대출 상품이 1등부터 100등까지 쫙 나열된다. 그러면 소비자는 가장 좋은 조건의 맨 위 금융 상품만 선택하면 끝이다. 얼마나 좋은가. 하지만 이를 실현하는 것은 간단하고 쉬운 문제가 아니다.

금융 상품을 제공하는 금융사의 입장에서 보자. 금융사들은 플랫폼을 매우 싫어한다. 플랫폼에서 1등부터 100등까지 금융 상품을 나열하면, 1등 상품이 아닌 금융 상품은 선택받을 가능성이 낮다. 자신들의 금융 상품을 최상단에 올리기 위해서는 본인들이 취할 수 있는 이득을 줄여야 한다. 어차피 시장 금리는 정해져 있으니 더 많이 팔기 위해서는 이익을 줄여야 한다. 이익을 줄이지 않으려면 상품을 덜 팔아야 한다. 이것이 금융사 입장에서 보는 금융 플랫폼이다. 그래서 금융사들은 금융 플랫폼이 생기는 것을 달가워하지 않는다. 소파이가 금융 플랫폼을 만들었다고 치자. 이를 원하는 소비자는 있다. 하지만 금융 상품을 판매하는 판매자가 없다. 이게 무슨 플랫폼인가. 그렇기에 판매자를 만들어야 한다. 이 역할을 제대로 해주는 것이 바로 소파이의 기술 플랫폼 갈릴레오다.

'핀테크계의 AWS'라 불리우는 기술 플랫폼, 갈릴레오

갈릴레오Galileo는 소파이의 CEO인 앤서니 노토Anthony Noto가 공식 석상에서 "핀테크계의 AWS"라고 말하는 기술 플랫폼이다.

AWS란 아마존 웹 서비스Amazon web service의 줄임말로 아마존닷컴이 개발한 클라우드 컴퓨팅 플랫폼을 의미한다. 여러분이 기업의 경영자고 새로운 서비스를 출시하려고 한다고 가정해 보자. 그러면 그 서비스에 필요한 대규모 서버가 필요할 것이다. 그리고 서버와 기업을 연결하는 네트워크 인프라도 필요할 것이다. 그리고 고객들이 이용할 수 있는 소프트웨어와 어플리케이션이 필요할 것이다. 이 모든 것을 새롭게 구축하려면 비용이 얼마나 많이 들까. 엄두가 안 난다. 그런데 아마존이 이때 필요한 서버와 네트워크, 클라우드와 어플리케이션을 제공해 준다고 하면서, 대신 정기적으로 이용료만 내면 된다고 한다. 이것이 바로 AWS다.

핀테크 기업들도 마찬가지다. 혁신적인 서비스를 제공하려고 하지만, 서버와 네트워크 인프라 등을 처음부터 끝까지 모두 스스로 구축하기 어렵다. 아마존의 AWS가 고객 기업들에게 이런 인프라를 제공하는 것처럼 핀테크 기업들에게 이런 인프라를 제공해주는 기술 플랫폼이 바로 갈릴레오이다. 소파이는 갈릴레오의 인수를 2020년에 진행했다.

어려운 개념이지만 쉽게 풀어보면 갈릴레오는 핀테크 기업들이 새로운 금융 서비스를 출시하려고 할 때 이용하는 기술 플랫폼으로 이해하면 된다. 예컨대 비트페이를 보자. 비트페이는 블록체인 기반의 핀테크 결제 기업인데 최근 미국 내에서 암호화폐 사용자들을 위한 선불 카드를 출시했다. 이는 실물 카드를 이용해 음식점에서 결제를 하면 자신의 암호화폐로 결제가 되는 서비스인데 이 서비스를 이용하려면 여러 금융 기술이 복합적으로 필요하다. 먼저, 암호화폐가 실시간 법정 통화로 환전되어야 하고, 환전된 법정 통화는 카드 결제망을 통해 결제되어야 한다. 이 서비스를 실현하기 위해 비트페이는 갈릴레오 기술 플랫폼을 이용했는데 갈릴레오를 통해 비트코인의 실시간 환전이 가능했고, 마스터카드 결제망을 통해 환전된 법정 통화가 결제되도록 만들었다. 이런 식으로 핀테크 기업들이 새로운 금융 서비스를 출시하기 위해 이용하는 게 갈릴레오의 기술 플랫폼이다.

기술 플랫폼 시장은 2020년 9630만 달러에서 2021년 1억 9500만 달러 수준으로 두 배 넘게 급증했다. 즉, 갈릴레오 기술 플랫폼을 이용해 금융 서비스를 출시하려고 하는 핀테크 기업들이 굉장히 빠르게 증가하고 있다는 것을

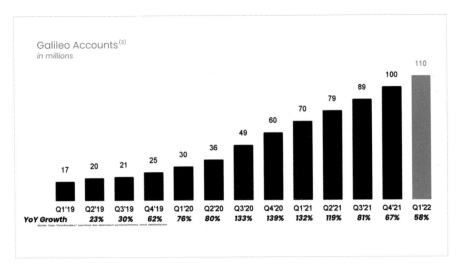

▲ 2019년부터 2022년 1분기까지 급성장하고 있는 갈릴레오의 계좌 수 (단위: 백만, 출처: 소파이 보고서)

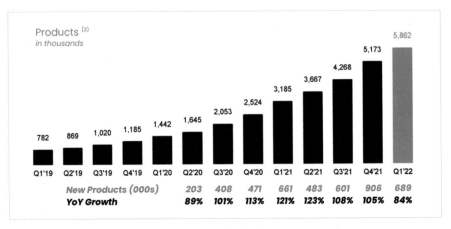

▲ 2019년부터 2022년 1분기까지 급성장하고 있는 금융 상품 수 (출처: 소파이 보고서)

의미한다. 그만큼 소파이의 플랫폼을 통해 금융 상품을 출시해 판매하려고 하는 판매자가 빠르게 늘어나고 있다는 것이다. 소비자와 판매자를 동시에 만들어내고 있기 때문에 소파이가 만들어갈 금융 플랫폼은 막강한 영향력을 갖게 될 것으로 예측된다. 이렇게 플랫폼의 영향력이 강해질 경우 많은 투자자들이 기대하는 교차 판매의 장점이 극대화될 것이라는 기대도 생기는 것이다.

들어오는 것은 마음대로, 하지만 벗어날 수 없는 늪

애플을 통해 이미 우리는 경험하고 있다. 한번 애플의 생태계에 발을 들여놓은 이상 빠져나갈 수가 없다는 것을 말이다. 소파이도 이런 생태계를 만들어 가고 있다. 소파이는 대출 사업부, 기술 플랫폼 사업부, 금융서비스 사업부로 나뉜다. 이 세 개의 사업부가 한번 발을 들인 소파이 고객을 못 빠져나가게 촘촘한 거미줄을 쳐놨다. 수많은 헨리들에게 왜 소파이가 선택이 아닌 필수인지는 앞서 자세히 적었기 때문에 충분히 이해가 됐을 것이다. 그렇다면 소파이가 어떤 식으로 생태계를 만들고 있는지 예시로 알아보자.

| 소파이 대출 | 헨리는 소파이 대출 사업부로 소파이에 발을 들인다. |

| 소파이 신용카드 | 소파이 계좌로 소파이 신용카드를 이용하면 리워드가 상당히 크다. 어차피 소파이 계좌로 대출을 갚아야 하는 헨리는 소파이 신용카드를 이용하는 게 이득이다. |

| 소파이 뱅킹 | 예금 계좌를 포함한 금전 관리 플랫폼이다. 어차피 매달 대출도 갚고, 카드값도 내려면 돈을 넣어놓는 계좌가 있어야 한다(참고로 미국은 우리와 다르게 계좌 유지 수수료를 지불한다. 충격적이다). 소파이 뱅킹은 계좌 유지 수수료를 단 한 푼도 받지 않을뿐더러 소파이 뱅킹의 계좌에 돈을 넣어놓으면 1.5%의 이자도 준다. 소파이 뱅킹을 이용하지 않을 이유가 없다. |

소파이 인베스트	주식투자를 할 수 있는 플랫폼이다. 당연히 무료일 뿐만 아니라 자동 투자 기능으로도 유명하다. 소파이의 주요 고객은 헨리라고 했다. 이들은 고소득이지만 아직 부자는 아닌 밀레니얼 세대다. 그런데 고소득이기 때문에 매우 바쁘다. 이런 고객들이 매일 매일 주식 시장을 열어보면서 매수매도를 할 수는 없다. 그런 고객들을 위한 서비스다.

⬇

소파이 릴레이	신용 모니터링 서비스다. 헨리들이 소파이를 처음 선택하는 이유는 낮을 수밖에 없는 신용점수로도 저렴한 이자의 학자금 대출을 받을 수 있기 때문이다. 그런데 대출로 시작한 거래가 소파이 카드, 소파이 뱅킹, 소파이 인베스트 등 다른 금융서비스를 이용하면서 자연스럽게 신용점수가 높아진다. 이미 소파이에서 쌓아놓은 신용점수를 소파이에서 더 쌓는 것이 유리하다. 말은 신용 모니터링 서비스지만 다른 은행을 가지 못하도록 족쇄로 작용하는 굉장히 중요한 장치라고 보는 게 맞다.

마지막으로 이렇게 소파이의 늪에 빠진 고객들에게 갈릴레오 기술 플랫폼을 이용한 핀테크 업체들의 금융 상품을 판매한다. 정말 아름다운 늪이 아닌가.

경쟁사는 벌써 흑자, 그래도 소파이의 미래가 더 기대된다?

대표적인 경쟁 업체로는 랜딩클럽LendingClub과 업스타트Upstart가 꼽힌다. 랜딩클럽은 2007년 P2P 대출로 시작했지만 미국의 대형 인터넷 은행인 레디어스뱅크를 인수하면서 지금은 딥러닝과 인공지능을 이용해 무담보 개인 대출의 절차를 간소화하는 등 혁신을 이끌어내고 있는 핀테크 기업이다. 업스타트는 구글 개발자 출신이 창업해 인공지능으로 하루 만에 대출이 실행되는 기업으로 유명하다. 그리고 무엇보다 소파이는 아직 적자지만, 랜딩클럽과 업스타트 모두 흑자 기업이라는 것이다. 따라서 랜딩클럽과 업스타트 모두 우리 독자들이 관심을 가져야 할 기업인 것은 분명하다. 하지만 필자가 굳이 소파이를 이번 챕터의 주인공으로 선택한 이유는 바로 촘촘하게 짜여진 소파이의 사업 전략 때문이다. 세 가지 사업부가 아주 절묘하게 이뤄져 한 번 들어온 소파이 고객을 빠져나가지 못하게 생태계를 만들고 있다. 소파이 고객은 아직 400만 명도 안되지만, 한 번 들어온 고객은 안 나갈 확률이 높고, 밀레니얼부터 제트 세대까지 아직 소파이의 고객이 될 잠재 고객은 앞으로 늘어나면 늘어났지 줄어들기는 쉽지 않을 것이다. 냉정하게 봤을 때 지금의 소파이는 적자인 데다가 고객 수도 적은 편이다. 경제적 해자도 좁다. 따라서 이미 흑자거나 흑자로 전환된 랜딩클럽과 업스타트보다 부족한 것은 사실이다. 하지만 소파이의 생태계만 제대로 만들어진다면 머지 않은 미래에 업스타트와 랜딩클럽을 쉽게 뛰어넘을 것으로 기대된다.

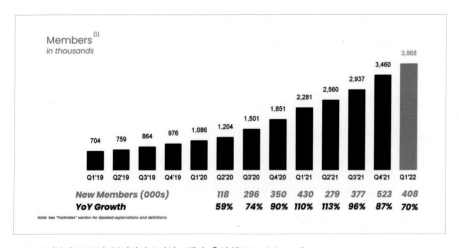

▲ 2019년부터 2022년 1분기까지 소파이 고객 수 추이 (출처: 소파이 보고서)

하지만 소파이가 직면하고 있는 가장 큰 리스크도 알고 있어야 한다. 바로 미국의 학자금 대출 유예 조치와 정치권의 탕감 움직임이다. 소파이도 주택 대출, 자동차 대출 등 다양한 대출을 실행하고 있지만, 시작은 학자금 대출이고 여전히 학자금 대출의 중요성이 가장 높다. 하지만 미국에서는 사회에 첫발을 내딛는 순간부터 청년들을 빚쟁이로 시작하게 만드는 학자금 대출의 문제점이 오래 전부터 지적됐다. 최근 들어 이를 해결하기 위한 정부의 움직임이 가속화되고 있다. 팬데믹 당시 일시적으로 도입했던 학자금 대출 상환 유예 조치는 원래 2022년 2월 만료될 예정이었지만, 5월로 한 차례 밀린 뒤 8월까지 또 밀렸다. 이렇게 되면 학자금 대출에 대한 수요가 적을 수밖에 없다. 또 학자금 대출의 고질적 문제를 해결하기 위해 일부 탕감 조치까지도 검토되고 있다. 그렇다면 이는 대출 수요를 감소시키는 원인이 되고 이로 인해 소파이의 실적에도 직접적인 타격이 될 수 있다.

핵심은 이렇다. 미국 20~30대는 시작부터 빚쟁이다. 신용점수도 낮다. 집을 살 때에도 차를 살 때에도, 심지어 냉장고 하나를 사도 위 세대보다 비싸게 주고 사야 한다. 피땀 흘려 20~30년 넘게 일해 50대가 되니 겨우 학자금 대출을 다 갚고 미국 평균 수준의 신용점수를 얻게 됐다. 하지만 소파이는 이런 미국의 젊은이들을 훨씬 더 유리한 출발선에 설 수 있게 해준다. 이 장점 때문에 소파이에 발을 들인 고객이 빠져나가지 못하도록 온갖 서비스로 그물망을 쳐놨다. 이렇게 확보한 '찐' 고객들에게 금융 플랫폼을 통해 수많은 금융 상품을 판매한다. 고객의 유입부터 미래 수익 모델까지 철저하게 계획해 차근차근 성장하고 있는 소파이의 미래가 기대되는 이유다. 참고로 소파이는 2022년 6월 말 러셀1000 지수에 편입되었다.

소파이 테크놀로지

본격적인 성장은 2021년부터

12월이 결산월인 소파이는 2021년 들어 전년 대비 45% 가까운 매출 성장세를 기록하면서 본격적인 성장 국면에 진입했다. 매출 성장에 따른 비용 증가도 일부 수반되고 있는 상황이지만 이후 지속적인 매출 성장 시 비용 증가세는 감소할 것으로 보인다.

2022년 5월 10일 발표한 2022 회계연도 1분기 실적에 따르면 전년동기 대비 매출은 48.9% 급증한 3억 2173만 달러로 예상치를 상회했고, EPS는 77% 이상 개선된 −0.14달러로 예상치에 부합했다. 신규 고객은 70% 증가하면서 390만 명에 달하고, 상품수 역시 84% 증가하면서 590만 개에 달하는 가운데 연간 가이던스를 상향하면서 이후 실적 기대감을 높였다.

● 최근 2년간 실적(12월 결산 및 Non-GAAP EPS 기준)

회계연도	분기	매출	영업이익	순이익	EPS	전분기 대비
FY2020	Q1	128.55	−102.4	−106.4	−2.93	—
	Q2	158.30	−86.1	7.8	−0.03	—
	Q3	239.64	−42.4	−42.9	−0.70	—
	Q4	224.65	−81.8	−82.6	−0.70	—
	합계	751.14	−313.6	−224.1	−0.31	—
FY2021	Q1	231.23	−139.94	−141.04	−0.18	93% 개선
	Q2	259.37	−165.39	−165.31	−0.45	1,400% 악화
	Q3	293.23	−29.87	−30.05	−0.05	93% 개선
	Q4	303.81	−109.45	−111.01	−0.15	79% 개선
	합계	1,087.65	−481.18	−483.94	−0.92	197% 악화

*매출 단위: 백만 달러, EPS 단위: 달러

2022년 2월 이후 벤치마크 하회, 격차 벌어져

2021년 6월에 상장한 소파이의 주가는 2022년 5월 5일 기준으로 6.83달러, 시가총액은 62억 5427만 달러이다. 최근 12개월간 주가는 −54.47% 하락, 올해 들어서는 −56.80% 하락했으며 최고가는 23.89달러, 최저가는 6.12달러이다. 벤치마크인 러셀2000 지수와 비교해 보면 2022년 2월 이전에는 벤치마크 수익률을 상회하다가 이후로는 글로벌 증시 불확실성 영향으로 벤치마크를 하회, 현재까지 격차가 벌어지는 양상을 보인다. 반면 최근 1개월 동안은 벤치마크를 크게 상회하고 있다. 한편 소파이는 배당을 지급하지 않는다.

● 상장 이후 소파이 주가 추이 & 주가 수익률 추이(벤치마크 지수 포함)

(단위: 달러)

구분	최근 1개월	최근 6개월	2022년 누적	최근 1년	최근 5년
소파이	+13.99%	−60.98%	−61.03%	−73.10%	−41.70%
러셀2000	+3.55%	−16.32%	−18.56%	−23.02%	+30.19%

*6월 9일 기준

뉴지랭크US 종목 진단

종합 점수	모멘텀 점수	펀더멘탈 점수	베타	롱텀	엔벨
40	75	5	0.25	43	64

상장한 지 3년 미만의 경우에는 모멘텀, 베타, 엔벨 등 일부만 유효한 의미를 갖는다. 2022년 5월 31일 뉴지랭크US 종목 진단 결과 종합 점수는 40점으로 낮다. 모멘텀 점수는 75점으로 상대적으로 최근 수급과 거래량이 좋지만 펀더멘탈 점수는 5점으로 상대적으로 매우 부진한 재무 구조를 보이고 있다.

베타 지수는 0.25로 시장 변화에 별다른 영향을 받지 않고, 현재 주가가 엔벨 지수상 중심선을 상회하고 있어 단기적으로 추가 상승 가능성이 있다.

월가의 투자 의견 및 목표 주가

최근 3개월간 발표된 소파이에 대한 12건의 월스트리트 투자 의견을 종합하면 '매수'이고, 향후 12개월간 목표 주가는 최고 22.00달러, 최저 7.00달러, 평균 11.21달러로 현재가 대비 +49.87% 높은 상황이다.

- **최근 3개월간 월가의 투자 의견 및 목표 주가 종합**

출처: Tipranks.com

- **최근 2개월간 월가의 투자 의견 및 목표 주가 현황**

추천일	평가회사	애널리스트	투자등급	목표가	추천일중가
2022/05/17	Mizuho	Dan Dolev	매수	9.00	7.09
2022/05/17	Credit Suisse	Timothy Chiodo	보유	9.50	7.14
2022/05/16	Piper Sandler	Kevin Barker	매수	10.00	7.03
2022/05/12	Goldman Sachs	Mike Ng	보유	9.00	5.60
2022/05/12	Citigroup	Ashwin Shirvaikar	매수	11.00	5.39
2022/05/11	Oppenheimer	Dominick Gabriele	매수	9.00	5.51
2022/05/11	Morgan Stanley	Jeffrey Adelson	보유	7.00	5.49
2022/05/11	Credit Suisse	Timothy Chiodo	보유	9.50	5.43
2022/05/11	Wedbush	David Chiaverini	매수	8.00	5.43
2022/05/10	Mizuho	Dan Dolev	매수	14.00	5.36
2022/05/10	Jefferies Co.	John Hecht	매수	20.00	5.25
2022/05/10	Bank of America Securities	Mihir Bhatia	보유	7.00	5.25
2022/05/03	Mizuho	Dan Dolev	매수	14.00	6.40
2022/05/02	Wedbush	David Chiaverini	매수	10.00	6.33
2022/04/19	Jefferies Co.	John Hecht	매수	20.00	7.41
2022/04/08	Citigroup	Ashwin Shirvaikar	매수	17.00	8.08
2022/04/07	Oppenheimer	Dominick Gabriele	매수	13.00	8.33
2022/04/07	Morgan Stanley	Betsy Graseck	보유	10.00	7.77

출처: 키움증권 HTS 영웅문G (2022년 5월 기준)

최신 분석 결과가 궁금하다면?

뉴지랭크US 분석 결과

월가 의견 및 목표 주가

사고율 0%에 도전!
제약 조제 자동화 솔루션의 글로벌 2위 기업

- 종목명: 옴니셀 Omnicell Inc
- 티커: OMCL | 지수: 러셀2000 및 S&P600 | 섹터: 헬스케어 > 헬스케어 장비 및 용품 (의료 장비)

수십 번 이름 확인해도 투약 사고율 30%

입원하거나 외래 진료를 위해 병원에 방문하면 귀찮을 정도로 이름과 생년월일을 물어본다. 이유는 처방 실수와 약제 사고를 방지하기 위해서다. 또 지금 복용하는 약이 있는지, 병력은 어떻게 되는지도 꼬치꼬치 캐묻는다. 다 이유가 있다. 절대 복약 실수가 있어서는 안 되기 때문이다. 우리가 흔히 복용하는 약 중에도 서로 다른 두 가지 약제를 함께 복용하면 생명이 위험한 경우가 있고, 함께 복용하면 효과가 사라지는 약도 있기 때문에 약제 관리는 우리가 상상하는 것보다 훨씬 더 중요하다.

하지만 사람이 하는 일은 아무리 주의를 기울여도 완벽할 수 없다. 아무리 완벽하려고 해도 하루 종일 생명과 촌각을 다투는 업무에 시달리다 보면 순간적으로 실수할 수도 있다. 투약 실수로 인한 사고가 얼마나 많이 발생하는지 확인할 수 있는 분명한 통계는 찾기 어렵다. 하지만 아무리 실수를 피하려고 해도 간간히 발생한다는 사실을 짐작할 수는 있다. 국내 의료기관 평가인증원이 수집한 「2020년도 환자안전 통계 연보」를 보면 2020년 의료기관이 자율적으로 보고한 환자 안전사고 건수는 1만 3900여 건이었고, 그 가운데 투약과 관련된 보고 건수가 4300여 건으로 전체에서 31% 이상을 차지했다.

□ 사고종류별 보고 현황(2016~2020년)

(단위 : 건, %)

사고종류	2016년	2017년	2018년	2019년	2020년	전년대비 증감	
						보고건수	비율
계	563	3,864	9,250	11,953	13,919	1,966	16.4
낙상	282	1,835	4,224	5,293	6,903	1,610	30.4
투약	206	1,075	2,602	3,798	4,325	527	13.9
검사	15	275	533	715	475	-240	-33.6
처치 및 시술	8	56	102	121	160	39	32.2
진료재료 오염 및 불량	-	84	433	217	154	-63	-29.0
수술	5	43	103	133	149	16	12.0
환자의 자살 및 자해	4	39	90	92	123	31	33.7
의료장비 및 기구	6	47	69	125	99	-26	-20.8
감염관련	2	19	161	174	97	-77	-44.3
식사	5	24	73	99	95	-4	-4.0
수혈	2	22	36	33	29	-4	-12.1
마취	1	7	9	7	13	6	85.7
전산장애	-	1	5	3	5	2	66.7
분만	-	-	-	2	-	-2	-100.0
기타	27	332	803	1,123	1,278	155	13.8
불명확	-	5	7	18	14	-4	-22.2

▲ 2020년 기준 환자 안전사고 자율 보고 건수

물론 자율적으로 보고한 내용이고 전 세계적으로 공인된 통계를 찾기 어려워 국내 자료만 제시한 것이지만, 적지 않은 투약 실수가 있다는 것을 부인할 수는 없다.

그렇다 보니 이런 실수를 없애려는 시도가 전 세계 수많은 기업들을 통해 이뤄지고 있다. 이번 챕터의 주인공인 옴니셀도 그중 하나다. 옴니셀은 '오토노머스 파마시Autonomous Pharmacy' 제품과 솔루션을 제공하는 미국의 다국적 기업이다. 우리말로는 약제 관리 자동화 시스템 혹은 솔루션 정도로 해석할 수 있겠다. 쉽게 이해하면, 의사가 처방한 약이 환자에게 투약되는 과정에서 실수가 발생할 확률을 '제로'로 떨어뜨릴 수 있는 기기와 솔루션을 제공하는 기업이다.

옴니셀의 사업보고서에 따르면 한 해 동안 병원에서 실수가 발생하는 횟수는 약 2만 5000건, 200개의 약물 분출당 한 번 꼴로 실수가 발생하는데, 옴니셀의 약물 분출 솔루션을 이용하면 정확도는 99.999997%까지 높아진다. 사실상 투약 실수가 제로 수준으로 떨어지는 것이다.

▲ 옴니셀의 사업보고서에 따르면 한 해 동안 병원에서 발생하는 실수는 약 2만 5000건이다.

"사고율 0%에 도전한다" 옴니셀 자동화 분출 캐비닛

약제 관리 자동화 시스템도 하나가 아니라 세부적으로 나뉜다. 조제 자동화 시스템Pharmacy automation system, 자동 포장 및 자동 라벨 시스템Automated packaging and labeling, 자동 조제 시스템Automated medication dispensing, 자동 혼합 시스템Automated compounding devices, 자동 저장 및 자동 수거 시스템Automated storage and retrieval system, 의약품 계수기Table-top tablet counter 등을 포함한다. 이 중에 옴니셀은 조제 자동화 시스템에 특화된 기업이다.

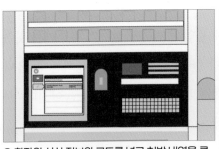

① 환자의 신상 정보와 코드를 넣고 처방 내역을 클릭한다.

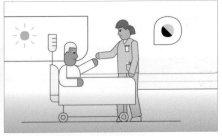

② 해당 약품이 들어 있는 서랍에 불이 들어온다.

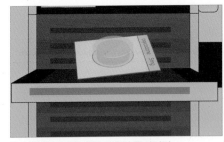

③ 서랍을 열면 조제된 약품이 들어있다.

④ 조제된 약을 환자에게 처방한다.

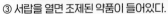

▲ '옴니셀XT' 사용 방법 예시 (출처: 옴니셀 공식 유튜브)

앞의 사진을 통해 옴니셀의 자동화 분출 캐비닛Automated dispensing Cabinet, ADC 기기인 '옴니셀XT'의 사용 과정을 대략 알 수 있다. 이를 통해 옴니셀이 약품을 얼마나 효율적이며 정확하게 분출하는지 알 수 있다.

이런 과정을 통해 옴니셀XT를 이용하면 경구용 제제뿐만 아니라 주사제와 주사 약물까지 아주 정확하게 필요한 만큼만 처방할 수 있다. 환자에게 투약을 담당하는 의료진은 옴니셀의 시스템이 안내하는 대로만 진행을 하면 투약 실수를 제로 수준까지 줄일 수 있다. 심지어 반짝이는 불빛으로 의료진이 열어야 할 서랍과 칸을 안내해 주기 때문에 도저히 실수할래야 실수할 수 없는 직관적인 시스템을 제공하고 있다.

조제 자동화 시스템이 없을 경우 모든 작업이 다음과 같은 수작업으로 이뤄진다. 의사가 작성한 처방전을 보고 A약품과 B약품, C약품과 D약품을 찾는다. 각각의 약품이 대량 포장되어 있기 때문에 필요한 양에 맞게 약품을 꺼낸다. A약은 한 알, B약은 두 알, C약은 반 알, D약은 주사제 등등 꼼꼼하게 챙긴다. 그러다 만약 C약을 꺼낸다는 게 실수로 D약을 꺼냈다면? 그러면 이미 이 약은 오염됐기 때문에 다시 약통에 들어가지 못한다. 폐기해야 한다. 미리 알아차렸기 때문에 투약 실수는 없었지만, 이런 오류들이 하나 둘 누적되면 병원 입장에서는 낭비되는 비용이 상당하다. 뿐만 아니다. 각 약품을 찾아 1회 투여량에 맞게 분류하는 과정에서 발생하는 시간이 상당할 뿐만 아니라, 이 시간을 줄이기 위해서 더 많은 인력을 고용해야 한다. 그만큼 병원에서는 지출하는 비용이 커진다. 병원은 선택해야 한다. 효율성과 정확성을 높이려면 지출하는 비용이 커지고, 그만큼 버는 돈은 적어진다. 반대로 수익을 높이려면 효율성과 정확성이 떨어진다(그러다 투약 사고라도 발생하면 의료 소송 비

Omnicell Provides Solutions for an Expensive and Error-Prone Medication Management Reality

	Medication Management is Expensive and Error-Prone				Omnicell's Current Solutions Deliver Results[6]
Safety	25,000 Errors Annually in Hospitals[1]	4 Errors Per Day in Outpatient Pharmacies[2]	47 million Doses Lost to Drug Diversion[4]	1 Error Per 200 Drug Dispenses[1,3]	Enhanced Patient Safety — 99.9999997% Accuracy with Full Medication Barcode Scanning; 10% Increase in Prescription Volume
Financial	Global: $1,331B US: $549B Projected Annual Medication Spend[3]	39% Drop in Margins for For-Profit Health System[4]	18.5% Drug Spend Increase (5x Inflation)[4]		66% Reduction in IV Costs Insourcing vs. Outsourcing
Efficiency	75% Pharmacist Tasks Are Non-Clinical[4]	3,000-4,500 SKUs of Drugs Managed In Systems[4]	20-30% Prescriptions Are Never Filled[4]	250+ Active Drug Shortages[4]	54% Reduction of Nurse Medication Retrieval Time[7]; 200-300% More Doses Stored[7]
Compliance	341+ Compliance Requirements[4]		$39 billion Annual Spend in Compliance Admin[4]		Greatly Increased Data Visibility and Regulatory Compliance
People	50%+ Pharmacists Experience High Burnout[4]	1 in 4 Hospitals Cut Staff to Manage Costs[4]	Numerous Problems Directly Correlated to Safety and Patient Satisfaction[4]		74% Time Saved By Nurses; 80% Time Saved By Pharmacists

1. Poon, Chista, Churchill, et al. Ann Intern Med 2006; 145(6):426-434.
2. Flynn, Barker, Carnahan. Am J Pharm Assoc 2003: 43:191-200.
3. Global Medicine Spending and Usage Trends, IQVIA, April 2021. Gross spend estimate before any rebates/discounts; Excludes COVID-19 vaccines.
4. Autonomous Pharmacy White Paper and industry publications.
5. 0.5% Non-IV Dispensing Error.
6. Statistics below are based on Omnicell customer outcomes, Omnicell estimates.
7. Relative to conventional robots of similar size.

▲ 옴니셀로 바꾸기 전과 후를 직관적으로 보여주는 인포그래픽 (출처: 옴니셀 사업보고서)

용이 발생하면서 오히려 더 큰 비용이 발생할 수도 있다).

하지만 옴니셀에 따르면 조제 자동화 시스템 하나를 통해 4명이 할 일을 1명이 할 수 있도록 효율성이 높아진다. 투약 실수는 '제로' 수준으로 떨어뜨리면서 인건비도 크게 절감할 수 있다. 이 시스템으로 간호사들은 74%의 시간을 절약할 수 있으며 약사들은 80%의 시간을 절약할 수 있다. 반대로 같은 시간 동안 간호사와 약사는 4~5배의 업무 처리가 가능해진다는 말이다. 엄청나지 않은가.

병원을 운영하는 경영자의 입장에서 아주 단순하게 생각해 보자. 100명의 인력을 고용해 영혼과 뼈를 갈아 환자를 치료하는데도 약품 200개에 한 번씩 에러가 발생했다. 하지만 옴니셀의 제조 자동화 시스템을 도입하면 25명의 인력만으로도 에러율이 거의 제로로 떨어진다. 어떤 선택을 하겠는가. 너무 뻔한 선택이다.

美 최고 병원의 선택은 '옴니셀'

옴니셀의 대표적 경쟁사로는 케어퓨전CareFusion, 상장사인 벡톤 디킨스 앤 컴퍼니Becton, Dickinson and Company, 시가총액 500억 달러의 맥케슨McKesson, 시가총액 333억 달러의 아메리소스 버겐AmerisourceBergen 등이 있다. 경쟁사라고는 하지만 주된 사업 영역에는 약간의 차이가 있다. 옴니셀은 약물 조제와 분출 시스템에 특화되어 있는데 맥케슨과 아메리소스 버겐은 주로 의약품 도매 사업을 하고 있다. 미국 의약품 유통 도매 시장 점유율 1위가 맥케슨, 2위가 아메리소스 버겐, 3위가 카디날인데, 이 세 기업이 무려 92%의 시장 점유율을 차지하고 있다. 의약품 업계의 도매 공룡인 것이다. 도매 사업을 통해 얻은 의약품 관리 경험을 바탕으로 조제 자동화 솔루션을 제공하고는 있지만, 두 기업 모두 매출의 거의 대부분을 의약품 도매로 벌어들이고 있다. 그래서 옴니셀과 동일한 시장에서 경쟁하고 있는 기업은 대표적으로 케어퓨전carefusion이라 볼 수 있다.

케어퓨전은 의료기기 업체인 벡톤디킨슨의 자회사인데 옴니셀이 속해 있는 글로벌 ADCAutomated dispensing Cabinet 시장에서 벡톤디킨슨과 옴니셀 두 기업이 시장 점유율 45%를 차지하고 있다. 북미 지역만으로 범위를 좁히면 두 기업이 시장 점유율 51%를 점유하고 있다. 두 기업이 이 분야의 최대 기업

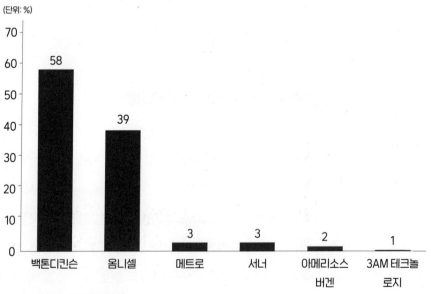

▲ 미국 내 ADC 사용 브랜드 (출처: Pharmacy Purchasing&Products 2016)

인 것이다.

조금 더 자세하게 들여다보면 벡톤디킨슨의 ADC 기기를 더 많이 사용하긴 한다. 삼성증권의 관련 리포트를 보면 미국 내에서는 옴니셀보다 벡톤디킨슨 제품을 더 많이 사용하는 것으로 나타난다. 그렇다면 옴니셀보다 벡톤디킨슨이 더 매력적인 투자처로 보일 수 있다. 하지만 이런 측면도 있다.

미국에는 아너롤 병원Honor Roll Hospitals이라는 것이 있다. 「U.S 뉴스 앤 월드 리포트」에서 매년 진행하는 전국 의료기관 평가에서 최고 점수를 받은 20개의 병원을 의미하는데 쉽게 말해 미국 최고의 병원 리스트다. 우리에게도 익숙한 존스홉킨스, 메이요 클리닉 등이 아너롤 병원에 포함된다. 조금 오래 된 기록이긴 하지만 2014년 11월 기준 아너롤 병원에 이름을 올린 병원들 가운데 80%가 옴니셀의 ADC 기기를 채용한 바 있다. 정리하면, 벡톤디킨슨 제품을 더 보편적으로 사용하는 것은 맞지만, 미국 최고의 병원들은 옴니셀 제품을 선택했다. 벡톤디킨슨 제품과 옴니셀 제품을 직접 경험해 보고 차이점을 독자들에게 자세하게 설명했다면 더 좋았겠지만 필자가 의료인이 아니다 보니 실제 경험해 볼 수는 없었다. 다만, 상기한 것처럼 최고의 병원들이 옴니셀을 선택했다는 점이 벡톤디킨슨보다 옴니셀을 더욱 매력적으로 느끼게 하는 분명한 요소다.

옴니셀

코로나19로 인한 실적 감소세에서 빠르게 회복 후 다시 성장중

12월이 결산월인 옴니셀은 코로나19 팬데믹 기간을 포함해 최근 5년간 연평균 10%에 가까운 매출 성장세와 108%가 넘는 영업이익 증가세를 보여왔다. 연간 매출 추세의 경우 1분기에서 4분기로 갈수록 증가하는 흐름을 나타낸다. 코로나19 팬데믹으로 2020 회계연도 2분기와 3분기가 역성장했지만 4분기에 증가세로 돌아선 이후 다시 전년동기 대비 증가세를 기록중이다.

먼저 2022년 4월 28일에 발표한 2022 회계연도 1분기 실적에 따르면 매출은 전년동기 대비 26.3% 증가한 3억 1829만 달러, EPS는 전년동기와 동일한 0.33달러로 모두 예상치를 상회했고, 연간 가이던스 역시 예상치를 상회하면서 꾸준한 실적 전망을 유지했다.

이어 2022년 8월 4일에 발표한 2분기 실적의 경우 매출이 21.4% 증가한 3억 3100만 달러, EPS가 13.4% 감소한 0.84달러를 기록하면서 예상치를 모두 하회했

● 최근 2년간 실적(12월 결산 및 Non-GAAP EPS 기준)

회계연도	분기	매출	영업이익	순이익	EPS	전분기 대비
FY2020	Q1	229.69	12.15	11.31	0.27	238%
	Q2	199.62	−6.99	−4.30	−0.10	−126%
	Q3	213.70	10.15	8.81	0.21	−56%
	Q4	249.20	20.21	16.38	0.39	−26%
	합계	892.21	35.53	32.19	0.76	−49%
FY2021	Q1	251.84	19.61	14.13	0.33	22%
	Q2	272.74	28.92	20.42	0.47	−570%
	Q3	296.40	29.39	29.32	0.67	219%
	Q4	311.03	11.59	13.98	0.32	−18%
	합계	1,132.02	89.51	77.85	1.79	136%

*매출 단위: 백만 달러, EPS 단위: 달러

다. 3분기 가이던스도 일부 부진할 것으로 전망했지만 연간 가이던스는 유지하면서 실적에 대한 우려를 다소나마 완화시켰다.

코로나19 팬데믹 이후 급등한 주가 흐름

2015년 2월에 상장한 옴니셀의 주가는 2022년 5월 5일 기준으로 112.34달러, 시가총액은 49억 6239만 달러이다. 최근 12개월간 주가는 −19.66%, 올해 들어서는 −37.74% 하락했으며 최고가는 183.62달러, 최저가는 107.40달러이다. 벤치마크인 러셀2000 지수와 비교해 보면 2020년 9월 이후 벤치마크 수익률을 상회하다가 지난해 11월부터 벤치마크 수익률을 하회하는 모습이다. 반면 올해 4월 중순부터는 벤치마크보다 하락세가 적게 나타나고 있다. 한편 옴니셀은 배당을 지급하지 않고 있다.

● 최근 5년간 옴니셀 주가 추이 & 최근 3년간 주가 수익률 추이(벤치마크 지수 포함)

구분	최근 1개월	최근 6개월	2022년 누적	최근 1년	최근 5년
옴니셀	+3.69%	−35.43%	−35.94%	−16.81%	+169.87%
러셀2000	+3.55%	−16.32%	−18.56%	−23.02%	+30.19%

*6월 9일 기준

뉴지랭크US 종목 진단

종합 점수	모멘텀 점수	펀더멘탈 점수	베타	롱텀	엔벨
35	30	40	0.7	59	39

2022년 5월 16일 뉴지랭크US 종목 진단 결과 종합 점수는 35점으로 낮다. 모멘텀 점수는 30점으로 상대적으로 최근 수급과 거래량이 좋지 않고, 펀더멘탈 점수는 40점으로 상대적으로 부진한 재무 구조를 보이고 있다.

베타 지수는 0.7로 시장 변화에 크게 영향을 받지 않고, 시즈널 지수의 경우 연중 최저점이 2월 말, 연중 최고점이 12월 말이며 그 차이가 60에 가까워 연간 주가 상승률이 높은 편이다. 롱텀 지수상 '허리'에 위치하고 있는 옴니셀의 현재 주가는 엔벨 지수상 중심선을 하회하고 있어 단기적으로 조정 가능성이 있다.

월가의 투자 의견 및 목표 주가

최근 3개월간 발표된 옴니셀에 대한 7건의 월스트리트 투자 의견을 종합하면 '강력 매수'이고, 향후 12개월간 목표 주가는 최고 190.00달러, 최저 140.00달러, 평균 162.40달러로 현재가 대비 +47.31% 높은 상황이다.

• 최근 3개월간 월가의 투자 의견 및 목표 주가 종합

출처: Tipranks.com

• 최근 4개월간 월가의 투자 의견 및 목표 주가 현황

추천일	평가회사	애널리스트	투자등급	목표가	추천일종가
2022/05/03	Wells Fargo	Stan Berenshteyn	매수	158.00	116.27
2022/05/03	Berenberg Bank	Dev Weerasuriya	매수	162.00	114.26
2022/05/02	Piper Sandler	Sean Wieland	매수	162.00	114.90
2022/04/29	J.P. Morgan	Anne Samuel	보유	140.00	110.72
2022/04/29	Berenberg Bank	Dev Weerasuriya	매수	162.00	110.72
2022/04/28	BTIG	David Larsen	매수	190.00	107.40
2022/02/21	Berenberg Bank	Dev Weerasuriya	매수	172.00	0

출처: 키움증권 HTS 영웅문G (2022년 5월 기준)

최신 분석 결과가 궁금하다면?

뉴지랭크US 분석 결과

월가 의견 및 목표 주가

60년 만에 등장한
정신의학계의 게임 체인저

- 종목명: 카루나 테라퓨틱스 Karuna Therapeutics Inc
- 티커: KRTX | 지수: 러셀2000 | 섹터: 헬스케어 > 생명공학 (생명공학)

미국 성인 5명 중 1명은 정신 장애를 겪고 있다

나는 대략 2년째 수면 장애로 고생하고 있다. 방송 일의 특성상 주기적으로 활동 시간을 변화시켜야 하고, 남들이 잘 때 일어나야 하거나 남들이 노는 시간에 자야 하는 유쾌하지 못한 라이프 사이클 때문에 얻은 병이 아닐까 싶다. 갑작스럽게 커밍아웃을 하는 이유는 실제로 작든 크든 신경정신과 관련된 병식이 있는 사람들이 우리 주변에도 상당하다는 이야기를 하고 싶어서다.

미국 성인 5명 중 1명은 정신 장애를 겪고 있고, 20명 중 1명은 그 정도가 매우 심하다고 한다. 이번에 소개할 기업이 다루고 있는 정신 질환인 조현병에 국한해 보자면, 미국 내에는 270만 명(전체 미국인의 0.5~1%가량), 전 세계적으로는 2100만 명의 환자가 존재한다고 한다.

조현병은 세계적으로 케이스 건수가 많은 장애의 일종으로 최초 발병 연령대는 10대 후반에서 젊은 성인층이 가장 많다. 조현병 환자들의 기대 수명은 평균 수명 대비 30년 이상 짧다는 특성이 있다. 이는 신진대사 및 심혈관 질환에서 비롯된 것도 있지만, 자살률이 높기 때문이라고 보는 것이 더 적절하다. 이 질병을 가진 사람의 약 10%만이 경제 활동이 가능한데, 삶과 생산성에 아주 심각한 영향을 미치는 정신 질환이라 할 수 있다. 치료 방법이 발전해 오고 있기는 하나, 조현병 환자 대부분이 약물로는 완치가 어렵거나 치료

▲ 1890년 프랑스 파리의 정신병원에서 환자의 수갑을 풀어주는 장면을 그린 그림. 당시 정신 질환자는 치료가 아닌 격리의 대상이었다. (출처: Philippe Pinel Releasing Lunatics from Their Chains at the Salpetriere Asylum in Paris by Tony Robert Fleury)

과정에서 심각한 부작용을 경험한다.

인류 역사를 돌이켜 보면 조현병을 비롯한 정신질환이 치료의 대상으로 인지된 것은 불과 100년도 채 되지 않았다. 고대에도 중세에도 '광인'이라 불리는 이들은 항상 있었으나, 이들은 사회로부터 격리되었고 심하면 화형대에서 불태워지까지 했다. 조현병의 경우만 보자면 1950년대 최초의 조현병 치료제가 등장했으니 그전에는 치료라는 개념이 전무했던 것이다.

신뢰도 높은 텐베거 경력자

이번 챕터에서 소개할 기업인 카루나 테라퓨틱스(이하 카루나)는 2019년 나스닥에 상장되었다. 당해 미국 내 IPO 중 가장 성공적인 케이스에 꼽힐 정도로 상장 후 흐름이 훌륭했다. 상장 당시 16달러에 불과했던 주가가 금세 그 몸집을 어마어마하게 키웠으니 그러한 평가가 나올 법도 하다. 현재 원고를 작성하는 시점에서(2022년 5월) 카루나의 52주 최고가가 161.98달러라는 것을 고려하면 이미 조용하게 텐베거가 된 종목이기도 하다. 2021년에는 러셀 2000에도 포함되었다. 하지만 이러한 화려함 뒤에는 창립 이후 오랫동안 투자를 받지 못했던 어두운 과거도 있다.

카루나는 2009년 벤처 투자사인 퓨어테크벤처PureTech Venture에서 투자 심사역으로 일하던 앤드류 밀러Andrew Miller 박사의 아이디어 하나로 시작됐다. 이 아이디어는 1997년 일라이 릴리Eli Lilly and Company가 개발한 조현병 치료제 '자노멜린Xanomeline'에서 출발하는데 자노멜린은 자율신경계에 신호를 전달하는 통로인 무스카린 수용체이다. 당시 자노멜린의 치료 효과는 꽤 강력했던 것으로 알려져 있으나, 변비, 메스꺼움, 구강 건조, 소화 불량 및 구토 등 말초신경계의 부작용이 상당했다. 때문에 임상 과정에서 연구가 중단된 비운의 치료제다. 밀러 박사는 이 자노멜린을 다시 활용해 보기로 하고, 기존에 문제가 되었던 부작용을 상쇄하기 위해 '트로스피움Trospium'이라는 화학 물질을 병용 투여해 보기로 한다. 트로스피움은 혈액과 뇌 장벽을 통과하지 않기 때문에 이 물질을 활용하면 뇌와 중추신경계에서만 무스카린 작용제가 작동하게 할 수 있다. 즉, 부작용을 일으키는 부위에 작용하는 것을 애초에 차단한다는 것이다.

수많은 연구를 통해 자신의 아이디어의 현실성을 확인한 밀러 박사는 자신이 몸담고 있던 퓨어테크벤처로부터 150만 달러를 투자 받는 데 성공했고, 자금을 모아 2012년 일라이 릴리로부터 5400만 달러에 자노말린 특허권을 사들였다. 그러나 임상에 들어가기 위해서는 훨씬 더 많은 자금이 필요했지만, 카루나에 투자하겠다는 투자자를 7년 동안 찾지 못했다고 한다. 어쩌면 카루나가 세상의 빛을 보지 못할 수도 있겠다는 생각이 들었을 법도 한데, 다행히도 2016년 들어 분위기가 달라진다. 카루나와 마찬가지로 바이오 벤처였던 헵타르Heptares Therapeutics가 밀러 박사의 아이디어와 동일한 아이디어를 가지고 미국의 앨러간사로부터 라이센스를 받게 된 것이다. 이를 계기로 카루나 역시 그 가치를 인정받았고, 2018년 국제 생명공학 연구지원재단인 웰컴트러스트Wellcome Trust로부터 800만 달러의 연구 지원금을 받게 되었다. 시리즈 A에서는 아치벤처Arch Venture로부터 4200만 달러를, 2019년에는 시리즈 B 자금으로 6800만 달러를 유치하는 기염을 토했다. 그렇다면 시장은 카루나라는 기업에서 어떤 매력 포인트를 봤던 것일까?

조현병 치료에 있어 파괴적 혁신을 내세운 기업

조현병의 원인에 대해서 아직 정확히 밝혀진 바는 없다. 그러나 뇌에서 분비
되는 신경 전달 물질의 일종인 도파민이 지나치게 많아져서 생긴 불균형 때
문이라는 가설이 유력하다. 따라서 지금까지의 조현병 치료제로는 주로 도파
민 수치를 낮추는 약물이 사용되어 왔다. 다음 장의 표로 확인할 수 있는 것
처럼 현재까지 FDA 승인을 받은 조현병 치료제 대부분이 그러하다.

1950년대부터 오늘날에 이르기까지, 60년이 넘는 동안 조현병 치료에 사
용되는 약물의 기전은 크게 달라지지 않았다. 조현병의 증상은 '양성증상'과
'음성증상', 두 가지로 구분된다. 양성증상이 '있어서는 안 될 것이 새로 생
기는 증상'이라면 음성증상은 '있어야 할 것이 없어지는 증상'이다. 조현병
에 있어 양성증상에는 환상, 환청, 망상 등이 속하며, 음성증상으로는 사회
성 결여, 욕구 상실 등을 꼽을 수 있다. 이외에 언어 와해 등의 증상도 나타난
다. 이 중 양성증상은 현존하는 약물만으로도 상대적으로 치료가 쉽다고 알
려져 있다. 문제는 음성증상이다. 음성증상에는 지금 나와 있는 치료제들이
그다지 효과가 없다. 조현병이 도파민 외에도 뇌에서 분비되는 세로토닌, 노
르에피네프린과 같은 다른 물질의 불균형과도 연관이 있기 때문으로 추측된
다. 그런 탓에 비교적 최근에 나온 약물을 사용해도 음성증상에 대해서는 개
선 효과가 미미했던 것이다.

치료제	기전	FDA 승인
GSK의 클로르프로마진	도파민 수용체 길항제	1957년
J&J의 할로페리돌	도파민 수용체 길항제	1967년
노바티스의 클로자핀	5-TH2A 수용체 길항제	1972년
J&J의 리스페리돈	5-TH2A 수용체 및 도파민 수용체 길항제	1993년
릴리의 올란자핀	5-TH2A 수용체 및 도파민 수용체 길항제	1996년
AZ의 퀘디아핀	5-TH2A 수용체 및 도파민 수용체 길항제	1997년
화이자의 지프라시돈	5-TH2A 수용체 및 도파민 수용체 길항제	2001년
J&J의 팔리페리돈	5TH2A 수용체 길항제	2006년
오츠카의 아리프프라졸	도파민 D2 수용체 부분 작용제	2002년
오츠카의 브렉시피프라졸	도파민 D2 수용체 부분 작용제	2015년
ICT의 루마테페론	도파민수용체 인산염 조절제	2019년

▲ 도파민 수치를 낮추는 데 중점을 둔 지금까지의 조현병 치료제 현황

카루나는 이 점에 주목했고, 도파민 분비를 조절하는 대신 새로운 접근법으로 고안한 카루나의 주력 약물 '카엑스티KarXT'를 만들어냈다. 이 이름은 카루나-자노멜린-트로스피움Karuna-Xanomeline-Trospium의 준말로 앞에서 언급한 자노멜린과 트로스피움을 결합한 약물을 뜻한다. 카루나는 이 카엑스티를 가지고 2021년 실행한 조현병 2상 연구에서 놀라운 결과를 내놓았다. 182명을 대상으로 5주간 임상을 진행한 결과 유의미한 개선 수치를 얻은 것이다. 그리고 조현병 증상 완화에 있어 주목할 만한 효과가 있으면서도 기존에 자노멜린에서 문제가 되었던 부작용 징후도 나타나지 않았다. 효능과 안정성에서 모두 긍정적 결과를 입증한 것이다.

카엑스티의 긍정적인 임상 결과로 인해 자노말린의 효과 또한 재평가되었다. 이렇게 기존 약물을 재조합해 새로운 치료제로 활용하겠다는 개념을 실

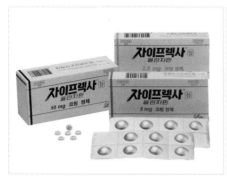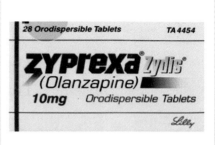

▲ 일라이 릴리의 조현병 치료제 자이프렉사. 한국에서도 출시한 약품이다.

현하기 위해서는, 해당 약물에 대한 지식이 상당한 인물이 필요하지 않을까? 그런 점에서 카루나의 CEO인 스티븐 폴Steven Paul의 배경에 주목할 만하다. 그는 2018년 투자자이자 임원으로 카루나에 합류했는데, 자노말린을 만들어 낸 일라이 릴리에서 17년간 일하며 부사장이자 리서치 연구소장까지 역임한 인물이다. 릴리에서 일하며 항정신병 블록버스터인 '자이프렉사', '심발타'의 개발에 일조했으며, 이 과정에서 무스카린 수용체 자노말린의 향후 활용성을 충분히 검토하고 전망했을 것으로 보인다.

'가지 않은 길'을 가고 있는 두 기업

앞에서 카루나와 동일한 메커니즘으로 치료제를 개발 중이라 언급한 또 다른 기업, 헵타레스Heptares의 행보 또한 흥미롭다. 2016년 알러간Allergan은 앤드류 밀러와 동일한 아이디어로 헵타레스로부터 33억 달러에 무스칼린 작용제를 기술 도입했다. 강력한 경쟁자가 생김과 동시에 카루나의 가치 또한 간접적으로 입증받은 것이다. 헵타르는 이후 2018년 일본 소세이 그룹에 인수되어 '소세이 헵타레스'로 이름을 바꾸었다. 그리고 지난해 신경정신질환 신약 개발사인 뉴로크라인 바이오사이언스Neurocrine Biosciences와 27억 달러에 무스카린 수용체를 이용한 조현병 치료제에 대한 라이센스 계약을 체결했고 현재 임상 2상 돌입을 계획하고 있다.

이에 질세라 카루나 역시 열심히 달리고 있다. 2019년 '무스카린 수용체 활성화에 의해 개선되는 장애의 치료를 위한 방법 및 조성물' 기술을 미국 특허청에 등록하며 그 행보를 이어가고 있다(특허번호: US10238643B2).

얼마 전 카엑스티에 대한 중화권 내 라이센스인 계약도 이루어졌다. 2021년 중국의 제약바이오회사인 자이랩Zai Lab(나스닥 상장, 티커: ZLAB)과 카엑스티의 개발, 제조 및 상업화를 위한 독점 라이선스 계약을 체결한 것이다. 계약 조건에 따르면 카루나는 3500만 달러의 선지급을 받고 개발 과정에서 최대 8000만 달러를 추가로 투자받는다. 또한 중화권에서 카엑스티의 연간 순매출을 기준으로 최대 7200만 달러의 로열티를 받게 된다. 즉, 자이랩이 카엑스티의 중화권 내 상업화 활동에 실질적으로 자금을 지원하게 된다는 것이다.

투자은행 스티펠의 한 애널리스트는 카루나가 임상에 최종 성공할 경우, 미국 시장에서만 최소 10억 달러의 가치를 창출할 것이라고 분석한 바 있다. 오펜하이머의 애널리스트도 카엑스티가 현재의 항정신병 치료에 있어 게임 체인저가 될 것이라는 긍정적 전망을 내놓았다. 카루나는 'EMERGENT-3'라고 불리는 3상 연구 결과를 올해 중반까지 내놓을 예정이었는데, 이 일정이 과거형인 이유는 안타깝게도 지금 우크라이나 내 상황

때문이다.

카루나의 1, 2상은 미국 내에서만 진행되었으나, 3상은 미국과 우크라이나에서 246명의 피험자를 대상으로 동시 진행 중이었다. 그러나 올해 초 러시아의 우크라이나 침공이 현실화되며 카루나의 임상 일정에도 차질이 생길 수밖에 없을 것으로 보인다. 카루나 측의 자료에 따르면, 19개의 임상 시험 장소 중 10개가 우크라이나에 있다. 우크라이나 내 어느 지역에서 임상을 진행하고 있었는지는 알 수 없으나, 실험 장소가 물리적인 타격을 입었거나 피험자들의 상태에 문제가 생겼을 가능성이 있다. 또 다른 3상인 'EMERGENT-4'의 일정이 그만큼 불확실해졌다는 것이다. 카루나는 오는 하반기 임상 3상 결과를 내놓을 예정이었으나, 해당 이슈로 임상 3상 일정을 취소하기에 이르렀다. 그러나 이후 'EMERGENT-2'는 미국 내에서만 환자를 모집, 2022년 9월 이후 3상 결과를 발표할 예정이라고 카루나 측은 밝혔다. 'EMERGENT-3' 역시 미국 내의 환자들만 모집하는 것으로 경로를 수정했다. 이 시험의 결과는 2023년 초 공개 예정이다.

인류가 정복해야 할 질환 조현병

정신 질환, 특히 그중에서도 조현병을 앓고 있는 사람들에 대해 많은 사람들이 두려움을 느낀다. 조현병이라는 질환을 주변에서 목격하기보다 뉴스에서 범죄와 연관된 질환으로 자주 접했기 때문일 것이다. 하지만 실제로 조현병 환자의 범죄율은 일반인과 비슷한 수준이다. 하지만 아직까지 완치를 위한 특별한 치료법은 없기 때문에, 암과 같이 아직 인류가 정복해야 할 질환으로 여겨진다. 조현병으로 첫 입원 치료를 한 환자들을 대상으로 5년에서 10년 추적 관찰한 연구들의 결과를 보면, 10~20% 정도의 환자들이 좋은 예후를 보인다고 한다. 절반 정도의 환자는 결과가 좋지 않아 증상이 악화되기도 하나, 모두가 그렇지는 않다. 20~30%의 환자들은 일정 부분 정상적인 삶을 살 수 있는 것으로 추정된다.

2002년 개봉한 영화 〈뷰티풀 마인드〉의 주인공 '존 내시John Forbes Nash, Jr'의 사례를 참고해 볼 만하다. 실존 인물인 그는 천재 수학자이자 1994년 노벨 경제학상 수상자이기도 하다.

제2의 아인슈타인이라는 수식어가 붙을 정도로 뛰어났지만, 한편으로는 50년 동안 조현병에 시달린 안타까운 인물이기도 하다. 정신병원에 강제 입

▲ 존 내시(1928~2015)의 모습 (출처: wikipedia)

원될 정도로 상태가 심각한 적도 있었으나, 이후 입·퇴원을 반복하면서도 대학에 복귀해 연구를 지속한 영화보다 더 영화 같은 인물이다.

존 내시는 강한 정신력으로 병을 이겨내고 힘겹게 자기 자신으로 살아갔지만, 모든 환자들이 그럴 수 있는 것은 아니다. 그래서 카루나와 같은 기업의 행보가 의학계와 환자들에게는 더욱 의미 있을 수밖에 없다.

'카루나Karuna'는 '타인의 고통을 깊이 이해하고 해결한다'는 의미의 산스크리트어다. 60년간 이어진 치료법과 다른 길을 가보겠다는 일념하에 야심차게 출발한 카루나 테라퓨틱스. 이타적인 네이밍에 걸맞게 많은 조현병 환자들에게 희망이 될 수 있기를 응원한다.

카루나 테라퓨틱스

서서히 군불을 때는 양상

12월이 결산월인 카루나는 지난해 처음으로 매출이 발생했는데 매출에 따른 영업비용이 크게 증가하면서 영업손실과 순손실이 급증하는 양상을 띄었다.

2022년의 경우 현재까지 두 차례 실적을 발표했는데 5월 5일에 발표한 2022 회계연도 1분기 실적에 따르면 매출이 없는 상태에서 EPS가 전년동기 대비 77% 넘게 악화된 -1.95달러를 기록하며 예상치를 상회했다. 이와 함께 개발 중인 의약품에 대한 경과도 공개했는데 'EMERGENT-2'의 임상 3상이 올해 3분기에 진행할 예정이고, 알츠하이머 치료 후보 물질인 '카엑스티'에 대한 임상 3상도 올해 중반에 시작할 예정이라고 밝혔다.

그리고 8월 4일에 발표한 2분기 실적의 경우는 매출이 없는 상태에서 EPS가 -1.95로 예상치를 상회했다. 더불어 'EMERGENT-2'와 'EMERGENT-3'의 임상 3상을 각각 올해 3분기와 내년 1분기에 진행하고, '카엑스티'에 대한 임상 3상 프로

● 최근 2년간 실적(12월 결산 및 Non-GAAP EPS 기준)

회계연도	분기	매출	영업이익	순이익	EPS	전분기 대비
FY2020	Q1	−	−10.06	−8.66	−0.33	−
	Q2	−	−17.83	−17.05	−0.65	100% 개선
	Q3	−	−19.53	−18.84	−0.71	82% 악화
	Q4	−	−24.41	−24.01	−0.89	178% 악화
	합계	−	−71.82	−68.55	−2.59	30% 악화
FY2021	Q1	−	−29.96	−30.50	−1.10	233% 악화
	Q2	−	−34.53	−34.42	−1.17	80% 악화
	Q3	−	−51.17	−50.93	−1.72	142% 악화
	Q4	36.96	−28.19	−27.96	−0.94	5% 악화
	합계	36.96	−143.85	−143.81	−4.94	91% 악화

*매출 단위: 백만 달러, EPS 단위: 달러

그램은 조만간 개시한다고 밝혔다.

신약 개발 기대감으로 월등한 주가 흐름

2019년 6월에 상장한 카루나의 주가는 2022년 5월 5일 기준으로 118.87달러, 시가
총액은 35억 5216만 달러이다. 최근 12개월간 주가는 +6.51%상승, 올해 들어서는
−9.26% 하락했으며 최고가는 159.40달러, 최저가는 98.90달러이다. 벤치마크인
러셀2000 지수와 비교해 보면 2019년 11월 이후 벤치마크 수익률을 상회, 현재까지
월등한 모습을 나타내고 있다. 그리고 카루나는 배당금을 지급하지 않고 있다.

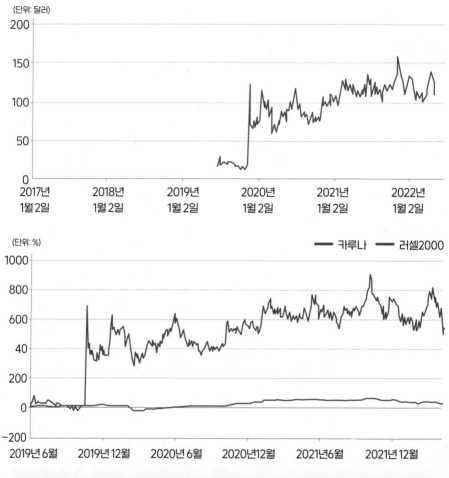

● 상장 이후 카루나 주가 추이 & 주가 수익률 추이(벤치마크 지수 포함)

(단위: 달러)

구분	최근 1개월	최근 6개월	2022년 누적	최근 1년	최근 5년
카루나	+3.69%	-8.62%	-20.18%	-11.51%	+560.38%
러셀2000	+3.55%	-16.32%	-18.56%	-23.02%	+30.19%

*6월 9일 기준

뉴지랭크US 종목 진단

종합 점수	모멘텀 점수	펀더멘탈 점수	베타	롱텀	엔벨
10	5	15	1.08	7	45

상장 3년 미만의 경우 모멘텀, 베타, 엔벨 등 일부만 유효한 의미를 갖는다. 2022년 5월 31일 뉴지랭크US 종목 진단 결과 종합 점수는 10점으로 매우 낮다. 모멘텀 점수는 5점으로 상대적으로 최근 수급과 거래량이 매우 좋지 않고, 펀더멘탈 점수는 15으로 상대적으로 매우 부진한 재무 구조를 보이고 있다.

베타 지수는 1.08로 시장 변화에 별다른 영향을 받아 상승장에 유리하고, 현재 주가가 엔벨 지수상 중심선을 횡보하고 있어 단기적으로 반등 가능성이 있다.

월가의 투자 의견 및 목표 주가

최근 3개월간 발표된 카루나에 대한 8건의 월스트리트 투자 의견을 종합하면 '강력 매수'이고, 향후 12개월간 목표 주가는 최고 192.00달러, 최저 160.00달러, 평균 180.57달러로 현재가 대비 +73.09% 높은 상황이다.

• 최근 3개월간 월가의 투자 의견 및 목표 주가 종합

출처: Tipranks.com

• 최근 4개월간 월가의 투자 의견 및 목표 주가 현황

추천일	평가회사	애널리스트	투자등급	목표가	추천일종가
2022/05/25	Mizuho	Yamil Divan	매수	190.00	104.26
2022/05/25	JMP	Jason Butler	매수	175.00	104.08
2022/05/25	Berenberg Bank	Esther Hong	매수	190.00	104.08
2022/05/25	Stifel Nicolaus	Paul Matteis	매수	0	104.08
2022/05/05	RBC	Brian Abrahams	매수	160.00	118.87
2022/05/05	Mizuho	Yamil Divan	매수	190.00	117.00
2022/05/05	JMP	Jason Butler	매수	175.00	117.00
2022/05/05	Berenberg Bank	Esther Hong	매수	190.00	118.87
2022/04/27	Mizuho	Yamil Divan	매수	190.00	121.62
2022/04/20	Jefferies Co.	Chris Howerton	매수	183.00	131.07
2022/03/31	Berenberg Bank	Esther Hong	매수	190.00	123.00
2022/03/22	Jefferies Co.	Chris Howerton	매수	183.00	119.25
2022/03/17	Citigroup	Neena Bitritto-Garg	매수	192.00	110.42
2022/03/08	Jefferies Co.	Chris Howerton	매수	183.00	100.43
2022/03/03	Mizuho	Yamil Divan	매수	178.00	103.21
2022/02/25	Citigroup	Neena Bitritto-Garg	매수	192.00	99.75
2022/02/24	RBC	Brian Abrahams	매수	160.00	99.19
2022/02/24	JMP	Jason Butler	매수	175.00	98.94

출처: 키움증권 HTS 영웅문G (2022년 5월 기준)

최신 분석 결과가 궁금하다면?

뉴지랭크US 분석 결과

월가 의견 및 목표 주가

3장

다가온 미래

앞으로 10년, 달라질 미래를 주도할 핵심 기업들

하늘을 날아 다니는 자동차, 물과의 전쟁, 전투용 드론까지 영화에서나 보던 일들이 우리의 삶에 들어오기 시작했다. 걱정스러운 미래가 될 수도 있지만 인류는 늘 그랬듯 새로운 답을 찾고, 새로운 투자의 기회도 열 것이다. 3장에서는 곧 다가올 미래를 준비하는 기업들을 알아보려 한다. 환경부터 교통, 방위 산업 등의 최강자로 거듭날 유망 기업들을 알아보며 투자의 기회도 함께 찾아보자.

지구에서 가장 소중한 자원을 지키는
100년 전통의 글로벌 기업

WATER TECHNOLOGIES

- 종목명: 이보쿠아 워터 테크놀로지스 Evoqua Water Technologies
- 티커: AQUA | 지수: 러셀2000 | 섹터: 산업재 > 산업 기계 (수질 정화 장비)

인류는 지금 물과의 전쟁을 겪고 있다

인간을 비롯한 모든 생명체의 생명 활동에 가장 필수적이고 근본인 자원은
물이다. 우리는 어려서부터 물은 소중하니 아껴 써야 하고, 물 부족이 심각
해지고 있으며, 수질 오염이 악화되고 있다는 얘기를 많이 듣고 자랐다. 발
달된 정화 기술과 깨끗한 물로 축복받은 한국에서는 수질 오염이나 물 부족
문제를 직접 체감하기 어렵지만, 실제로 전 세계는 지금 물과의 전쟁을 치르
고 있다.

지구에 존재하는 물 중 염분 함유량이 적은 담수는 2.5%에 불과한데, 담수
중에서도 우리가 실제로 마실 수 있는 깨끗한 물은 극소수이다. 그마저도 환

▲ 곧 현실로 닥칠 물 부족 사태 (출처: shutterstock)

경오염의 여파로 갈수록 줄어들고 있다. WHO의 2019년 통계에 따르면 기본적인 식수조차 구할 수 없는 사람이 8억 4000명, 오염된 식수로 사망하는 사람은 매년 48만 명이 넘는다고 한다. 같은 통계 자료에서는 오는 2025년까지 전 세계 인구의 절반이 물 부족, 수질 오염 등 물 관련 문제에 노출될 것으로 전망하고 있다.

원인은 다양하다. 기후 변화로 인한 이상 기후로 여름철 심각한 가뭄을 겪는 지역들이 많은가 하면, 과도한 물 낭비, 제대로 된 처리시설의 부재, 환경 오염 등이 꼽힌다. 물 부족 현상이 이어지게 되면 많은 산업으로도 그 타격이 번질 수밖에 없다. 단순하고 당연한 소리처럼 들릴 수 있지만 치러야 할 대가는 상상을 초월한다. 물이 부족하면 농사가 어려워져 농산물 가격의 상승과 식량 난을 불러일으킬 수 있고, 물이 집약적으로 사용되는 각종 산업이 피해를 입게 된다.

반도체 산업을 예시로 들자면 하나의 반도체 공장 혹은 '팹'은 가동을 위해 매일 200만에서 400만 갤런에 달하는 어마어마한 양의 물을 사용한다. 장비의 열을 식히려는 용도, 혹은 실리콘 웨이퍼를 세척하기 위함이다. 작고 민감한 반도체의 특성상 일말의 오염도 허용할 수 없기 때문에 초고순도로 정제된 초순수만 사용한다. 반도체 기업들의 막대한 물 사용량이 문제가 되자 인텔은 사회적 책임의 일환으로 2030년까지 깨끗한 물의 소비량보다 축적·방출량을 늘리겠다고 선언하기도 했다.

반도체 산업만의 문제가 아니다. 나아가 목축업, 석유 및 가스 탐사 채굴업, 의류, 텍스타일, 페인트, 면화 등 각종 제조업에 이르기까지 물이 많이 쓰이는 산업은 수없이 많다. 따라서 미래 사회에서는 더러운 물을 다시 깨끗한 물로 변환해 주는 수처리 기술의 중요성이 커질 수밖에 없고, 친환경의 중요

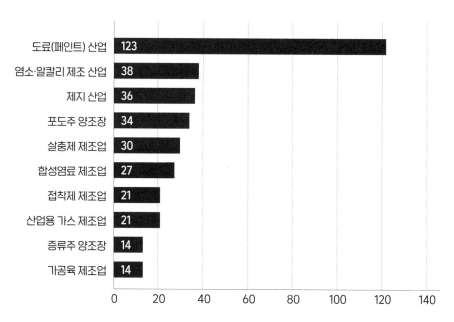

▲ 미국 내 물 사용량이 가장 높은 산업군, 1달러 산출량 대비 갤런 (출처: Statista 2022)

성이 강조되면서 다양한 응용 분야에서 폐수를 재활용하는 기술의 수요가 증가할 것이다. 글로벌 시장조사 기관 스태티스타Statista에서는 2021년 2834억 8000만 달러 규모였던 전 세계 수처리 및 폐수처리 시장의 규모가 앞으로 연평균 7.3% 성장하며, 2028년까지는 4652억 3000만 달러까지 증가할 것으로 내다본다. 이에 이번 챕터에서는 수처리 기술을 꾸준히 발전시키며 미래에 대비하고 있는 이보쿠아 워터 테크놀로지(이하 이보쿠아)에 대해 알아보려 한다.

인간에게 꼭 필요한 물을 지키는 회사

이보쿠아는 100년 이상의 역사를 가진 글로벌 수처리 기업이다. 이보쿠아에 대해 더 자세히 알아보기 전, 일단 수처리 기술이 뭔지부터 알아보자. 물을 처리하는 기술은 크게 수처리 기술Water Treatment과 폐수처리 기술Wastewater Treatment로 나뉜다. 수처리 기술은 강이나 호수 등 수원지에서 유입되는 물을 우리가 먹고, 씻고, 설거지하고, 빨래 돌릴 때 사용할 수 있게끔 깨끗하게 정제해 주는 기술을 말한다.

폐수처리 기술은 비슷한 듯 들리지만 확실히 다른 의미를 지닌다. 이미 산업용으로, 혹은 가정용으로 한 번 썼던 물을 다시 자연에 내보낼 수 있을 정도로, 혹은 재사용할 수 있을 정도로 처리해 주는 기술이 폐수처리 기술이다. 말 그대로 한 번 쓰고 버린 '폐수'를 정제하는 공정인 것이다.

폐수처리는 크게 산업용 폐수처리와 가정용 폐수처리 두 가지로 나뉘는데

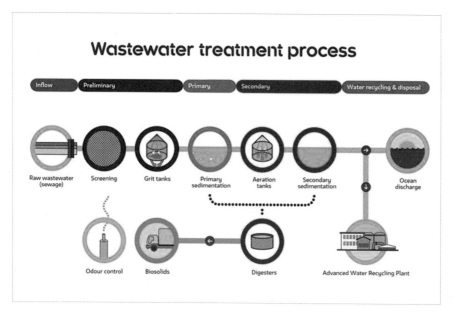

▲ 폐수처리 과정의 예시 (출처: watercorporation)

우리가 집에서 하수구로, 싱크대로, 혹은 변기통으로 흘려보내는 모든 종류의 물은 가정용 폐수처리 공정을 거치게 된다. 조금 더러운 얘기가 될 수 있지만 사람 배설물의 주 성분인 질소와 인, 탄수화물을 제거하는 기술이 그 예시다. 산업용 폐수처리는 조금 더 복잡하고 다양하게 나뉜다. 어떤 산업이냐에 따라 폐수에 담긴 성분은 달라진다. 중금속을 제거해야 할 수도 있고, 가축의 분뇨, 혹은 농약과 같이 독한 화학 성분을 제거해야 하는 경우도 있다. 각각의 상황에 따라 처리 공법도 매우 다양하게 세분화되어 있다.

폐수처리 기술이 지금처럼 고도화되기까지는 오랜 시간 연구가 이뤄졌는데 그 과정에서 있었던 현실적인 일화를 하나 소개하고자 한다. 2003년, 미국과 영국 등 연합군이 이라크전을 치를 때였다. 이라크는 서부와 남부 지역 전체가 광대한 사막 지대이기 때문에 당시 미군 기지에는 늘 물이 부족했고, 최대한 물을 아껴야 했다. 당시 펜실베이니아 주립 대학교의 한 연구진은 병사들이 물을 조금이라도 아낄 수 있는 방법이 없을까 고민하다가 빨래에 쓰는 물이라도 아끼자는 아이디어를 생각해 냈다. 이에 한 번 빨랫물로 써서 흙과 땀으로 오염된 폐수를 다시 빨랫물로 쓸 수 있게끔 정제하는 기술을 개발해 냈다. 1리터의 물조차 귀한 상황에서 어차피 마시지 않을 물이라면 비교적 단순한 정제를 거쳐 최대한 아껴 쓸 수 있게끔 도운 것이다. 비슷한 예시로 우주 탐사를 갈 때에는 물을 우주선에 한없이 많이 싣고 갈 순 없다. 때문에 우주선 내부에서 자체적으로 썼던 물을 다시 깨끗하게 처리해서 쓰는 처리 시스템이 필요하다. 조금 더 친숙한 예시로, 종종 휴게소 화장실 변기에서 볼 수 있는 '중수gray water'가 있다. 중수란 2번 사용한 물이라는 의미로, 어차피 변기 물로 쓸 거 완전히 깨끗할 필요는 없으니 1차 처리만 해서 다시 사용하는 물인 것이다. 이렇듯 수처리 및 폐수처리 기술을 필요로 하는 상황은 생각보다 매우 다양하며, 각각의 용도에 따라 서로 다른 공정으로 나뉘게 되는 것이다.

위에서 설명한 수많은 수처리 기술 관련 특허들을 포트폴리오에 보유하고 있는 기업이 바로 이보쿠아다. 이보쿠아는 고도화된 수처리·폐수처리 장비를 기업과 산업에 제공함으로써 돈을 버는 회사인데, 다양한 산업용 폐수처리 공정에 필요한 공정 장비를 개별적으로 개발하고 있다. 식수를 위한 정수 시스템은 물론이고, 수족관이나 워터파크, 수영장 등의 수질을 유지하기 위한 여과·소독 장치, 건물의 냉난방 솔루션, 건설 현장에서 발생하는 고형분과 수은, 철 등 오염 물질을 제거하는 시스템, 의료 분야에서 사용되는 무균 처리 용액

일반 제조

헬스케어&제약

에너지

반도체

화학

식음료

식수

폐수처리

운동

정제&채굴

▲ 이보쿠아 장비가 사용되는 산업 분야들 (출처: evoqua)

등 다양한 산업의 필요에 맞는 수처리 장비를 개발 및 제공하고 있다.

이보쿠아는 두 가지 사업 부문을 가진다. 첫 번째는 기업 고객을 대상으로 수처리와 관련된 모든 것을 처음부터 끝까지 이보쿠아에게 맡길 수 있는 통합 솔루션이다. 제조업, 의료, 제약, 전력, 반도체, 화학, 식음료 등 다양한 기업 고객들을 대상으로 각각의 상황에 맞는 수처리 장비를 설치해 주고 설치 후에도 장비의 수명을 점검해 주는 서비스이다. 설치한 장비들을 디지털로 연결하고, 장비의 상태를 상시로 모니터링 하며 최적화된 물 관리를 모두 맡아주는 것이다. 통합 솔루션 부문이 차지하는 매출 비중만 66%를 차지한다. 두 번째 사업 부문은 나머지 매출 비중인 34%를 차지하는 응용 제품 분야이다. 수처리에 필요한 다양한 장비들을 필요한 기업에게 판매하는데 판매에 그친다는 점에서 첫 번째와 다르다.

물에 관한 모든 것, 이보쿠아의 경쟁력

사실 많은 사람들의 머릿속에 물 산업은 전통적이고, 고리타분하고, 오래됐고, 재미없다는 이미지가 강하게 박혀 있어 쉽게 투자처로 여겨지지 않는다. 물 산업은 대개 유틸리티 섹터에 속해 정부나 주 정부와 장기 계약을 맺고 물을 제공해 주며, 가격 통제가 자유롭지 않다는 점이 약점으로 꼽힌다. 마치 서울시 수돗물 아리수를 보급하는 서울특별시 상수도 사업 본부에 투자하는 것(?) 같은 어색한 느낌이 있다. 미국 내에서는 각 주마다 유틸리티 업체가 다르긴 하나 비슷한 역할을 수행하는 가장 크고 대표적인 기업으로 아메리칸 워터 웍스American Water Works가 있다. 이 기업은 점유율 경쟁 걱정을 할 필요가 없지만 그 대신 연방 정부와 주 정부의 가격 규제를 받는다. 지루하게 느껴질 순 있지만 조금씩 꾸준히 주가가 오르는 기업이기도 하다.

이보쿠아는 상대하는 고객 자체가 기업과 산업 단위이기 때문에 직접적으로 관련 기업과 비교하기 어렵다. 섹터도 유틸리티가 아닌 산업재 섹터로 분류되어 있다. 이보쿠아는 일반적인 유틸리티 기업들이 수행하지 않는 혁신적인 수처리 기술을 개발해 기업 고객의 니치한 수요에 맞게끔 기술력을 갖춰나가고 있다는 점에서 다른 물 관련 업체들과 차별화된다. 최근에는 반도체 수율(결함이 없는 합격품의 비율, 불량률의 반대말)을 감소시키는 보론(다른 말로 붕소라고 한다. 화학 원소 중 하나로 준금속 계열에 해당)을 99.9% 이상 제거할 수 있는 장비를 출시했다. 금도 미국과 영국, 네덜란드, 독일, 인도에 연구 개발 시설을 갖춤으로써 끊임없는 기술 발전을 도모하고 있다. 그 결과, 현재까지 1600여 개에 달하는 기술 특허를 보유하고 있다.

'물 산업 투자' 하면 다소 막연하게 느껴질 수 있다. 매일 수도꼭지를 틀면 줄줄 나오는 물을 보면서 여기에 투자를 해보겠다고 생각하는 사람은 많지 않다. 하지만 물은 우리 삶에 절대 없어서는 안 될 필수 요소이다. 그리고 기후 변화와 환경 오염으로 인해 물을 '물 쓰듯이' 쓰면 큰일 나는 시대가 다가오고 있다. 이제부터 기업들은 각양각색의 오염된 물을 얼마나 깨끗하게 만들 수 있는지 기술력의 차이로 승부를 봐야 한다. 그리고 이러한 변화가 이보쿠아에게는 큰 기회가 될 수 있다.

물 산업 투자를 고려한다면 인간의 근본적 니즈와 획기적인 기술력이 매력적으로 만나 탄생한 이보쿠아를 들여다보면 어떨까.

이보쿠아 워터 테크놀로지스

2021년 하반기부터 매출 회복세

9월이 결산월인 이보쿠아는 코로나19 팬데믹 이전까지 연평균 매출 성장세가 8% 이상을 기록했다. 연간 매출 추세의 경우 기업 지출이 상대적으로 적은 10월부터 12월이 1분기에 해당함에 따라 이후 2분기부터 4분기까지는 증가하는 흐름을 나타낸다. 코로나19 팬데믹이 발생한 2020 회계연도에는 매출이 전년 대비 감소하기도 했지만 2021년 회계연도 3분기부터 회복하는 양상을 보이고 있다.

2022년 5월 3일에 발표한 2022 회계연도 2분기 실적에 따르면 매출은 전년동기 대비 23.1% 증가한 4억 2670만 달러로 예상치를 상회한 반면, EPS는 전년동기 대비 35.7% 증가한 0.19달러로 예상치를 하회했다. 하지만 연간 매출 가이던스를 상향하면서 향후 실적에 대한 자신감을 나타냈다.

이어 8월 2일에 발표한 3분기 실적에 따르면 매출은 18.8% 증가한 4억 3930만 달러로 예상치를 상회한 반면, EPS는 17.7% 감소한 0.14달러로 예상치를 하회했다.

● 최근 2년간 실적(12월 결산 및 Non-GAAP EPS 기준)

회계연도	분기	매출	영업이익	순이익	EPS	전분기 대비
FY2020	Q1	346.11	18.25	53.15	0.46	-407%
	Q2	351.66	21.16	7.81	0.07	600%
	Q3	347.83	33.07	21.38	0.18	350%
	Q4	383.86	44.54	31.31	0.26	2,500%
	합계	1,429.46	168.45	113.65	0.97	-1,313%
FY2021	Q1	322.19	16.23	6.43	0.05	-90%
	Q2	346.56	16.18	5.04	0.04	-43%
	Q3	369.68	28.31	13.16	0.11	-39%
	Q4	425.99	38.60	26.86	0.22	-15%
	합계	1,464.43	99.32	51.48	0.43	-56%

*매출 단위: 백만 달러, EPS 단위: 달러

EPS가 다소 부진했지만 큰 폭의 순매출 성장세를 바탕으로 연간 실적에 대한 자신감을 다시 한 번 표현했다. 참고로 지난 6월, 이보쿠아는 미네소타주 기반의 고순도 수처리 장비 업체인 스미스 엔지니어링(Smith Engineering)을 인수한다고 밝혔는데 오는 9월 2022 회계연도 마감 전에 인수를 완료할 예정이라고 한다.

벤치마크와는 상이한 주가 흐름

2017년 11월에 상장한 이보쿠아의 주가는 2022년 5월 5일 기준으로 40.27달러, 시가총액은 48억 8405만 달러이다. 최근 12개월간 주가는 41.65% 상승했고, 올해 들어서는 −13.86% 하락했으며 최고가는 48.71달러, 최저가는 27.99달러이다. 벤치마크인 러셀2000 지수와 비교해 보면 2020년 4월부터 현재까지 벤치마크 수익률을 꾸준히 상회하는 모습이다. 반면 올해 들어서는 벤치마크보다 하락세가 크게 나타나고 있다. 참고로 이보쿠아는 배당금을 지급하지 않고 있다.

● 상장 이후 이보쿠아 주가 추이 & 최근 3년간 주가 수익률 추이(벤치마크 지수 포함)

(단위: 달러)

구분	최근 1개월	최근 6개월	2022년 누적	최근 1년	최근 5년
이보쿠아	+4.84%	−21.28%	−23.49%	+11.10%	+80.22%
러셀2000	+3.55%	−16.32%	−18.56%	−23.02%	+30.19%

*6월 9일 기준

뉴지랭크US 종목 진단

종합 점수	모멘텀 점수	펀더멘탈 점수	베타	롱텀	엔벨
38	11	64	1.25	49	46

2022년 5월 31일 뉴지랭크US 종목 진단 결과 종합 점수는 38점으로 낮다. 모멘텀 점수는 11점으로 상대적으로 최근 수급과 거래량이 매우 좋지 않고, 펀더멘탈 점수는 64점으로 상대적으로 안정적인 재무 구조를 보이고 있다.

베타 지수는 1.25로 시장 변화에 큰 영향을 받고, 시즈널 지수의 경우 연중 최저점이 6월 초, 연중 최고점이 12월 말이며 그 차이가 70을 넘어 연간 주가 상승률이 높은 편이다. 롱텀 지수상 '허리'에 위치하고 있는 이보쿠아의 현재 주가는 엔벨 지수상 중심선을 횡보하고 있어 단기적으로 반등 가능성이 있다.

월가의 투자 의견 및 목표 주가

최근 3개월간 발표된 이보쿠아에 대한 6건의 월스트리트 투자 의견을 종합하면 '강력 매수'이고, 향후 12개월간 목표 주가는 최고 55.00달러, 최저 33.00달러, 평균 46.83달러로 현재가 대비 +31.58% 높은 상황이다.

• 최근 3개월간 월가의 투자 의견 및 목표 주가 종합

출처: Tipranks.com

• 최근 5개월간 월가의 투자 의견 및 목표 주가 현황

추천일	평가회사	애널리스트	투자등급	목표가	추천일종가
2022/05/06	Berenberg Bank	Andrew Buscaglia	매수	53.00	38.67
2022/05/04	RBC	Deane Dray	매수	45.00	39.56
2022/05/04	Oppenheimer	Bryan Blair	매수	50.00	42.30
2022/05/04	Stifel Nicolaus	Nathan Jones	매수	55.00	42.30
2022/05/03	Robert W. Baird	Michael Halloran	매수	45.00	40.31
2022/03/31	Robert W. Baird	Michael Halloran	매수	47.00	46.98
2022/03/28	Oppenheimer	Bryan Blair	매수	50.00	45.24
2022/03/15	Cowen	Joseph C Giordano	보유	33.00	43.34
2022/03/14	RBC	Deane Dray	매수	48.00	41.44
2022/02/25	Robert W. Baird	Michael Halloran	매수	47.00	43.39
2022/02/02	RBC	Andrew Krill	매수	50.00	42.07
2022/02/02	J.P. Morgan	Stephen Tusa	보유	40.00	42.07
2022/02/02	Credit Suisse	John Walsh	매수	48.00	42.07
2022/02/02	Citigroup	Andrew Kaplowitz	보유	46.00	42.07
2022/02/02	Robert W. Baird	Michael Halloran	매수	47.00	42.01
2022/02/01	Oppenheimer	Bryan Blair	매수	0	41.56
2022/01/19	Oppenheimer	Bryan Blair	매수	45.00	37.65
2022/01/04	RBC	Deane Dray	매수	55.00	46.45

출처: 키움증권 HTS 영웅문G (2022년 5월 기준)

최신 분석 결과가 궁금하다면?

뉴지랭크US 분석 결과

월가 의견 및 목표 주가

우리 집 전용 수도관 관리사
수질 관리도 이제 스마트하게!

Badger Meter, Inc.

- 종목명: 배저 미터 Badger Meter Inc
- 티커: BMI | 지수: 러셀2000 및 S&P600 | 섹터: IT > 전자 장비와 기기 및 부품 (유량계 및 계량 장치)

기업의 수질 관리는 이보쿠아, 그럼 우리 집 수질 관리는 누가?

바로 앞 장에서 환경 오염, 기후 변화에 따른 물 부족과 수질 오염에 대한 이야기를 나눴다. 핵심은 이보쿠아의 솔루션·장비를 통해 오염된 물이 정화되고, 기업들은 이 깨끗한 용수를 다시 활용하거나, 자연으로 돌려보낸다는 것이었다. 이어서 이번 챕터에서는 조금 더 우리 삶에 와닿는 이야기를 해보려한다. 실제로 우리가 집 혹은 회사에서 마시고 사용하는 물로 포커스를 옮겨보자. 나와 우리 가족이 마시는 물은 누가 관리하는 걸까? 관리를 한다 해도, 눈에 보이지 않는 구석구석을 완벽하게 관리한다는 게 가능한 걸까? 부엌 싱크대에서 물을 받아 끓이는 라면은 안전할까? 수도관이 너무 오래돼서 녹이

슬거나, (상상만으로도 꺼림칙하지만) 곰팡이나 이끼가 껴 있지는 않을까? 한 번쯤은 이런 걱정을 해본 적 있을 것이다. 이런 걱정을 말끔히 해결해 주는 기업이라면 관심을 가져볼 만하지 않겠는가? 이번 챕터에서는 스마트한 수질 관리의 선두 주자 배저 미터에 대해 알아보자.

물의 흐름에서 정보를 획득한다

배저 미터가 어떤 기업인지 알기 위해서는 조금은 생소하게 들릴 수 있는 '유량 계측'과 '유량 계측 기기'에 대한 이해가 우선되어야 한다. 유량Flow Rate이란, 쉽게 말해 관을 따라 흐르는 액체의 양을 말한다. 정해진 한 단위의 시간당 얼만큼의 액체가 흘러 갔는지를 양으로 표현한 수치이다. 부피를 재느냐, 무게를 재느냐에 따라 '체적 유량Volumetric Flow Rate'과 '질량 유량Mass Flow Rate'으

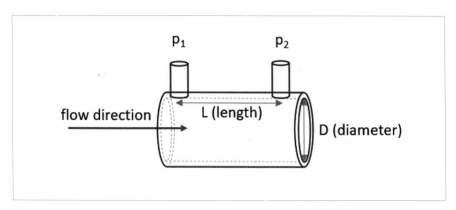

▲ 유량의 이해를 돕기 위한 그림 (출처: gigacalculator)

로 구분된다.

앞의 그림을 참고로 보자. 단위 시간이 1초라고 가정했을 때 1초의 시간 동안 관 속의 액체가 P1 지점에서 출발해 P2까지 도달했다면 이때 유량은 아래 원기둥 내부의 부피가 되는 것이다. 이는 부피·체적을 측정했으므로 '체적 유량'에 해당한다.

얼핏 보면 간단해 보이고 측정도 쉬워 보인다. 하지만 유량은 액체가 지나가는 속도(유속), 관 내부의 압력이나 온도 등 다양한 변수에 따라 민감하게 변화할 수 있기 때문에 이를 측정하는 것은 생각보다 간단한 문제가 아니다. 유량 계측 기기Flowmetering Instruments는 이런 다양한 변수를 감안해 유량을 측정해 주는 장비를 말한다. 흔히 업계에서는 양수기, 수량계, 또는 유량계라고도

▲ 배저 미터가 시작된 미국 밀워키 위치 (출처: shutterstock)

부른다. 배저 미터는 이러한 유량 측정 제품의 혁신을 이끈 기업으로 전 세계 수도 시설에 유량 측정과 수질 관리 서비스를 제공하는 기업이다.

배저 미터는 1905년 미국 북부 미시간 호수를 따라 위치한 위스콘신주의 밀워키Milwaukee에서 시작됐다. 밀워키는 연평균 114cm의 눈이 내릴 정도로 날씨가 매우 춥고 강풍이 많이 분다는 지리적 특성을 지닌다. 혹한기에는 영하 8도까지 치닫는 날씨에 수도와 유량계가 얼어붙어 물이 안 나오는 일이 허다했다. 유량계가 얼게 되면 수리하거나 새로 설치하는 비용이 상당했는데, 배저 미터의 초기 제품인 서리 방지 계량기frost proof water meter는 유량계 속 물이 얼어붙을 때 기계 내부의 압력을 조절해줌으로써 장비가 망가지지 않도록 돕는 역할을 했다.

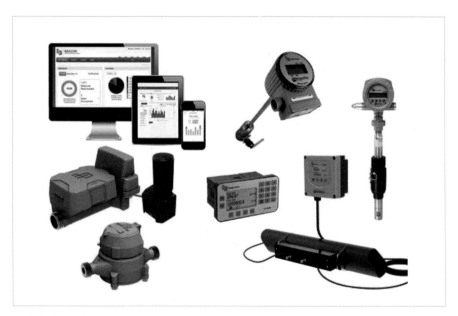

▲ 배저 미터의 제품들 (출처: badgermeter)

이후 배저 미터는 1960년에 선보인 '이지 리드 워터 미터'를 통해 최초로 뚜렷하고 숫자가 잘 읽히는 유량계를 출시하며 대성공을 거뒀고, 1990년대 후반에는 디지털 버전까지 내놓으면서 마침내 미국 최대 규모의 유량계 공급 업체로 거듭나게 됐다.

끊임없는 기술 혁신을 통해 지금은 유량뿐 아니라 액체의 탁도, pH, 염소, 질산염을 비롯 40여 가지의 물질을 측정할 수 있게 됐다. 배저 미터의 진짜 매력은 여기서부터 시작이다. 배저 미터는 기존 수도 계량기에 IT 기술을 접목해, 무선으로 우리 집 수도 상황을 원격 판독하는 서비스를 제공한다. 수도 내부에 광학 센서를 설치함으로써 수질이나 유량의 변화, 압력, 온도 등의 데이터를 실시간으로 측정하고, 휴대폰 앱을 통해 이 모든 실시간 데이터를 모

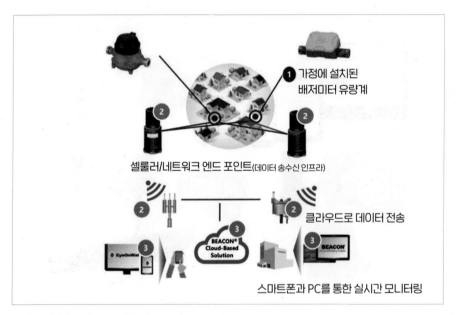

▲ 배저 미터의 스마트 워터 솔루션 (출처: badgermeter)

니터링할 수 있다. 수질에 오염이 발생하거나 누수가 생겼을 때 문제가 더 커지기 전에 바로 상황을 정확하게 파악한 뒤 필요한 곳만 최소한의 비용을 들여 효율적으로 수리할 수 있는 것이다. 이렇게 모인 방대한 데이터를 클라우드에 축적하고, 학습 효과를 통해 향후 발생할 수 있는 문제에 대해 미리 경고해 주는 기능도 있다.

숨어 있는 수요, 머지 않아 세상에 드러날 것

배저 미터의 잠재적 고객은 매우 많다. 현재 미국에는 약 5만 개의 수도 시설이 있고, 그중 절반은 앞으로 무선 스마트 워터 솔루션으로 전환될 것으로 추정된다. 뿐만 아니라 새로이 착공되거나 리모델링 되고 있는 다양한 주택과 건물들에서도 당연히 최신 무선 솔루션의 수요가 높을 수밖에 없다. 이렇게 수요가 높은 가운데 배저 미터는 스마트 워터 미터 시장 내 25%(추정)의 높은 점유율을 기록하고 있어 강한 수요의 수혜를 입을 것으로 예상된다. 게다가 전 세계 스마트 워터 미터 시장 규모가 2030년까지 매년 연평균 7.5%씩 증가할 것으로 기대된다는 점까지 감안한다면(얼라이드마켓리서치 리포트 참고), 성장하는 산업 내에서 높은 지위를 자랑하는 배저 미터를 주목해 볼 필요가 있겠다.

배저 미터

코로나19에도 꾸준하고 견실한 매출 성장세

12월이 결산월인 배저 미터는 최근 5년간 연평균 5%가 넘는 매출 성장세와 9%가 넘는 영업이익 증가세를 보여왔다. 연간 매출 추세의 경우 일부 차이는 있지만 1분기에서 4분기로 갈수록 증가하는 흐름을 나타낸다. 2020 회계연도 실적에서는 2분기에 실적이 소폭 감소한 이후 3분기부터 재차 증가하면서 코로나19 팬데믹의 영향도 매우 제한적이었음을 알 수 있다.

2022년 4월 19일에 발표한 2022 회계연도 1분기 실적에 따르면 전년동기 대비 매출은 12.4% 증가한 1억 3240만 달러, EPS는 4.3% 증가한 0.49달러를 기록했지만 모두 예상치에 미치지 못했다. 인플레이션 압력과 공급망 문제가 실적 부진의 원인인 가운데 불확실성을 이유로 가이던스를 제시하지 않아 향후 실적에 대한 우려를 낳았다.

반면 7월 20일에 발표한 2022 회계연도 2분기 실적을 살펴보면 매출은 12.2% 증

● 최근 2년간 실적(12월 결산 및 Non-GAAP EPS 기준)

회계연도	분기	매출	영업이익	순이익	EPS	전분기 대비
FY2020	Q1	108.51	16.02	11.85	0.41	11%
	Q2	91.12	12.66	9.53	0.33	-15%
	Q3	113.59	19.51	14.86	0.51	16%
	Q4	112.33	16.96	13.09	0.45	7%
	합계	425.54	65.16	49.34	1.70	4%
FY2021	Q1	117.84	17.75	13.78	0.47	15%
	Q2	122.87	18.68	13.97	0.48	46%
	Q3	128.74	19.44	15.86	0.54	6%
	Q4	135.75	22.86	17.28	0.59	31%
	합계	505.20	78.72	60.88	2.09	23%

*매출 단위: 백만 달러, EPS 단위: 달러

가한 1억 3783만 달러, EPS는 19.1% 증가한 0.57달러를 기록하면서 모두 예상치를 넘어섰다. 강력한 고객 수요와 효과적인 공급망 관리 및 가격 인상을 통해 기록적인 매출을 기록하며 실적에 대한 우려를 깨끗이 씻어냈다.

최근 하락세에도 견조한 주가 흐름과 배당

1984년 10월에 상장한 배저 미터의 주가는 2022년 5월 5일 기준으로 80.66달러, 시가총액은 23억 6082만 달러이다. 최근 12개월간 주가는 -12.09%, 올해 들어서는 -24.31% 각각 하락했으며 최고가는 110.76달러, 최저가는 80.43달러이다. 벤치마크인 러셀2000 지수와 비교해 보면 2020년 2월 이후 코로나19 팬데믹의 영향으로 벤치마크 수익률을 상회하고 있는데 최근 들어서는 벤치마크보다 다소 큰 하락률을 나타내면서 격차가 다소 줄어드는 모양새이다.

배저 미터는 분기 단위로 배당금을 지급하고 있으며 최근 1년간 배당금은 주당 0.80달러, 배당 수익률은 0.99%이다. 최근 5년간 연평균 배당 성장률은 +11.70%이며, 2006년 8월 이후 17년째 배당금을 상향해 지급해 왔다.

● 최근 5년간 배저 미터 주가 추이 & 최근 3년간 주가 수익률 추이(벤치마크 지수 포함)

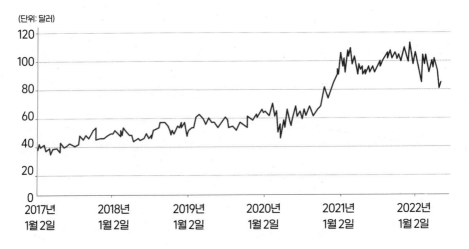

(단위: %) ── 베저 미터 ── 러셀2000

구분	최근 1개월	최근 6개월	2022년 누적	최근 1년	최근 5년
배저 미터	+2.07%	−27.17%	−25.41%	−15.05%	+94.35%
러셀2000	+3.55%	−16.32%	−18.56%	−23.02%	+30.19%

*6월 9일 기준

● 최근 5년간 배저 미터 배당 추이

구분	2017	2018	2019	2020	2021
배당 금액(달러)	0.49	0.56	0.64	0.70	0.76
전년 대비	+14.0%	+14.3%	+14.3%	+9.4%	+8.6%

*자료: Seekingalpha.com 및 Devidend.com

뉴지랭크US 종목 진단

종합 점수	모멘텀 점수	펀더멘탈 점수	베타	롱텀	엔벨
50	41	59	1.3	41	59

2022년 5월 31일 뉴지랭크US 종목 진단 결과 종합 점수는 50점으로 양호하다. 모멘텀 점수는 41점으로 상대적으로 최근 수급과 거래량이 양호하고, 펀더멘탈 점수역시 59점으로 상대적으로 양호한 재무 구조를 보이고 있다.

베타 지수는 1.3으로 시장 변화에 큰 영향을 받아 상승장에 유리하고, 시즈널 지수의경우 연중 최저점이 1월 말, 연중 최고점이 12월 말이며 그 차이가 50을 넘어 연간 주가 상승률이 조금 높은 편이다. 롱텀 지수상 '허리'에 위치하고 있는 배저 미터의 현재주가가 엔벨 지수상 중심 선을 횡보하고 있어 단기적으로 반등 가능성이 있다.

월가의 투자 의견 및 목표 주가

최근 3개월간 발표된 배저 미터에 대한 4건의 월스트리트 투자 의견을 종합하면'보유'이고, 향후 12개월간 목표 주가는 최고 125.00달러, 최저 88.00달러, 평균101.00달러로 현재가 대비 +27.62% 높은 상황이다.

• 최근 3개월간 월가의 투자 의견 및 목표 주가 종합

출처: Tipranks.com

• 최근 13개월간 월가의 투자 의견 및 목표 주가 현황

추천일	평가회사	애널리스트	투자등급	목표가	추천일종가
2022/04/22	Berenberg Bank	Andrew Buscaglia	보유	95.00	83.56
2022/04/20	Maxim Group	Tate Sullivan	매수	125.00	87.52
2022/04/20	Stifel Nicolaus	Nathan Jones	보유	88.00	87.90
2022/04/19	Robert W. Baird	Robert Mason CFA	보유	96.00	87.56
2022/03/24	Robert W. Baird	Robert Mason CFA	보유	100.00	98.87
2022/02/22	Robert W. Baird	Robert Mason CFA	보유	100.00	99.17
2022/01/31	Maxim Group	Tate Sullivan	매수	125.00	97.18
2022/01/31	Stifel Nicolaus	Nathan Jones	보유	93.00	99.19
2022/01/31	Robert W. Baird	Robert Mason CFA	보유	100.00	97.18
2022/01/25	Robert W. Baird	Robert Mason CFA	보유	104.00	89.50
2021/10/20	Berenberg Bank	Andrew Buscaglia	보유	102.00	104.07
2021/10/18	Maxim Group	Tate Sullivan	보유	0	102.24
2021/10/17	Robert W. Baird	Robert Mason CFA	보유	104.00	0
2021/10/11	Stifel Nicolaus	Nathan Jones	보유	95.00	100.51
2021/07/21	Maxim Group	Tate Sullivan	보유	0	98.59
2021/07/20	Robert W. Baird	Robert Mason CFA	보유	92.00	100.53
2021/04/21	Maxim Group	Tate Sullivan	보유	0	94.79
2021/04/20	Robert W. Baird	Richard Eastman	보유	92.00	90.57

출처: 키움증권 HTS 영웅문G (2022년 5월 기준)

최신 분석 결과가 궁금하다면?

뉴지랭크US 분석 결과

월가 의견 및 목표 주가

자동차보다 빠르고, 여객기보다 편리한
미래의 공중 운송 대표 기업

- 종목명: 조비 에비에이션 Joby Aviation Inc
- 티커: JOBY | 지수: 러셀2000 | 섹터: 산업재 > 항공 (항공기)

'하늘을 나는 자동차', 먼 미래의 일이 아니다

초등학교 시절, 학교 미술 시간에 '미래 도시를 그려보라'는 주제를 받아본 경험이 한 번쯤은 있을 것이다. 많은 아이들의 그림에 높은 빈도로 등장한 요소가 무엇이었는지 기억을 더듬어 보자. 그 시절 가장 '핫' 했던 '미래템'은 하늘을 나는 자동차였다. 2020년대 즈음이면 도로가 아닌 하늘을 가로지르는 이동 수단이 나타날 것이라고 굳게 믿었지만, 애석하게도 아직 우리 곁에 오지 않은 미래다. 다만, 향후 몇 년 안에는 실현 가능한 '가까운 미래'일지도 모른다는 점은 고무적이다. 어린 시절 상상에 그치지 않고, 그 그림을 구현하기 위해 실제로 움직이는 기업이 있기 때문이다.

'하늘을 나는 이동수단'을 만드는 조비 에비에이션(이하 조비) 역시 창립자의 초등학생 시절 아이디어에서 출발했다. 캘리포니아 북부의 히피 공동체에 거주했던 조벤 비버트JoeBen Bevirt는 집에서 학교까지 매일 5마일을 걸어야 했다. 그는 어린 시절의 경험을 통해 '언젠가는 하늘을 날아다니는 자동차가 있겠지'와 같은 막연한 상상이 아닌, 혁신적 이동 수단의 현실화 필요성을 몸소 느낄 수밖에 없었다.

비버트가 생각한 미래의 운송 수단은 '자동차보다는 빠르고, 여객기보다는 편리한 그 무엇'이었던 듯하다. 그래서일까. 그의 회사 조비는 미래 운송 수단으로 가장 유력하게 꼽히는 전기 수직 이착륙 항공기all-electric Vertical Take-Off and Landing aircraft, eVTOL 개발에 매진하고 있다.

'화성에 가겠다'는 일념하에 갖가지 상상을 현실로 만든 테슬라 창립자 일런 머스크처럼 어릴 적 품은 꿈을 향해 달려가는 비버트가 그리는 미래 운송 수단 조비에 대해 더 자세히 알아보자.

▲ 조비 에비에이션의 설립자 조벤 비버트 (출처: 조비 에비에이션 공식 인스타그램)

이제는 지상이 아닌 하늘로

2022년 상반기, 우리나라에도 도심 항공 교통Urban Air Mobility, UAM 관련주 열풍이 강하게 불었다. 인구가 증가하고, 도심화가 진행되면서 지상을 기반으로 하는 교통 수단의 발전은 한계에 봉착했다. 전 세계의 도시를 도시 지역과 비도시 지역으로 나눠 본다면 현재 지구 인구의 50퍼센트는 도시에서 살아가고 있다. 또한 세계에서 규모로 10위 안에 드는 대도시에만 3억 명 이상의 사람들이 살고 있다. 지금도 사실상 도시 인구는 포화 상태라 할 수 있지만 문제는 여기서 끝이 아니다. UN에서는 2050년까지 도시 인구가 25억 명가량 더 증가할 것으로 내다보고 있다. 도시의 생명은 교통 수단이기에 도시 인구 증가는 필연적으로 교통 발전으로 이어진다.

이번 챕터에서 소개할 조비 역시 시장에서 도심 항공 교통 관련주로 여러 번 꼽힌 기업이다. 2009년 설립돼 미국 캘리포니아에 본사를 두고 있으며, 2021년 스팩SPAC 합병을 통해 나스닥 입성에 성공했다. 조비가 개발 중인 전기 수직 이착륙 항공기는 2024년 상용화를 목표하고 있다. 2022년 6월까지 알려진 바로는 미국 연방항공국FAA으로부터 G-1(상업 비행용 허가의 일종으로 '에어택시'를 목표로 하는 조비에게는 필수적인 인증이라 할 수 있다. 총 4단계로 이루어져 있다) 인증을 획득한 eVTOL을 확보한 곳은 조비가 유일하다(2019년 G-1[2단계] 인증, 2020년 G-1[4단계] 인증 획득).

그렇다면 에어택시와 함께하는 도시인들의 생활은 어떻게 바뀔까? 우선 이동 시간을 획기적으로 아낄 수 있을 것으로 전망된다. 조비에 따르면 뉴욕 도심의 헬리포트에서 JFK 공항까지 차로 49분 정도 걸리는 거리를 조비를 이용하면 단 7분 만에 주파할 수 있다고 한다.

▲ G-1(4단계) 인증을 받은 조비의 전기 수직 이착륙 항공기 S4 (출처: jobyaviation)

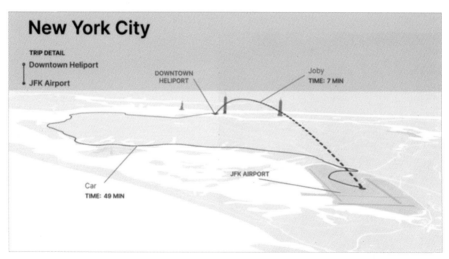

▲ 도심에서 공항까지 차로는 44분, 에어택시로는 7분이 소요된다. 이동 시간을 획기적으로 줄일 수 있는 조비의 에어택시 (출처: jobyaviation)

조비, '빛 좋은 개살구'가 아닌 이유?

현재 전 세계적으로 250개가 넘는 기업들은 자신들이 에어택시를 통한 교통
수단 혁명을 선도하기를 꿈꾸고 있다. 이때 '정말 이 많은 기업이 모두 성공할
까?'라는 의구심, 혹은 '경쟁이 너무 치열한 것 아닐까?' 하는 우려가 들 수도
있겠다. 그렇다면 조비가 허울뿐이 아닌, 내실 있는 기업이라는 것을 어떻게
알 수 있을까?

먼저, 창립자인 비버트의 이력에서 조비의 기술력에 대한 힌트를 찾을 수
있다. 비버트는 조비 이전에 이미 두 차례의 기업 설립 경험이 있다. 1999년
에는 DNA 염기서열 분석용 로봇을 개발하는 베로시티11Velocity 11을 공동 설
립했고, 2005년엔 카메라 삼각대 제조업체 조비Joby Inc를 세웠다. 조비의 대

▲ 지형지물과 상관없이 카메라를 안정적으로 지탱할 수 있는 조비의 고릴라 포드 (출처: jobyaviation)

표 상품인 고릴라 포드GorillaPod는 사진에 관심 있는 사람들이라면 한 번쯤은 들어봤을 브랜드다. 고릴라 팔을 닮은 지지대로 지형지물을 극복해 안정적으로 촬영할 수 있는 도구다.

이 두 기업의 성공으로 조비의 기틀이 마련되었다. 비버트가 앞서 성공한 회사들을 매각해 조비의 설립 자금을 마련했기 때문이다. 이러한 이력에서 짐작할 수 있듯, 비버트는 사업적 수완도 뛰어날 뿐 아니라 발명가이자 엔지니어라는 본업을 지니고 있다. 특히, 비행 기술과 관련한 특허만 20개 이상 보유하고 있는 것으로 알려져 있다. 조비에서 주목받는 인물은 비버트뿐만이 아니다. 지난 2021년 말, 애플의 자율주행 레이더 시스템 개발의 수석 엔지니어였던 에릭 로저스Eric Rogers가 조비로 이적했다는 소식이 업계의 헤드라인을 장식하기도 했다.

전기 수직 이착륙 항공기eVTOL 개발을 진행 중인 기업 가운데 대다수는 아직까지 초기 프로토타입Tech-demonstrator 단계에 머물러있다. 단순한 디자인 컨셉을 넘어서 실제 기체를 만들거나 시험 비행 단계에 돌입한 기업은 사실상 그리 많지 않다. 즉, 조비는 현재 현실화 능력을 갖춘, 글로벌 기준으로 탑티어에 속하는 유일한 기업이라고 말할 수 있겠다.

유수의 기업들과 적극적인 협력을 해나가고 있다는 점도 긍정적이다. 우선 조비는 2020년 일본의 도요타로부터 400억 엔이 넘는 출자를 받아 주목을 받은 바 있다. 이후 우버의 에어택시 부문인 '우버 엘리베이트Uber Elevate'를 인수하면서 '하늘 위의 라이드쉐어'라는 목표를 공고히 하기도 했다. 물론 조비는 인수 시점보다 훨씬 이전부터 전기 수직 이착륙 항공기 기술을 연구해 왔지만, 우버의 소프트웨어와 인적 자원이 더해진다면 조비의 에어택시 서비스가 상용화되는 시점이 앞당겨질 것이라는 전망이 나온다. 상용화 이후 우버 앱을 통해 조비의 서비스를 이용할 수 있을 것으로 예상된다.

기체 운용에 파일럿이 필요한 만큼, 비행 훈련 선도 기업인 CAE와의 파트너십을 통해 비행 시뮬레이션 트레이닝 개발에도 힘쓰고 있다. 2022년 초에는 SK텔레콤이 국내 도심 항공 교통 시장 선점을 위해 조비와 전략적 업무 협약을 맺으며 화제가 되기도 했다.

기술력 다음으로 꼽을 수 있는 조비만의 특별한 점은 실용성이다. 조비의 가장 최신 기체인 S4는 1회 충전에 최대 150마일(241km)을 200mph(321km/h)의 속도로 비행할 수 있다. 조비의 경우 최대 4명의 승객을 태울 수 있는데, 조비의 경쟁 기업으로 꼽히는 독일 볼로콥터의 볼로커넥트Voloconnect 역시 3~4인 탑승에 최대 100km까지 비행이 가능하다(기존 모델인 볼로시티의 경우 탑승객 2인, 비행 가능 거리는 35km이었다). 하지만 볼로커넥트 모델이 아직 프로토

▲ 2인 탑승이 가능한 볼로콥터의 볼로시티 (출처: volocopter)

타입 단계에 불과하다는 점을 고려해야 한다. 타 경쟁 업체들의 수송 인원이 대부분 1~2인에 그친다는 사실을 고려한다면, 실용성 면에서 비교 우위에 있다고 할 수 있겠다.

도심 운용을 목적으로 하는 서비스인 만큼, 도시인들의 일상 속에 자연스럽게 스며들기 위해 반드시 해결해야 하는 과제가 있다. 바로 소음 문제다. 조비 홈페이지에 접속해 보면, '대화소리만큼 조용하다Quiet as a Conversation'는 슬로건과 함께 2022년 5월 NASA와 함께 진행한 소음 테스트 기준에 합격했으며, 혁신적일 정도로 적은 소음을 기록했다는 점을 홍보하고 있다. 소음이 가장 심한 이착륙 시를 기준으로 해도 65dBA(사람 간의 평상시 대화 소음과 동일한 수준) 이하, 순항 시 40dBA정도의 낮은 수준이라는 점이 확인된 것이다.

안전성 면에서도 안심할 수 있다는 평가를 받는다. 조비가 개발하고 있는 기체는 여섯 개의 프로펠러를 통해 움직이며 동력은 전기 엔진이다. 각각의

● 조비의 경쟁사들, 어디까지 와있나

	조비	키티호크 Kitty Hawk (미국)	볼로콥터 Volocopter (독일)	릴리움 Lillium (독일)	이항 EHang (중국)
비행 가능 거리	240km	160km	100km	250km	35km
탑승 인원 (파일럿 포함)	5명	1명	5명	7명	2명
시험 비행 횟수	1000회 이상	알려지지 않음	알려지지 않음	50회	수천 회
기체 타입	벡터드 스러스트 (Vectored thrust)	벡터드 스러스트 (Vectored thrust)	리프트 플러스 크루즈 (Lift+Cruise)	벡터드 스러스트 (Vectored thrust)	멀티콥터 (Multicopter)

*2022년 6월 기준

프로펠러에는 예비 모터와 인버터가 장착돼 있어 비상 시 긴급 착륙을 위한 단거리 운행이 가능하도록 설계되어 있다. 앞의 표는 조비를 포함한 현재 도심 항공 교통 시장의 주요 경쟁사들의 특징을 비교한 표이다. 스펙 부문, 개발 부문에서도 월등하지만, 기체 생산과 서비스 모두를 운용한다는 점을 고려하면 조비의 위치는 더욱 독보적이다.

조비, 테슬라를 잇는 또 하나의 텐베거가 될까

조비의 향후 목표는 크게 세 가지다. 기체에 대한 최종 승인, 기체 생산 규모 증대, 2024년 상용화 서비스가 바로 그것이다. 조비를 두고 미디어에서는 '제2의 테슬라'가 될 것이라 기대하는 목소리도 나온다. 테슬라는 창립 이후 오랜 기간 동안 생존 전망 면에서 불투명하다는 지적을 받았고, 그 기간 동안 주가 역시 부진했던 흑역사를 지니고 있다. 그러나 2018년 '모델3'의 안정적인 양산에 성공했고, 2019년 흑자 전환에 성공했다. 지금도 많은 전기차 기업들이 테슬라 대항마를 표방하며 테슬라처럼 텐베거가 될 것이라는 기대감을 불러일으키고 있음에도 본격적인 양산에 돌입하지 못하는 부진한 모습을 보이고 있다. 실제로 비버트는 초기 전기차들이 그랬던 것처럼, 모터와 프로펠러 등 모든 것을 자체적으로 만들어내는 것이 어려운 일이었다고 언급한 바 있다.

그렇다면 조비의 기체 생산 수준은 현재 어느 정도까지 와 있을까? 조비는 캘리포니아 마리나시에 대규모 생산 시설을 건설, 기체 양산을 준비하고 있는데, 이는 글로벌 경쟁 업체 중 가장 빠른 수준이다. 아직 구체적인 생산량을 언급할 단계는 아니라는 점은 아쉽다. 그러나 조비의 오랜 투자자인 도요타가 제조공정 개발 및 대량 생산에 대한 지식을 적극적으로 지원하고 있는 만큼, 조비의 생산 능력에도 박차가 가해질 것으로 기대된다. 2022년 1분기 실적 보고서에 따르면 현재 첫 번째 시제품 항공기 제조를 위한 대형 복합 부품 대부분이 제조 완료되었다고 한다.

조비가 생산한 기체는 오로지 조비 자체 서비스 혹은 파트너의 서비스에만 활용될 것이며 써드 파티(하드웨어나 소프트웨어 등의 제품을 제조하는 메이커나 계약 회사 또는 기술 제휴를 하고 있는 기업 이외의 기업을 총칭하는 말)나 개인에게는 판매하지 않을 예정이라고 한다. 이는 조비가 향후 운용할 서비스만으로도 경제적 가치를 창출하거나 탑승자의 안전을 추구하는 데에 문제가 없다는 자신감의 표명이라고 할 수 있다. 도요타나 일본 최대 항공사인 ANA(전일본공수), 우버,

▲ 조비 에비에이션의 화려한 투자자 라인업 (출처: jobyaviation)

미 공군과 같은 회사·기관과의 파트너십이 이를 뒷받침한다.

물론 상용화 목표가 2024년이기 때문에 지금은 매출이 잡히지 않는 적자 기업이라는 사실은 우려되는 점이다. 그러나 도요타를 중심으로 1조 원 이상 의 투자 유치금을 확보하고 있다는 점과 제시한 타임라인대로 인증 획득, 생 산 계획 등을 착실히 이행하고 있다는 점, 시장 성장성 등을 고려한다면 초기 선점을 고려해 볼 만한 충분히 매력적인 기업이다. 모건스탠리는 도심 항공 교통 시장이 2020년 70억 달러(약 7조 8400억 원)에서 2040년 1조 4740억 달러 (약 1651조 원)까지 늘어날 것으로 전망하고 있다. 이 계산에 따르면 도심 항공 교통 시장의 연평균 성장률은 30.7%에 달한다.

2022년 5월, 조비가 미국 연방 항공국의 Part 135(상용화 관련) 최종 인증 획 득에 성공했다는 낭보가 들려왔다. 미국 내에서 에어택시 서비스를 운영하기 위해 꼭 필요한 Part 135 인증은 총 5단계로 구성되어 있다(인증을 위한 매뉴얼만 850페이지가 넘는다고 한다). 2021년 6월 인증 획득 절차에 돌입할 당시 목표 시 점이었던 2022년 하반기보다 훨씬 빠르게 진행되었다. 2024년 상용화를 앞 두고 2023년까지 필요한 인증을 모두 획득하는 것이 조비의 목표다. 이번 조 기 상용화 인증으로 최종 상용화를 향한 조비의 타임라인도 그만큼 당겨질 수 있다는 낙관적인 전망을 해볼 수 있겠다.

조비 에비에이션

2022년 기대감을 높이는 모멘텀

12월이 결산월인 조비는 현재까지 매출이 없는 상황이다. 2022년 5월 12일에 발표한 2022 회계연도 1분기 실적에 따르면 매출이 없는 상황에서 EPS가 전년동기 대비 70% 개선된 -0.11달러를 기록했다. 항공기 인증, 생산, 상업 운항의 영역에서 의미 있는 진전을 이루어가고 있다고 발표하면서 앞으로의 기대감을 높였다.

올해 들어 급락세를 나타내고 있는 주가 흐름

2021년 8월에 상장한 조비의 주가는 2022년 5월 5일 기준으로 5.28달러, 시가총액은 31억 9998만 달러이다. 최근 12개월간 주가는 -46.67%, 올해 들어서는 -27.67% 각각 하락했으며 최고가는 13.40달러, 최저가는 3.63달러이다. 벤치마크인 러셀2000 지수와 비교해 보면 상장 후 2021년 초까지는 벤치마크를 그런대로 따라가는 듯했으나, 이후로는 급락세를 나타내면서 벤치마크와 큰 격차를 보이고 있다. 한편 조비는 배당금을 지급하지 않고 있다.

● 상장 이후 2년간 실적(12월 결산 및 Non-GAAP EPS 기준)

회계연도	분기	매출	영업이익	순이익	EPS	전분기 대비
FY2021	Q1	–	-1.29	40.61	0.47	–
	Q2	–	-1.00	0.83	0.01	–
	Q3	–	-67.70	-78.86	-0.20	–
	Q4	–	-77.19	5.05	0.01	–
	합계	–	-259.09	-180.32	-0.61	–

*매출 단위: 백만 달러, EPS 단위: 달러

● 상장 이후 조비의 주가 추이 & 주가 수익률 추이(벤치마크 지수 포함)

(단위: 달러)

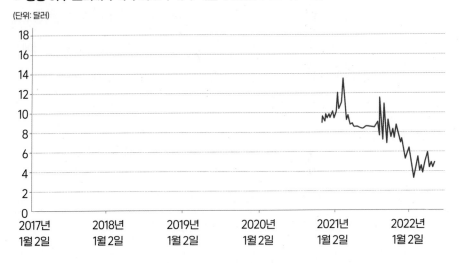

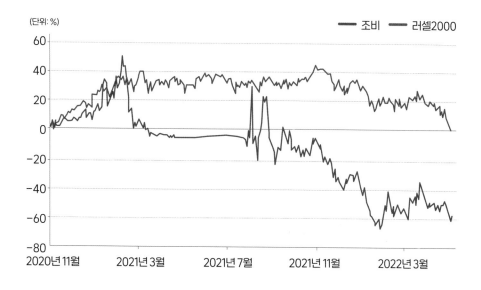

(단위: %) ── 조비 ── 러셀2000

구분	최근 1개월	최근 6개월	2022년 누적	최근 1년	최근 5년
조비	+6.22%	−28.05%	−33.82%	−50.89%	—
러셀2000	+3.55%	−16.32%	−18.56%	−23.02%	+30.19%

*6월 9일 기준

뉴지랭크US 종목 진단

종합 점수	모멘텀 점수	펀더멘탈 점수	베타	롱텀	엔벨
48	87	10	0.15	100	85

상장 3년 미만의 경우 모멘텀, 베타, 엔벨 등 일부만 유효한 의미를 갖는다. 2022년 5월 31일 뉴지랭크US 종목 진단 결과 종합 점수는 48점으로 양호하다. 모멘텀 점수는 87점으로 상대적으로 최근 수급과 거래량이 매우 좋고, 펀더멘탈 점수는 10점으로 상대적으로 매우 부진한 재무 구조를 보이고 있다.

베타 지수는 0.15로 시장 변화에 별다른 영향을 받지 않고, 현재 주가가 엔벨 지수상 중심선을 강하게 상회하고 있어 단기적으로 조정 가능성이 있다.

월가의 투자 의견 및 목표 주가

최근 3개월간 발표된 조비에 대한 4건의 월스트리트 투자 의견을 종합하면 '매수'이고, 향후 12개월간 목표 주가는 최고 12.00달러, 최저 6.00달러, 평균 9.00달러로 현재가 대비 +52.54% 높은 상황이다.

• 최근 3개월간 월가의 투자 의견 및 목표 주가 종합

출처: Tipranks.com

• 최근 9개월간 월가의 투자 의견 및 목표 주가 현황

추천일	평가회사	애널리스트	투자등급	목표가	추천일종가
2022/05/13	Morgan Stanley	Kristine Liwag	매수	12.00	5.33
2022/05/13	J.P. Morgan	Bill Peterson	보유	6.00	5.38
2022/04/28	J.P. Morgan	Bill Peterson	보유	7.00	4.96
2022/04/11	Deutsche Bank	Edison Yu	보유	8.00	5.24
2022/04/05	Cantor Fitzgerald	Andres Sheppard	매수	10.00	5.88
2022/01/18	Barclays	David Zazula	보유	6.00	5.58
2021/09/23	Morgan Stanley	Kristine Liwag	매수	16.00	10.57

출처: 키움증권 HTS 영웅문G (2022년 5월 기준)

최신 분석 결과가 궁금하다면?

뉴지랭크US 분석 결과

월가 의견 및 목표 주가

취미용 No, 촬영용 No
전쟁의 신, 드론으로 환생하다

KROTOS®
PUBLIC SAFETY & SECURITY SOLUTIONS, INC.

- 종목명: 크래토스 디펜스 앤 시큐리티 솔루션즈 Kratos Defense & Security Solutions Inc
- 티커: KTOS | 지수: 러셀2000 | 섹터: 산업재 > 우주항공 및 방위 (전자 및 미션 시스템)

우크라이나 전쟁으로 다시금 떠오른 군사력의 중요성

2022년 2월 24일, 러시아가 우크라이나를 무력 침공하며 되살아난 전쟁의 망령에 전 세계는 패닉에 빠졌다. 젊은 우리 세대에게는 6·25 한국전쟁과 같이 교과서에서나 듣던, 역사 속 잊힌 일이라고 여겨졌던 '전쟁'이나 '침공'과 같은 단어를 지금 눈앞에서 마주한다는 것은 그만큼 이질적이고 또 무서운 일이다. 제3차 세계대전이 일어나는 건 아닌가 하는 두려움도 필자만의 생각은 아니었을 것이다.

1990년대 초반까지 영국에서 벌어졌던 아일랜드 공화국군 IRA의 조직적 테러, 2001년 9·11 테러 등 몇몇 큰 사건을 거쳐오기는 했으나 이는 어디까지나 테러였지 전쟁이 아니었다. 또한 전쟁이라고 하면 중동이나 아프리카에서의 내전이 대부분이었던 상황에서 이번 러시아와 우크라이나 간 전쟁은 유럽 등 서방 국가뿐만 아니라 우리에게도 큰 충격을 던져주었다. 그리고 전쟁은 월가의 모든 이슈를 삼켜버렸고, 방산 업체들의 주가는 연일 신고가를 경신하면서 고공 행진하는 모습을 보이기도 했다.

2020년대 들어 인류의 삶을 송두리째 흔들어놓은 코로나19가 엔데믹으로 전환되는 양상을 보이자 그동안 잠잠했던 국가간 갈등이 서서히 수면 위로 드러나는 양상이다. 미국과 중국, 미국과 러시아, 중동 지역, 북한 등지에서의 지정학적 긴장감 때문에 국방에 대한 중요성을 더욱 강조하는 목소리가 어느 때보다 높아졌다. 특히 유럽 주요 국가들은 잇달아 군비 증강을 선언하며 국방 예산을 대폭 늘리고 있다.

가장 앞선 국가는 독일이다. 제2차 세계대전 이후 사실상 국방에 대한 지출을 최소화해 온 독일은 러시아의 우크라이나 침공 직후, 국방비를 GDP의 2% 이상으로 대폭 늘리겠다고 선언한 바 있다. 올라프 슐츠 독일 총리는 "러시아가 우크라이나를 공격한 2월 24일은 역사의 전환점이 됐다. 우리의 자유와 민주주의를 지키기 위해서 국방비 증액이 절대 필요하다"고 말했다. 실제로 독일 정부는 지난 3월 14일 미국 록히드 마틴의 스텔스 전투기 F35를 35대 구매하며 도입한 지 40년이 넘은 토네이도 전투기를 대체한다고 발표했다.

이어 덴마크, 스웨덴 등도 독일과 비슷한 움직임을 보이고 있는데 스웨덴의 경우 중립국으로 국방비를 지속적으로 감액해 왔고, 최근에는 GDP의 1% 미만 수준까지 축소했다. 하지만 러시아의 우크라이나 침공 이후 '가능한 한

빨리' GDP의 2% 수준까지 국방비 지출을 늘릴 것임을 선언했다.

이처럼 세계 각국이 군사력 증강을 외치는 시대에 투자자의 입장으로 방산 기업 하나쯤 관심 종목으로 챙겨보면 어떨까? 그래서 소개한다. 이번 챕터의 주인공은 크래토스 디펜스 앤 시큐리티 솔루션즈(이하 크래토스)다.

캐시 우드가 선택한 '전쟁의 신'

크래토스는 1994년 미국 캘리포니아주 샌디에이고에서 출발한 기업이다. 회사 이름에서부터 이 기업의 모토가 느껴지는데, 크래토스는 고대 그리스 신화에서 등장하는 폭력의 신 비아와 승리의 여신 니케의 형제이자 전쟁의 신으로 알려져 있다.

크래토스에 대해 살펴보기 전에 먼저, 지난 2020년에 전 세계 투자자에게 새로운 투자 귀재이자 '돈나무 언니'로 잘 알려진 캐서린 우드Catherine D. Wood 와 그녀가 이끄는 아크 인베스트ARK Invest는 2021년에 8번째 상품으로 우주 테마 ETF인 'ARK Space Exploration & Innovation ETF(이하 ARKX)'를 출시했다. 이 ETF는 우주 분야와 직간접적으로 관련된 39개의 종목에 투자하는 상품인데 여기에 바로 크래토스가 편입되어 있다는 사실! 2021년 말 기준으로 그 비중이 전체의 6.4%로 3위를 차지하고 있다. 또한 아크 인베스트의 중흥을 이끈 자동화 및 로보틱스 테마 ETF인 'ARK Autonomous Technology & Robotics ETF(이하 ARKQ)'도 크래토스를 보유하고 있는데 전체의 7.6% 비중으로 2위를 차지하고 있다. 2022년 3월 16일 기준으로는

▲ 아크 인베스트먼트의 창업자이자 CEO 캐서린 우드, '캐시 우드'라는 닉네임으로 익숙하다. (출처: ark-invest)

ARKX에서 8.95%로 1위, ARKQ에서 8.94%로 2위에 자리하고 있다. 그야 말고 캐시 우드의 지대한 관심을 받고 있는 기업이다. 어떤 점이 그녀에게 그리 매력적으로 보였을까?

크래토스가 영위하고 있는 사업 부문은 드론을 비롯한 무인 시스템, 우주·위성 통신, 미사일 방어, 전투 훈련, 감시 및 정찰Command, Control, Computers, Communications, Cyber, Intelligence, Surveillance and Reconnaissance, C5ISR 등이며 크래토스의 주 고객은 미 국방부와 육·해·공군 및 유관 기관들이다. 육·해·공군 모두 크래토스의 무기 하나쯤은 사용중인 점을 고려할 때, 미국의 군사력과 함께 성장하는 기업이라 해도 과언이 아닐 것이다.

크래토스는 RPG 게임으로 따지면 궁수나 마법사와 같은 원거리 공격을 지원하는 무기 업체라 할 수 있겠다. 인간의 접근이 어려운 곳이나 비행 금지 환경에서도 군사 활동이 가능하도록 지원한다. 그렇다면 크래토스의 주력 제

ARKX
ARK Space Exploration & Innovation ETF

	Company	Ticker	CUSIP	Shares	Market Value ($)	Weight (%)
1	TRIMBLE INC	TRMB	896239100	477,573	$28,802,427.63	9.57%
2	KRATOS DEFENSE & SECURITY	KTOS	50077B207	1,680,103	$23,471,038.91	7.80%
3	IRIDIUM COMMUNICATIONS INC	IRDM	46269C102	548,755	$21,401,445.00	7.11%
4	AEROVIRONMENT INC	AVAV	008073108	246,908	$21,120,510.32	7.02%
5	L3HARRIS TECHNOLOGIES INC	LHX	502431109	78,106	$18,633,748.42	6.19%
6	KOMATSU LTD	6301	6496584	807,288	$17,255,781.00	5.74%
7	THE 3D PRINTING ETF	PRNT	00214Q500	774,525	$16,838,173.50	5.60%
8	UIPATH INC - CLASS A	PATH	90364P105	491,777	$10,435,507.94	3.47%
9	DASSAULT SYSTEMES SE	DSY FP	BM8H5Y5	236,166	$8,920,711.71	2.97%
10	JD LOGISTICS INC	2618	BNMBPD9	4,214,826	$8,819,380.53	2.93%

ARKQ
ARK Autonomous Tech. & Robotics ETF

	Company	Ticker	CUSIP	Shares	Market Value ($)	Weight (%)
1	TESLA INC	TSLA	88160R101	154,327	$113,218,917.01	9.88%
2	KRATOS DEFENSE & SECURITY	KTOS	50077B207	6,359,909	$88,847,928.73	7.75%
3	TRIMBLE INC	TRMB	896239100	1,402,381	$84,577,598.11	7.38%
4	UIPATH INC - CLASS A	PATH	90364P105	3,924,877	$83,285,889.94	7.27%
5	IRIDIUM COMMUNICATIONS INC	IRDM	46269C102	1,612,856	$62,901,384.00	5.49%
6	KOMATSU LTD -SPONS ADR	KMTUY	500458401	2,658,422	$57,554,836.30	5.02%
7	AEROVIRONMENT INC	AVAV	008073108	633,432	$54,183,773.28	4.73%
8	DEERE & CO	DE	244199105	159,304	$48,423,636.88	4.23%
9	TERADYNE INC	TER	880770102	362,665	$33,191,100.80	2.90%
10	BYD CO LTD-UNSPONSORED ADR	BYDDY	05606L100	357,379	$30,169,935.18	2.63%

▲ 2022년 6월 7일 기준 ARKX와 ARKQ의 보유 상위 10개 종목. 크래토스가 모두 2위 비중을 차지하고 있다.

(출처: ark-invest)

품군은 무엇일까?

AI, 인간을 지키기 위해 인간과 싸우다

러시아의 우크라이나 침공 초기, 우크라이나군의 드론이 러시아군 트럭, 장갑차 등을 공격해 파괴하는 장면이 SNS를 통해 전 세계의 이목을 끈 바 있다. 당시 사용된 전투용·정찰용 드론은 터키와 우크라이나산으로 알려졌는데 이를 통해 현대 전투에서 드론이 군사력의 열세를 극복할 수단으로 적합하다는 사실이 입증되었다. 이러한 저가형 무인 드론이 바로 크래토스의 주력 사업 부문이다. 현재 크래토스의 전략형 무인 드론 포트폴리오는 다음과 같이 4가지 기종으로 구성된다. 이 중에서 가장 최근에 베일을 벗은 핫한 제품이자, 향후 몇 년간 크래토스의 먹거리가 될 것으로 예상되는 XQ-58A 발키리에 대해 살펴보자.

발키리의 시작은 스카이보그 프로젝트로부터 기인한다. 2018년 미 공군은 스카이보그 프로젝트, 일명 '로열 윙맨Loyal wingman'을 가동했는데 이 프로젝트는 유인 전투기로 직접 진입하기에 위험한 상황일 때 투입할 수 있는 무인 전투기 개발을 목표했다. 즉, 조종사가 탑승 중인 유인 전투기를 지원하고, 지시를 받아 전투 임무를 수행하는 '충실한 무인 조종 기종'을 개발하기 위한 프로젝트다. 여기에 인공지능 기술이 활용되는데 인공지능을 탑재한 무인 항공기가 암호화된 링크를 통해 유인 전투기와 연결되고, 교전 상황에서 인공지능을 활용해 여러 대의 무인기 투입도 가능하다. 그리고 무엇보다 이 프로젝

발키리(Valkyrie)

그렘린(Gremlin)

UTAP-22 마코(Mako)

에어울프(Airwolf)

▲ 크래토스의 무인 드론 포트폴리오 (출처: 크래토스)

▲ XQ-58A 발키리 시험 비행 장면 (출처: 크래토스)

트의 핵심은 '저비용 소모성 항공기 기술Low Cost Attritable Aircraft Technology, LCAAT'이다. 이는 저비용 항공기 기술을 개발하는 것으로 다시 말해 '가성비'를 표방한다. 아군 조종사의 인명 피해 없이 여러 대의 무인 항공기를 한꺼번에 투입해 교전 중 일부 혹은 전부를 잃더라도 손실이 크게 발생하지 않게 하는 것으로 크래토스가 발키리를 통해 이를 가능케 했다. 무인 전투기를 활용하면 미래에는 옛날 갤러그 게임처럼 다수의 공중전이 벌어지지 않을까?

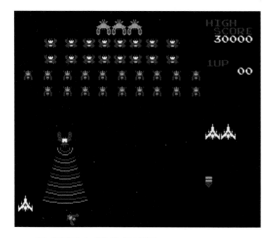

▲ 고전 게임 '갤러그'의 플레이 화면

발키리의 대당 가격대는 최대 400만 달러로, 유인 전투기인 F-35(최소 7800만 달러), F-22(1억 4000만 달러)와 비교했을 때 엄청난 가격 메리트를 실감할 수 있다. F-35 1대 가격이면 발키리 20대, F-22 1대 가격이면 발키리 35대를 운용할 수 있는 상황이다. 더욱이 스텔스 전투기인 F-35나 F-22는 고가인 것은 물론이거니와 시간당 운용비가 비싸고 운용 반경 또한 좁다. 쉽게 말해 가성비가 매우 떨어진다.

발키리는 지난 2019년 첫 시험 비행에 성공해 2020년 7월 미 공군의 스카이보그 프로젝트 참여 기업으로 선정되었다(24개월 시범 계약). 이어서 같은 해 12월에는 3700만 달러 규모의 인도 계약을 성사시켰으며, 앞에서 언급한 LCAAT와 관련해 1700만 달러 규모의 지원금을 수령하기도 했다. 스카이보그 프로젝트에 함께 선정된 업체로는 보잉Boeing, 노스롭 그루먼Northrop Grumman, 제너럴 아토믹스General Atomics가 있으며 2026년까지 4억 달러 규모의 본 계약을 놓고 경쟁하게 된다.

가성비가 내려와

보통 '미국의 방위산업 회사' 하면 F-35 스텔스 전투기로 유명한 록히드 마틴 Lockheed Martin, 패트리어트 미사일로 잘 알려진 레이시온 테크놀로지스Raytheon Technologies, KC-46 공중 급유기로 유명한 보잉, 글로벌 호크 무인기로 널리 알려진 노스롭 그루먼 그리고 탱크와 잠수함 부문에서 경쟁 우위를 점하고 있는 제너럴 다이내믹스General Dynemics 등 5개 기업을 꼽을 수 있다. 이들은 미국뿐만 아니라 전 세계 방위 산업을 휩쓸고 있는 세계적인 규모의 업체들이다.

그렇다면 이러한 대규모 방산 업체와 비교할 때 크래토스만이 갖고 있는 차별성은 무엇일까? 첫 번째, 무인 드론 시스템 생산에 주력하고 있다는 것이다. 크래토스는 규모가 크거나(파일럿이 필요한) 유인 전투기는 만들지 않는다. 크래토스의 생산 시설 및 공정은 무인 전투기 및 장착 무기만을 위해 설계되었다. 두 번째, 크래토스가 내세우는 최고의 경쟁 우위인 '가성비'다. 크래토스의 기업 모토는 고품질의 시스템과 제품을 합리적인 가격에 제공하는 것으로 앞서 F-35나 F-22와의 비교에서 확연히 드러난다.

이렇게 크래토스는 제품군과 가격대 면에서 장점을 살려 자신만의 입지를 구축하고 있으며 정부 부처와 긴밀히 협력하고 있기 때문에 대형 업체나 새로운 업체가 이를 쉽게 대체하기 어려울 것이다. 또한 크래토스는 미국 정부 부처의 계약 업체이기에 안정성이 보장돼 있다. 때문에 보안상의 문제로 진행 중인 프로젝트를 신속하고 투명하게 공개하는 데에는 제한이 있을 수밖에 없지만 신뢰할 수 있는 미국 정부를 고객으로 확보하고 있다는 점, 그리고 그 고객이 세계 방산 시장에서 1위의 시장을 형성하고 있다는 점이 특장점이다.

혹자는 미국 정부와의 계약이 대부분을 차지하고 있기에 그만큼 확장성 면에서는 경쟁력이 떨어진다고 평하기도 한다(안타깝게도 미 공군의 2022년 예산안에는 '로열 윙맨'에 할당된 예산이 없다). 그러나 서두에서 언급한 대로 러시아의 우크라이나 침공 이후 유럽 국가들의 국방 강화를 위한 수요가 어느 때보다 증대된 시기라는 점을 염두에 둬야 하겠다. 크래토스는 지난 2019년 스웨덴 방위사업청과 표적형 드론 시스템에 대해 3년간 무제한 공급 계약을 체결했으며, 2021년 미 해군과 NATO 연합군이 참여한 대공 및 미사일 방어를 시연하는 다국적 훈련을 지원하기도 했다.

참고로 보잉은 지난 2020년, 크래토스의 발키리와 유사한 자율주행 무인 전투 항공기인 '보잉 로열 윙맨'을 2020년 호주 공군에 인도한 바 있는데 대당 가격이 XQ-58A 발키리의 10배가량인 4000만 달러로 추산된다. 여러 대를 동시에 운용할 수 있다는 것이 장점인 발키리와 비교했을 때 그 용도 면에서 확연한 차이가 있을 것으로 보인다. 글로벌 무인 전투 항공기 시장에서는 미국을 제외하면 호주-보잉의 개발 비용의 규모가 가장 큰 것으로 추측되는데, 호주 당국은 파트너로 보잉을 선택한 이유에 대해 '대량 수출 능력 때문'이라고 밝힌 바 있다.

결국 현재와 같은 국제 정세와 더불어 크래토스와 경쟁사들의 행보를 고려할 때, 향후에는 크래토스를 찾는 고객이 미국에만 국한되지 않을 가능성이 높아 보인다.

새로운 파괴왕, 개봉 박두?

2021년 12월, 미 공군에서 발표한 내용에 사람들이 술렁였다. 그것은 2023년에 전투기 및 폭격기와 함께 운용할 수 있는 기밀 전투 드론 프로그램 두 가지를 개발할 것이라는 내용이었다. 그리고 이들은 모두 F-22 또는 F-35와 같은 전투기와 함께 운용 가능하도록 설계된 무인 항공기라고 밝혔다. 기존과 다른 점이 있다면 이번에는 그에 더해 B-21과 같은 폭격기와 함께 운용할 수 있다는 점이었다. 이는 기존의 '로열 윙맨' 프로젝트가 다른 군용 항공기로 확장될 수 있음을 암시한다. 그런데 여기서 또한 흥미로운 점은 크래토스에서도 얼마 전 신규 무인 드론 플랫폼 두 가지를 공개했다는 사실이다. 프로젝트 이름은 '타나토스Thanatos'와 '데모고르곤Demogorgon'이며 세부적인 사항은 아직 알려지지 않았다. 하지만 미 공군이 언급한 새로운 기밀 프로

	Annual Quantity	Selling Price	Annual Sales	EBITDA $
Valkyrie/Derivative	50	$4M	$200M	$26M
MAKO/Gremlin/Derivative	100	$1.3M	$130M	$17M
Air Wolf/Derivative	100	$.5M	$50M	$6.5M
Thanatos/Derivative*	50	$5M	$250M	$32.5M
Demogorgon/Derivative*	50	$8M	$400M	$48M
Total	**300**		**$1,030M**	**$130M**

▲ 크래토스에서 공개한 무인 드론 프로젝트 현황 (출처: 크래토스)

그램과의 관계가 있을 가능성은 100% 뇌피셜(?)로 점쳐볼 수 있겠다.

함께 알아 두면 좋은 기업, 에어로바이런먼트

2022년 초, 러시아·우크라이나 전쟁과 함께 주목받은 또 하나의 기업이 있다. 무인 드론을 생산하는 '에어로바이런먼트AeroVironment'가 그 주인공이다. 미국이 일명 '킬러 드론'이라고 불리는 에어로바이런먼트의 '스위치블레이드'를 우크라이나에 지원한다는 소식에 주가가 급등했고 현재까지 높은 주가 상승률을 보여주고 있다. 스위치블레이드는 프로그램으로 조종할 수 있는 전술형 미사일 시스템으로 300과 600 두 가지 종류로 나뉜다(300은 사람을 목표로, 600은 탱크 등을 목표로 한다). 스위치블레이드300의 대당 가격은 6000달러로 추정되며, 600의 경우 40분간 80km가량을 비행할 수 있다.

'수평선 그 너머로BEYOND THE HORIZON'라는 에어로바이런먼트의 슬로건처럼 쉬이 접근하기 어려웠던 곳으로 인간의 영역을 확장하는 것이 이곳의 모토다. 1971년부터 현재까지 50여 년이라는 짧지 않은 기간동안 에어로바이런 먼트는 무인 항공 시스템Unmanned aircraft systems, UAS을 비롯한 방산 분야에 주력 해 왔다. 지금은 여러 기업들이 뛰어들었지만, 에어로바이런먼트는 1986년 이미 무인 드론을 개발해 낸 선두주자라고 할 수 있다. 무인 항공 시스템 외 에도 무인 공격용 지상 차량, 전술형 미사일 시스템, 상업용 드론, 고궤도 위 성 드론 등의 분야에서 활발한 개발을 진행하고 있다. 에어로바이런먼트는 2010년엔 무인 정찰기인 글로벌 옵저버Global Observer, 2012년에는 스위치 블 레이드를 개발했다. 2016년엔 잠수함이나 잠수 드론에서 발사하는 드론 블 랙윙Blackwing도 등장한다. 미 해군은 잠수함 무인 발사 시스템SLUAS 프로그램 을 위해 120대의 블랙윙을 주문할 계획인 것으로 알려졌다.

특히 앞서 언급한 전술형 미사일 시스템인 스위치블레이드300의 경우 미 군과 오랜 기간 공급 계약을 맺어왔으며 2021년 기준 8000만 달러 이상의

▲ 스위치블레이드 시연 장면. 무게와 휴대성 면에서 실용적이다. (출처: 에어로바이런먼트)

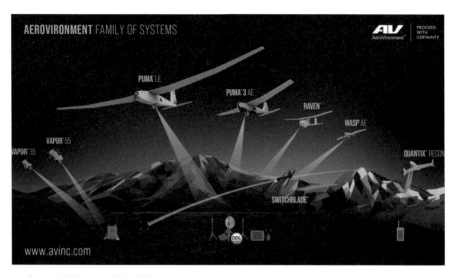

▲ 에어로바이런먼트의 제품군 현황. 이 중 PUMA, RAVEN, WASP는 소형 무인 항공 시스템, 스위치블레이드는 전술형 미사일 시스템에 속한다. (출처: avinc)

	Fiscal Year Ended April 30,		
	2021	2020	2019
Small UAS	60%	61%	58%
Medium UAS ("MUAS")	4%	—%	—%
TMS	22%	17%	21%
HAPS	11%	17%	18%
Other	3%	5%	3%

▲ 에어로바이런먼트 전체 제품군 중 소형 무인 항공 시스템과 중형 무인 항공 시스템의 매출 비중 (출처: 에어로바이런먼트 연간 보고서)

구매 계약을 체결한 것으로 알려졌다. 흥미로운 점은 이 스위치블레이드를 무인 제트기와 함께 운용하기 위해 크래토스와 협력하고 있다는 점이다.

크래토스와 유사한 점은 정부와의 계약 비중이 상당하다는 점이다. 2021년도 기준, 미군과의 계약이 매출의 34%를, 그 밖의 미국 정부 기관 혹은 정부 계약자와의 계약이 27%를 차지했다. 총 매출의 60% 이상이 미국 정부로부터 발생한다는 것이다. 미국뿐만 아니라 50여 개의 동맹국과도 거래 중이다. 그 밖에 소프트뱅크와의 조인트벤처인 고궤도 위성 드론HAPS Mobile에서 발생하는 매출도 11%가량으로 적지 않다.

아쉬운 점은 소형 무인 항공 시스템 시장에서의 활약에 비해 중대형 무인 항공 시스템 점유율이 저조하다는 점이다. 무인 항공 시스템 시장에서는 무게와 고도, 내구성 등을 고려해 5개의 그룹으로 나뉜다. 이 중 에어로바이런먼트는 소형 무인 항공 시스템이 속하는 그룹1의 제품군만을 보유하고 있는데, 최근 중형 무인 항공 시스템 시장에도 진출하려는 움직임이 엿보인다. 그룹2와 3에서 선두 기업으로 꼽히는 악투루스Arcturus를 인수한 것이다. 기존 에어로바이런먼트가 보유한 소형 무인 항공 시스템 대비 원거리에서도 조작이 가능한 중형 무인 항공 시스템 개발에도 뛰어들게 되는 것이다. 이미 소형 무인 항공 시스템 제작을 통해 노하우와 기술력을 확보한 에어로바이런먼트가 중형 시장에서도 승기를 잡을 수 있을지 주목해 볼 만하다.

크래토스 디펜스 앤 시큐리티 솔루션즈

국방 예산 감소 추세에 손익 부진

12월이 결산월인 크래토스는 최근 5년간 연평균 4% 이상의 매출 성장세를 보여왔는데, 반면에 영업이익은 80% 가까이 감소하는 양상이다. 연간 매출 추세의 경우 1분기에서 4분기로 갈수록 증가하는 흐름을 나타낸다. 코로나19 영향보다는 국방 예산에 따라 실적이 좌지우지되는 모습을 보임에 따라 이후 러시아·우크라이나 전쟁과 같은 국지전이 추가 발발할 경우 추가적인 성장 모멘텀으로 작용할 수 있다.

올해 들어 2022년 5월 5일 발표한 2022 회계연도 1분기 실적에 따르면 전년동기 대비 매출은 +1.0% 증가한 1억 9620만 달러로 예상치를 하회했고, EPS는 −33.3% 감소한 0.04달러로 예상치를 상회했다. 수주 잔액이 전분기 대비 3% 증가한 9억 8210만 달러인 상황에서 새로이 제시한 2분기 가이던스와 재확인한 연간 가이던스는 모두 예상치에 부합하면서 이후 실적에 대한 기대를 유지했다. 수주 잔액이 408억 달러에 달하는 가운데 연간 가이던스를 재확인하면서 이후 양호한 실적을 기

● 최근 2년간 실적(12월 결산 및 Non-GAAP EPS 기준)

회계연도	분기	매출	영업이익	순이익	EPS	전분기 대비
FY2020	Q1	168.90	4.70	-0.20	-	-100%
	Q2	170.40	2.90	-0.70	-0.01	-125%
	Q3	202.00	12.70	2.40	0.02	0%
	Q4	206.40	9.00	78.10	0.63	2,000%
	합계	747.70	29.30	79.60	0.69	475%
FY2021	Q1	194.20	4.90	1.90	0.02	-
	Q2	205.10	3.30	1.10	0.01	-200%
	Q3	200.60	10.50	-2.40	-0.02	-200%
	Q4	211.60	9.20	-2.60	-0.02	-103%
	합계	811.50	27.90	-2.00	-0.02	-102%

*매출 단위: 백만 달러, EPS 단위: 달러

대할 수 있는 양상이다.

그리고 8월 4일 발표한 2분기 실적의 경우 매출이 9.3% 증가한 2억 2420만 달러, EPS가 16.7% 증가한 0.07달러로 모두 예상치를 상회하면서 양호한 실적을 이어갔다.

전쟁 이슈에 반응하는 주가 흐름

1999년 11월에 상장한 크래토스의 주가는 2022년 5월 5일 기준으로 15.43달러, 시가총액은 19억 2872억 달러이다. 최근 12개월간 주가는 -42.32% 하락했고, 올해 들어서는 -20.46% 하락했으며 최고가는 29.6달러, 최저가는 15.04달러이다. 벤치마크인 러셀2000 지수와 비교해 보면 2019년 5월부터 2021년 9월까지 상회했지만 그 이후에는 다시 하회하는 모습이다. 반면 올해 3월과 4월에는 러시아·우크라이나 전쟁 이슈로 벤치마크를 상회하기도 했고, 최근 실적 발표와 함께 상승세를 이어가고 있다. 현재 크래토스는 배당금을 지급하지 않고 있다.

● 최근 5년간 크래토스 주가 추이 & 최근 3년간 주가 수익률 추이(벤치마크 지수 포함)

(단위: 달러)

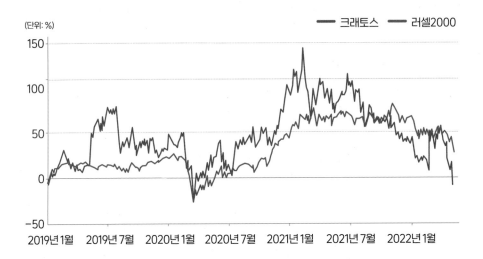

(단위: %)

— 크래토스 — 러셀2000

구분	최근 1개월	최근 6개월	2022년 누적	최근 1년	최근 5년
크래토스	+10.38%	−26.34%	−25.29%	−44.60%	+35.67%
러셀 2000	+3.55%	−16.32%	−18.56%	−23.02%	+30.19%

*6월 9일 기준

뉴지랭크US 종목 진단

종합 점수	모멘텀 점수	펀더멘탈 점수	베타	롱텀	엔벨
25	46	4	0.8	93	65

2022년 5월 31일 뉴지랭크US 종목 진단 결과 종합 점수는 25점으로 낮다. 모멘텀 점수는 46점으로 상대적으로 최근 수급과 거래량이 양호하지만 펀더멘탈 점수는 4점으로 상대적으로 매우 부진한 재무 구조를 보이고 있다.

베타 지수는 0.8로 시장 변화에 영향을 받아 상승장에 유리하고, 시즈널 지수의 경우 연중 최저점이 5월 초, 연중 최고점이 9월 중순이며 그 차이가 30 미만으로 연간 주가 상승률이 그리 크지 않은 편이다. 현재 주가가 장기 하락 추세에 있는 크래토스의 현재 주가는 엔벨 지수상 중심선을 상회하고 있어 단기적으로 추가 상승 가능성이 있다.

월가의 투자 의견 및 목표 주가

최근 3개월간 발표된 크래토스에 대한 9건의 월스트리트 투자 의견을 종합하면 '강력 매수'이고, 향후 12개월간 목표 주가는 최고 30.00달러, 최저 19.00달러, 평균 22.33달러로 현재가 대비 +54.85% 높은 상황이다.

• 최근 3개월간 월가의 투자 의견 및 목표 주가 종합

출처: Tipranks.com

• 최근 4개월간 월가의 투자 의견 및 목표 주가 현황

추천일	평가회사	애널리스트	투자등급	목표가	추천일종가
2022/05/26	Truist	Michael Ciarmoli	매수	20.00	14.01
2022/05/25	Canaccord Genuity	Austin Moeller	매수	23.00	13.75
2022/05/23	Berenberg Bank	Christopher Rieger	매수	21.00	13.79
2022/05/12	Robert W. Baird	Peter Arment	매수	20.00	12.87
2022/05/09	Noble Financial	Joe Gomes	매수	30.00	12.72
2022/05/06	J.P. Morgan	Seth Seifman	보유	19.00	14.26
2022/05/06	Canaccord Genuity	Austin Moeller	매수	23.00	14.01
2022/05/06	Robert W. Baird	Peter Arment	보유	20.00	14.01
2022/05/05	RBC	Kenneth Herbert	매수	24.00	15.43
2022/04/08	Jefferies Co.	Sheila Kahyaoglu	보유	19.00	19.41
2022/03/18	The Benchmark Company	Josh Sullivan	매수	25.00	19.89
2022/02/23	RBC	Kenneth Herbert	매수	24.00	15.04
2022/02/23	Noble Financial	Joe Gomes	매수	30.00	15.68
2022/02/23	Canaccord Genuity	Austin Moeller	매수	26.00	15.68
2022/02/23	Truist	Michael Ciarmoli	보유	17.00	15.68
2022/02/23	Robert W. Baird	Peter Arment	보유	20.00	15.04
2022/02/17	RBC	Kenneth Herbert	매수	26.00	16.96
2022/02/14	Noble Financial	Joe Gomes	매수	30.00	17.22

출처: 키움증권 HTS 영웅문G (2022년 5월 기준)

최신 분석 결과가 궁금하다면?

뉴지랭크US 분석 결과

월가 의견 및 목표 주가

4장

뷰티&패션

어느 시대, 어느 공간이든 아름다움은 승리한다

사람들이 추구하는 가치는 시대에 따라 끊임없이 바뀐다. 하지만 시간과 공간의 변화와 상관없이 늘 관심을 받는 분야가 존재한다. 바로 뷰티와 패션이다. 아름다움을 좇고, 명품을 통해 자신을 과시하려는 심리는 어느 시대든 존재한다. 4장에서는 이러한 심리를 반영해 현재 시장의 주목을 받고 있는 유망 기업을 모았다. 차별적 요소로 살아남은 중고 명품 플랫폼부터 친환경을 접목시킨 신발 브랜드, 미국 준명품 브랜드의 대표 주자까지 지금 대세가 되고 있는 기업을 통해 투자의 기회를 엿보자.

사람들의 보는 기쁨을 북돋워
더 나은 세상을 꿈꾸는 기업

- 종목명: 내셔널 비전 홀딩스 National Vision Holdings Inc
- 티커: EYE │ 지수: 러셀2000 및 S&P600 │ 섹터: 자유소비재 > 전문 소매 (광학 제품 매장)

인류가 직면한 가장 심각한 보건 위기, 시각 장애

흔히 눈은 마음의 창이자 건강의 창이라고 한다. 또 몸이 천 냥이면 눈이 구백 냥이라는 옛말처럼 사람에게는 눈으로 보고, 혀로 맛을 느끼고, 코로 냄새를 맡고, 귀로 소리를 듣고, 피부로 촉감을 느끼는 5대 감각, 일명 오감이 있는데, 이 중 눈을 통해 인식하는 감각이 최대 80%를 차지한다. 그 정도로 시각이 우리 일상에 미치는 영향력은 어마어마한 것이다. 그럼에도 불구하고 시각 장애는 단지 흔하다는 이유만으로 가벼이 여겨지는 경향이 있다.

뉴욕타임즈는 전 세계인의 시각 장애를 '시각 재앙Vision Crisis'이라고 명명하고, 누구도 주목하거나 들어본 적 없지만 어쩌면 우리가 직면하고 있는 가장 심각한 보건 위기일지 모른다고 설명한다. 의학학술지 란셋The Lancet의 「2021 글로벌 눈 건강 연구」에 따르면 현재 전 세계 총 11억 명의 인구가 시력 손실을 앓고 있다고 한다(이 책의 공동 저자 4명 중 2명도 여기에 포함된다). 미국 질병 통제 예방 센터CDC에 따르면, 미국 안에서만 1600만 명의 인구가 시력 문제를 겪고 있으며, 미국의 전체 어린이 가운데 7%가 시력 관련 문제를 진단받은 바 있다고 한다. 이렇듯 퇴화된 시력은 명백히 많은 이들에게 고통을 주는 질환이다. 하지만 아이러니하게도 '흔하다'라는 이유로 그 심각성이 경시되는 것이 지금의 현실이다. 이번 챕터에서는 이러한 인식을 바꿈으로써 사람들에게 훨씬 나은 삶을 선사하자는 사명감으로 탄생한 기업, 내셔널 비전 홀딩스(이하 내셔널 비전)에 대해 다뤄보려고 한다.

'비전'에서 느낄 수 있는 원대한 사명

1990년 설립된 이래 내셔널 비전은 한결같은 모토로 성장해 왔다.

'돕는 것은 우리의 정체성이다(Helping is who we are).'
'사람들이 최상의 삶을 살 수 있도록 최상의 시력을 제공하는 것이 우리의 역할이다(We help people see their best to live their best).'

비전은 시력 문제를 겪고 있으나 전문적, 경제적 도움의 손길을 받지 못하는 지역 사회 사람들을 도움으로써 성장하는 기업으로 알려져 있다. 비전은 돈이 많든 적든 모든 사람은 세상을 선명한 시야로 바라볼 수 있어야 한다는 사명 아래 이를 가능하게 하는 다양한 봉사를 이어가고 있다. 물론 봉사만 하고 성장하지 못한다면 적절한 투자 대상이 아닐 것이다. 하지만 내셔널 비전은 미국 내에서 가장 빠르게 확장하고 있는 옵티컬 리테일 기업으로 현재 미국 내 업계 2위까지 올라왔을 정도로 탄탄한 성장성을 갖췄다.

내셔널 비전은 크게 5개의 브랜드를 보유하고 있다. 우리나라로 따지면 길거리에서 쉽게 볼 수 있는 안경 가게나 렌즈 가게랑 똑같다고 생각하면 된다. 'AC 렌즈AC Lens'는 최초의 콘택트렌즈 온라인몰 가운데 하나로 가격 대비 확실한 성능을 자랑하는 제품들을 취급한다. 또 직원들의 응대가 친절해 고객 만족도가 높기로 알려져 있다. '아메리카 베스트 콘택트 & 안경America's Best Contacts & Eyeglasses'은 오프라인 안경 매장으로 맞춤형 안경을 저렴한 가격에 구매할 수 있고, 2개의 안경을 구매할 시 50달러 상당의 시력 검사를 무료로 받아볼 수 있다. 적게는 79달러의 가격으로 안경 두 쌍과 전문가의 꼼꼼한 시력 검사를 받을 수 있다. 이외에도 '아이글래스 월드Eyeglass World', '비전 센터Vision Center', '비스타 옵티컬Vista Optical'도 비슷한 방식으로 운영되는데, 브랜딩만 다

▲ 내셔널 비전이 보유한 다양한 브랜드들 (출처: nationalvision)

르게 했다고 볼 수 있다. 비전 센터와 비스타 옵티컬은 미국의 이마트라고 불리는 월마트Walmart와 프레드 마이어Fred Mayer에 각각 위치해 있다. 누구나 장을 보러 마트에 들렀다가 쉽게 방문할 수 있게끔 만드는 것이 이들의 전략이다. 마트 입점을 통해 접근성을 높이고, 시력 문제를 앓고 있는 모든 이들이 쉽게 도움 받을 수 있는 공간을 제공하는 것이다.

이러한 전략은 내셔널 비전이 추구하는 ESG 경영에 근간한다. 동사는 ESG 경영을 추구하기 위해 자사만의 'SEE+G' 프레임워크를 구축했는데 각각이 의미하는 바는 아래와 같다.

S	'Social'의 약자. 가격 거품을 뺀 아이케어와 아이웨어를 제공함으로써 삶의 질을 개선시키겠다는 사회적 책임을 추구한다는 의미.
E	'Employees'의 약자. 직원을 회사가 지닌 최고의 자산으로 여기며, 직원들의 성장과 복지에 아낌없는 투자를 지원한다. 모든 직원들로 하여금 '회사는 나의 커리어를 쌓고, 개발하는 공간'이라는 인식을 심어준다. 이를 위해 각종 훈련 및 교육 프로그램을 제공한다. 또 다양성을 존중하고, 차별 없는 직장 내 분위기를 조성하기 위해 경영진이 솔선수범한다. 이사회의 성비를 균등하게 분배하는 데서부터 시작된다. 이런 노력은 대외적으로도 인정받아 2021년 포브스의 '여성을 위한 최고의 직장'에 선정되기도 했다.
E	'Environment'의 약자. 환경 발자취를 최소화시키기 위한 기업의 환경적 책임을 강조한다. 제품 가격을 저렴하게 유지시키면서도 환경에 주는 부담을 최소화시키기 위해 고민한다. 매장을 신설할 때 최대한 기존에 이미 있던 공간을 재단장하는 등 자원을 보전하고 에너지 효율을 높이기 위한 다양한 방법들을 실천한다. 2020년부터는 자사의 녹색 탄소 배출량을 모니터링하면서 탄소가 가장 많이 발생하는 지점이 어디인지, 배출량을 줄이기 위한 방법이 무엇일지 직접 분석하고 있다.
G	'Governance'의 약자. 투명하고 주주 친화적인 경영을 강조한다. 지속 가능 경영을 실천하기 위한 자사의 노력을 주주들에게 투명하게 공개하기 위한 각종 보고서를 발간한다.

▲ 'SEE+G' 프레임워크의 의미

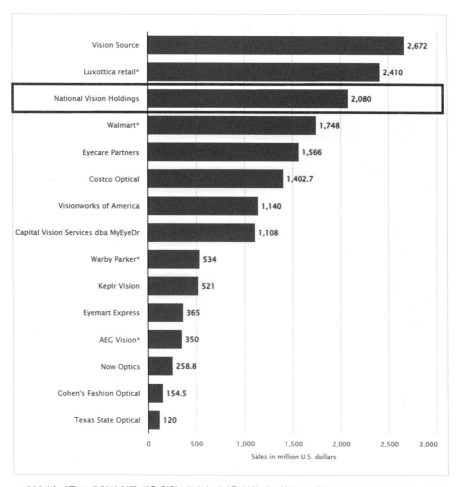

▲ 2021년 미국 15대 안경 업종 매출 현황. 내셔널 비전은 업종 내 3위를 차지한다. (단위: 백만 달러, 출처: statista)

미국 내 안경 업종 현황 3위

내셔널 비전은 2021년 매출을 기준으로, 미국의 15대 옵티컬 리테일 기업들 가운데 3위를 차지했다. 1위를 차지한 비전 소스Vision Source는 미국 전역

▲ 비전 소스의 매장 외관 (출처: alderwoodvisionsource)

3000명 이상의 독립 검안사 및 지역 상인들이 네트워크를 형성해 만든 기업이다. 이들은 비전 소스에 가입해 매출의 일부를 수수료로 내는 대신, 첨단 검안 기술이나 마케팅 및 공급 체인 관리 등의 경영 전략을 지원받는다.

2위는 룩소티카 리테일Luxottica retail이 차지했다. 룩소티카의 가장 큰 특징은 럭셔리 제품들을 취급한다는 점이다. 소유하고 있는 대표 브랜드로는 레이밴Ray-Ban이 있으며, 조르지오 아르마니, 버버리, 불가리, 샤넬, 코치, 돌체 앤 가바나, 페라리, 마이클 코어스, 프라다, 랄프 로렌, 티파니 앤 코, 발렌티나, 베르사체 등의 명품 브랜드들에 대한 판매 라이선스를 보유하고 있고 전 세계 150개국에 9200여 개의 매장을 보유하고 있다. 미국에서는 렌즈크래프

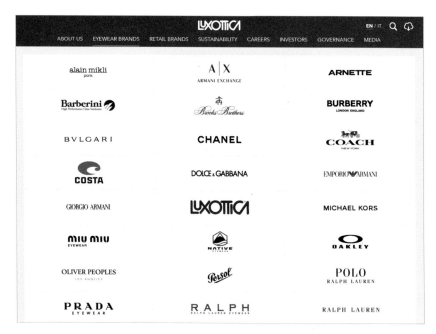

▲ 룩소티카의 보유 브랜드들 중 일부 (출처: luxettica)

터스LensCrafters, 펄 비전Pearle Vision 등의 매장을 통해 만날 수 있다.

전 세계 아이웨어 시장의 규모는 2021년부터 2028년까지 연평균 8.5% 증가할 것으로 전망된다. 그런 가운데 내셔널 비전은 2021년 연간 21.55%의 매출 급성장을 기록했다. 하지만 내셔널 비전은 돈을 벌겠다는 의도보다는 사람들을 도와주고 싶다는 진심을 강조한다. 쟁쟁한 경쟁 업체들 사이에서도 성장률이 높은 걸 보면 그 진심이 어느 정도 통하고 있다는 생각이 든다. 사람을 돕기 위해 존재하고 또 도움을 통해 성장하는 매력이 돈보이는 기업이다. 참고로 내셔널 비전은 2022년 6월 중순 S&P600 지수에 포함되었다.

내셔널 비전 홀딩스

안정적인 매출 성장세와 영업이익 증가세

12월이 결산월인 내셔널 비전은 최근 5년간 연평균 12%에 가까운 안정적인 매출 성장세와 31%가 넘는 영업이익 증가세를 보여왔다. 연간 매출 추세의 경우 1분기와 3분기가 높은 추세를 보인다. 코로나19 팬데믹이 발생한 2020년에도 매출 감소율이 −1%에 미치지 않고 이익률도 10%대를 기록하면서 필수소비재에 준하는 실적을 보여줬다.

2022년 5월 10일에 발표한 2022 회계연도 1분기 실적에 따르면 매출은 전년동기 대비 −1.2% 감소한 5억 2771만 달러로 예상치를 하회했고, EPS는 0.33달러로 예상치를 상회했다. 오미크론 변이 확산과 소비자 만족도의 약화 등의 영향으로 동일 점포 매출 증가율이 4.9% 감소한 것으로 나타난 가운데 물가 상승 등 인플레이션 영향으로 향후 매출이 4~7% 감소할 것으로 전망했다.

● 최근 2년간 실적(12월 결산 및 Non-GAAP EPS 기준)

회계연도	분기	매출	영업이익	순이익	EPS	전분기 대비
FY2020	Q1	469.70	16.92	9.74	0.12	-45%
	Q2	260.01	-41.60	-43.83	-0.55	-523%
	Q3	485.35	54.79	35.29	0.44	2,100%
	Q4	496.70	56.90	35.08	0.43	760%
	합계	1,711.76	87.01	36.28	0.45	7%
FY2021	Q1	534.18	61.45	43.43	0.53	342%
	Q2	549.49	54.83	37.60	0.46	-184%
	Q3	518.01	50.71	40.99	0.50	14%
	Q4	477.85	7.95	6.22	0.08	-81%
	합계	2,079.53	174.94	128.24	1.57	249%

*매출 단위: 백만 달러, EPS 단위: 달러

올해 들어 부진한 주가 흐름

2017년 10월에 상장한 내셔널 비전의 주가는 2022년 5월 5일 기준으로 37.47달러, 시가총액은 30억 5743만 달러이다. 최근 12개월간 주가는 -25.65% 하락한 가운데 올해 들어서는 -21.92% 하락했으며 최고가는 64.95달러, 최저가는 35.64달러이다. 벤치마크인 러셀2000 지수와 비교해 보면 2020년 초 코로나19 팬데믹 이전까지는 벤치마크 수익률과 유사한 흐름을 보이다가 이후 2022년 1월까지 벤치마크를 상회했다. 반면 올해 들어서는 벤치마크보다 크게 하락하는 양상을 보여왔는데 6월 들어 개선되는 모습이다. 그리고 내셔널 비전은 현재 배당을 제공하지 않는다.

● 상장 이후 내셔널 비전 주가 추이 & 최근 3년간 주가 수익률 추이(벤치마크 지수 포함)

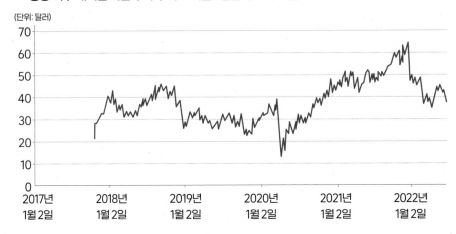

(단위: 달러)

(단위: %)

내셔널 비전 ── 러셀2000

구분	최근 1개월	최근 6개월	2022년 누적	최근 1년	최근 5년
내셔널 비전	+6.85%	−41.14%	−43.81%	−43.12%	−1.92%
러셀2000	+3.55%	−16.32%	−18.56%	−23.02%	+30.19%

*6월 9일 기준

뉴지랭크US 종목 진단

종합 점수	모멘텀 점수	펀더멘탈 점수	베타	롱텀	엔벨
57	82	33	1.36	0	66

2022년 5월 31일 뉴지랭크US 종목 진단 결과 종합 점수는 57점으로 양호하다. 모멘텀 점수는 82점으로 상대적으로 최근 수급과 거래량이 매우 좋지만 펀더멘탈 점수는 33점으로 상대적으로 매우 부진한 재무 상태를 보이고 있다.

베타 지수는 1.36으로 시장 변화에 큰 영향을 받아 상승장에 유리하고, 시즈널 지수의 경우 연중 최저점이 5월 초, 연중 최고점이 9월 중순이며 그 차이가 80을 넘어 2분기와 3분기에 걸쳐 주가 상승률이 매우 높은 편이다. 롱텀 지수상 '바닥'에 위치하고 있는 내셔널 비전의 현재 주가가 엔벨 지수상 중심선을 상회하고 있어 단기적으로 추가 상승 가능성이 있다.

월가의 투자 의견 및 목표 주가

최근 3개월간 발표된 내셔널 비전에 대한 10건의 월스트리트 투자 의견을 종합하면 '매수'이고, 향후 12개월간 목표 주가는 최고 65.00달러, 최저 25.00달러, 평균 40.40달러로 현재가 대비 +43.57% 높은 상황이다.

• 최근 3개월간 월가의 투자 의견 및 목표 주가 종합

출처: Tipranks.com

• 최근 3개월간 월가의 투자 의견 및 목표 주가 현황

추천일	평가회사	애널리스트	투자등급	목표가	추천일종가
2022/05/31	Jefferies Co.	Stephanie Wissink	매수	40.00	27.73
2022/05/12	Goldman Sachs	Kate McShane	보유	31.00	25.25
2022/05/11	Loop Capital Markets	Anthony Chukumba	보유	28.00	23.96
2022/05/11	Guggenheim	Robert Drbul	매수	36.00	23.00
2022/05/11	Bank of America Securities	Robert Ohmes	매도	25.00	23.96
2022/05/11	Barclays	Adrienne Yih	매수	28.00	23.96
2022/05/10	Wells Fargo	Zachary Fadem	매수	36.00	25.45
2022/05/05	Wells Fargo	Zachary Fadem	매수	50.00	38.67
2022/05/04	Guggenheim	Robert Drbul	매수	45.00	38.67
2022/04/01	Barclays	Adrienne Yih	매수	52.00	44.43
2022/03/16	Wells Fargo	Zachary Fadem	매수	50.00	41.71
2022/03/01	Loop Capital Markets	Anthony Chukumba	보유	40.00	36.46
2022/03/01	Morgan Stanley	Simeon Gutman	매수	65.00	36.67
2022/03/01	Guggenheim	Robert Drbul	매수	45.00	36.46
2022/03/01	Goldman Sachs	Kate McShane	보유	41.00	36.22
2022/03/01	Citigroup	Paul Lejuez	매수	55.00	36.49
2022/03/01	Bank of America Securities	Robert Ohmes	매도	31.00	36.46
2022/03/01	Barclays	Adrienne Yih	매수	43.00	36.46

출처: 키움증권 HTS 영웅문G (2022년 5월 기준)

최신 분석 결과가 궁금하다면?

뉴지랭크US 분석 결과

월가 의견 및 목표 주가

18

Beauty & Fashion

너도나도 명품이 대세인 요즘,
똑똑한 소비자가 몰래 애용하는 이곳!

The RealReal

- 종목명: 리얼리얼 The Realreal Inc
- 티커: REAL | 지수: 러셀2000 | 섹터: 자유소비재 > 인터넷 및 다이렉트 마케팅 소매 유통 (온라인 마켓플레이스)

명품이 왜 명품인지는 한 번 사용해 보면 알 수 있다

지금 주머니에 100만 원이 있고, 이 돈으로 옷 쇼핑을 할 수 있다고 가정해 보자. 당신이라면 패스트패션SPA 의류를 10벌 내외로 다양하게 사겠는가, 아니면 한두 벌의 중고 명품을 사겠는가?

취향, 나이, 선호 등에 따라 답은 다르겠지만 쇼핑을 몇 번씩 해보며 시행착오를 겪은 사람이라면 후자를 택할 확률이 훨씬 높다. 일단 패스트패션 의류는 품질을 기대하기 어렵다. 마감 처리가 엉성하고 실오라기가 튀어나왔어도 저렴하고 지금 유행에 맞으니까 품질은 타협하고 사는 측면이 강하다. 그렇지만 몇 번 입고 나면 결국 해지거나 변형되기 일쑤다. 혹은 유행이 금방

지나가버려서 결국 버리거나 옷장에 처박아두고 새 옷을 사야 되는 상황에 직면한다. 반면에 아무리 중고일지라도 명품 의류는 전문 디자이너가 꼼꼼하게 제작했기 때문에 품질이 매우 좋고 소재와 구성이 탄탄해 망가지는 일이 잘 없다. 거기다가 깨끗하게 입었다면 나중에 중고 거래를 통해 다시 돈을 벌 수 있다. 최근 많은 사람들이 소모적인 소비에 그치게 되는 패스트패션보다 중고 명품 매매를 선호하는 이유다. 옷을 버리지 않고 한 사람에게서 다른 사람으로 순환시키니 환경에도 좋고, 예쁜 명품을 걸치다가 나중에 다시 팔 수 있으니 소비자에게도 좋다. 이번 챕터에서는 효용에 효용을 더하고, 거기에 가치까지 더하는 기업, 리얼리얼The RealReal에 대해 알아보자.

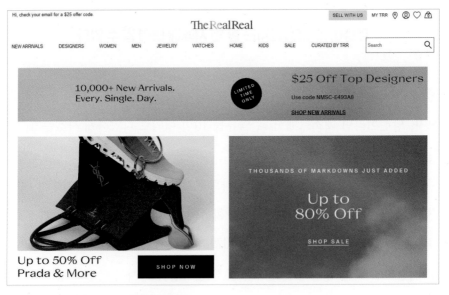

▲ 명품 리세일 마켓플레이스 리얼리얼 홈페이지

철저한 검증으로 확보한 고객 신뢰도

리얼리얼은 미국의 명품 리세일 마켓플레이스로 쉽게 말해 중고 명품을 사고 팔 수 있는 플랫폼이다. 예전에는 중고 물품 자체에 거리낌을 갖고 있는 사람들이 많았는데 요즘에는 환경 문제가 부각되며 리사이클링, 업사이클링 등을 나서서 실천하는 사람들이 많아지고 있다. 당근마켓의 엄청난 인기만 보더라도 이를 실감할 수 있는데, 전 세계적으로도 비슷한 열풍이 일고 있는 것이다.

그런 가운데 명품에 대한 소유욕은 점점 높아지고 있다. 아직 본격적인 경제 활동을 시작하지 않은 10대, 20대들 사이에서도 럭셔리 의류, 가방, 액세서리 등을 원하는 사람들이 크게 늘어나고 있다. 10대들 사이에서는 자신이 산 명품들을 자랑하는 하울(구매한 물건을 품평하는 영상)을 찍어 유튜브, 인스타그램, 틱톡 등에 업로드하는 '플렉스' 문화가 유행하기도 한다. 이는 더 많은 사람들로 하여금 명품을 원하게끔 만드는 파급 효과를 불러일으킨다. 어쨌든 중요한 건 연령이나 재력과 무관하게 명품에 대한 수요가 매우 높아지고 있다는 점이다.

정리하자면 중고 물품에 대한 인식이 좋아지는 가운데 명품에 대한 소유욕은 높아지고, 그런 한편 환경 보호의 중요성은 나날이 커지고 있다. 또 코로나19를 겪으며 온라인 쇼핑몰 이용도는 급격히 증가했다. 이 모든 트렌드에 정확하게 들어맞는 사업을 바로 리얼리얼이 하고 있고, 그렇기 때문에 우리는 이 기업에 주목해야 한다.

사실 리얼리얼이 하는 사업이 획기적인 건 아니다. 중고 명품을 판매하는 매장은 오래 전부터 쉽게 찾아볼 수 있었는데, 우리나라에서 인기 있던 '고이 비토', '구구스' 등도 그중 하나였다. 하지만 전 세계 고객들을 대상으로, 제대로 된 온라인 플랫폼을 구축하고, 여기에 정품 제품들만 직접 철저하게 검수하고 매입해 리스팅한 기업은 리얼리얼이 최초다. 가품 사기를 당할 리 없는, 구매자 입장에서 안심하고 살 수 있는 시스템을 구축한 것이다. 물론 처음 출범했을 때만 해도 '타깃층이 너무 작다', '낡은 중고를 살 사람이 얼마나 되겠냐' 등의 비판을 받으며 갖은 무시를 당했지만 서비스 런칭 후 10년이 조금 지난 지금은 누적 2200만 점 이상의 럭셔리 아이템을 판매하는 거대 플랫폼으로 거듭났다. 이제는 기존 명품 기업들의 소비층을 뺏어가면서 이들을 위협할 정도의 영향력도 지니게 됐다. 실제로 한 인기 명품 브랜드의 CEO가 리얼리얼의 창립자에게 "당신은 나에게 끔찍한 악몽 같은 존재다"라고 말했다는 흥미로운 일화도 있다.

중고 명품 시장의 활발한 성장세

시장조사 전문 기관 스태티스타statista에 따르면 럭셔리 중고 시장 규모는 2015년 189억 달러에서 2021년 390억 달러로 두 배 이상 성장했다. 다음 그래프는 2017년을 기준 연도로 삼아, 2021년까지 중고 명품 시장과 퍼스트핸드(신제품) 명품 시장 성장세를 비교한 자료다. 2017년 양 시장의 규모를 100이라 설정했을 때, 신제품 시장은 성장이 정체돼 있는 반면, 중고 명품 시장은 매년 꾸준한 성장을 보여주고 있다.

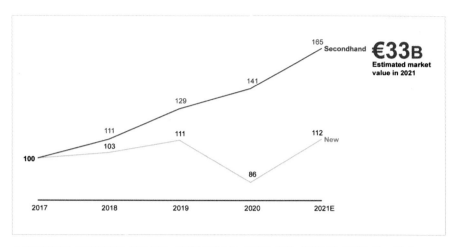

▲ 2017년부터 2021년까지 중고 명품 시장(빨간색) VS. 신제품 명품 시장(회색) 성장성 비교 (출처: Bain & Company, Bain Luxury Goods Worldwide Market Study)

중고 명품 시장의 가파른 상승세를 이끌고 있는 제품군으로는 가죽 액세서리와 뷰티, 의류 카테고리가 있다. 이들은 2017년부터 2021년까지 65% 성장했는데, 같은 기간 신제품 시장의 성장률인 12%보다 무려 5배 이상 높은 성장률이다. 그만큼 중고로라도 명품을 구매하고자 하는 소비자들이 많다는 뜻이다. 실제로 스태티스타에서 실시한 글로벌 컨슈머 서베이에 따르면 미국과 중국, 프랑스, 독일, 영국 등 주요 명품 시장 보유 국가의 소비자 4명 중 1명은 온라인에서 중고 명품 제품을 구매한 경험이 있다고 응답했다.

리얼리얼의 발표에 따르면 2021년 한 해 동안 X세대의 기성복 판매는 37% 늘어났고 Z세대의 구입은 61% 늘어났다. 즉, 주로 X세대(1965~1980년생)가 자신이 보유하던 90년대 빈티지 아이템을 마켓플레이스에 팔고, MZ세대가 이를 매입하는 연결고리로 순환되고 있는 것이다. 처음에는 구매자로 리얼리얼에 입문한 MZ세대는 샀던 제품이 다시 팔고 싶어지면 판매자로 이름을 바꿔 등장하기도 한다.

앞으로 중고 명품의 잠재 가치는 어떨까? 포브스Forbes의 관련 기사 표현을 인용하자면 '아직 시작도 안 했다You ain't seen nothin' yet'는 것이 업계의 예측이다. 2021년, 미국의 글로벌 금융 서비스 업체 레이먼드 제임스Raymond James가 주최한 소비자 컨퍼런스에서 당시 리얼리얼의 CFO였던 맷 구스케Matt Gustke는 중고 명품 시장의 전체 규모(TAM)는 '보수적으로 보더라도' 2000억 달러까지 클 것이라 언급했다. 2021년부터 연평균 30% 이상의 총매출액 성장은 거뜬하다는 의미다. 2021년 중고 럭셔리 시장의 총 매출액이 15억 달러였음을 감안하면, 아직 시작도 안했다는 표현이 충분히 와닿는다.

물론 문제가 아예 없는 건 아니다. 리얼리얼의 가장 큰 문제점으로는 수익

▲ 리얼리얼 오프라인 매장 외관

성이 항상 거론된다. 하지만 매출액이 꾸준히 늘어나고 있는 만큼, 수익성도 곧 따라잡을 거라는 자신감을 내비치고 있다. 기술 개선을 위한 대규모 투자, 애리조나주로의 유통 시설 확장 이전, 캠페인 광고를 통한 브랜드 인지도 향상 등 다양한 투자의 성과가 점차 드러나면서 수익성도 확보될 것으로 기대된다. 오프라인 매장을 추가로 확보하면서 잠재적 온라인 고객이 계속 유입되고 있다는 점에도 기대를 걸고 있다.

리얼리얼의 핵심 경쟁력, '셀프 서비스 모델'

현재 리얼리얼은 2400만 명 이상의 가입자를 보유하고 있다. 다른 경쟁 업체들을 월등히 능가하는 이용자 수다. 이유가 무엇일까? 타사와 비교했을 때 리얼리얼이 가진 가장 확실한 경쟁력은 '완전 대행 서비스Full-service approach'이다. 다른 중고 명품 거래 업체들은 단순히 판매자와 구매자를 연결해 주는 역할로 끝난다. 또 판매자가 직접 자신의 상품을 웹사이트에 게재하게 되어 있어 구매자는 가품이거나 사기일 위험성을 감수하고 거래해야 한다. 이에 반해 리얼리얼은 최초 판매자로부터 상품을 직접 매입해 꼼꼼한 정품 검수를 거친 뒤 웹사이트에 직접 상품을 게재해 관리한다. 구매자 입장에서는 더 안심하고 살 수 있고, 판매자 입장에서도 모든 중간 역할을 대행해 주니 물건을 넘기는 게 훨씬 더 편하다. 더 좋은 물건들과 더 많은 고객들이 유입될 수밖에 없는 구조다. 이런 방식을 '셀프 서비스 모델'이라고 부르는데, 타 경쟁 업체들에게 이런 시스템의 부재는 치명적인 약점으로 작용한다. 리얼리얼이 중고 명품 시장에서 포쉬마크poshmark 등의 경쟁 업체보다 압도적인 이용자 수와 점유율을 자랑하는 이유다.

리얼리얼에 만족한 실제 이용자의 넘치는 후기

실제 리얼리얼을 통해 물건을 거래한 이용자들은 과연 서비스에 만족했을까? 미국의 고객 리뷰 플랫폼인 트러스트파일럿Trustpilot에는 리얼리얼에 대한 누적 4만 4000건 이상의 후기가 등록돼 있다. 리얼리얼의 전반적인 서비스에 대한 별점은 5점 만점에 4점으로, 이용자들이 대체로 서비스에 만족하고 있

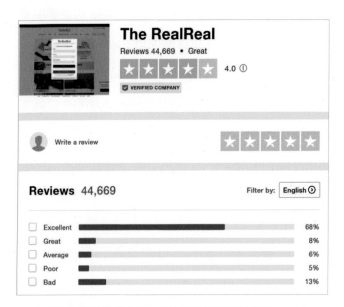

▲ 4.0이라는 높은 만족도를 보이는 리얼리얼 이용자 별점 (출처: Trustpilot)

음을 알 수 있다. 댓글에는 '의류 품질이 훌륭하다', '중고라서 별 기대 안 했는데, 상품의 질이 상상 이상으로 좋다', '배송이 빠르다', '곧 다른 물건을 구매할 예정이다', '항상 믿고 사는 중고 거래 플랫폼이다', '제품 상태에 대한 설명이 매우 정확하다', '고객 응대를 잘해준다', '환불 절차가 간단하다' 등 긍정적인 리뷰가 상당히 많았다.

리얼리얼은 비싸고 문턱이 높게만 느껴졌던 명품을 더 많은 대중에게 보급하는 데 기여하고 있다. 또 낡아서 쓸모없는 줄만 알았던 옷장 속 물건들의 숨은 가치를 찾아준 기업이다. 여기에 버려질 뻔한 멀쩡한 물건을 다시 사용하면서 환경 보호에 동참하는 즐거움을 사람들에게 알려줬다. 사람이라면 누구나 선한 가치good value에 이끌리게 돼 있는 법이다. 예쁘고 멋진 패션을 포기하지 않으면서도 환경을 생각하는 착한 소비자가 될 수 있게 도와준 이 기업이 소비자로서, 또 투자자로서 참 매력적이지 않을 수가 없다.

리얼리얼

코로나19에도 불구하고 연평균 40%의 매출 성장세

12월이 결산월인 리얼리얼은 최근 4년간 연평균 40%에 달하는 매출 성장세를 보여왔다. 연간 매출 추세의 경우 1분기에서 4분기로 갈수록 증가하는 흐름을 나타낸다. 코로나19 팬데믹이 발생한 2020년 2분기 매출이 전년동기 대비 20% 감소하면서 다소 주춤했지만 3분기와 4분기에 다소 회복하면서 2021년부터는 재차 성장세를 나타내고 있다.

2022년 5월 10일에 발표한 2022 회계연도 1분기 실적에 따르면 전년동기 대비 매출은 48.5% 급증한 1억 4670만 달러, EPS는 4% 개선된 −0.47달러로 모두 예상치를 상회했다. 주문 건수도 전년동기에 비해 27% 증가한 87만 8000건에 달했고, 주문 1건당 평균 금액도 전년동기에 비해 3% 늘어난 487달러로 나타났다. 이와 함께 발표한 2분기 가이던스 역시 예상치를 상회했고, 오는 2025년까지 매년 최소 30% 이상의 매출 성장세를 바탕으로 설정한 연간 가이던스를 재확인했다.

● 최근 2년간 실적(12월 결산 및 Non-GAAP EPS 기준)

회계연도	분기	매출	영업이익	순이익	EPS	전분기 대비
FY2020	Q1	78.03	-39.78	-38.50	-0.44	—
	Q2	57.29	-43.07	-42.99	-0.49	-83%
	Q3	77.80	-41.62	-43.56	-0.50	67%
	Q4	86.27	-48.91	-51.34	-0.58	115%
	합계	299.95	-172.82	-175.83	-2.01	-6%
FY2021	Q1	98.82	-52.77	-55.99	-0.62	41%
	Q2	104.91	-64.80	-70.72	-0.78	59%
	Q3	118.84	-51.16	-57.20	-0.62	24%
	Q4	145.13	-46.18	-52.20	-0.56	-3%
	합계	467.69	-214.91	-236.11	-2.58	28%

*매출 단위: 백만 달러, EPS 단위: 달러

아직은 많이 부족한 주가 흐름

2019년 6월에 상장한 리얼리얼의 주가는 2022년 5월 5일 기준으로 5.23달러, 시가총액은 4억 9353만 달러이다. 최근 12개월간 주가는 -77.29% 하락한 가운데 올해 들어서는 -54.95% 하락했으며 최고가는 23.03달러, 최저가는 5.23달러이다. 벤치마크인 러셀2000 지수와 비교해 보면 상장 초기에 일시적으로 벤치마크 수익률을 상회한 후 2021년 1분기에 다시 벤치마크 수준을 회복했지만 이후부터는 현재까지 벤치마크를 지속 하회하며 격차가 벌어지는 상황이다. 그리고 리얼리얼은 현재 배당을 지급하지 않고 있다.

● 상장 이후 리얼리얼 주가 추이 & 주가 수익률 추이(벤치마크 지수 포함)

(단위: 달러)

2017년 1월 2일 · 2018년 1월 2일 · 2019년 1월 2일 · 2020년 1월 2일 · 2021년 1월 2일 · 2022년 1월 2일

(단위: %)

— 리얼리얼 — 러셀2000

2019년 6월 · 2019년 12월 · 2020년 6월 · 2020년 12월 · 2021년 6월 · 2021년 12월

구분	최근 1개월	최근 6개월	2022년 누적	최근 1년	최근 5년
리얼리얼	-34.12%	-76.99%	-74.33%	-83.73%	–
러셀2000	+3.55%	-16.32%	-18.56%	-23.02%	+30.19%

*6월 9일 기준

뉴지랭크US 종목 진단

종합 점수	모멘텀 점수	펀더멘탈 점수	베타	롱텀	엔벨
72	93	52	0.96	0	67

2022년 5월 31일 뉴지랭크US 종목 진단 결과 종합 점수는 72점으로 높다. 모멘텀 점수는 93점으로 상대적으로 최근 수급과 거래량이 매우 좋고, 펀더멘탈 점수는 52점으로 상대적으로 매우 양호한 재무 구조를 보이고 있다.

베타 지수는 0.96로 시장 변화에 영향을 받아 상승장에 유리하고, 현재 주가가 엔벨 지수상 중심선을 상회하고 있어 단기적으로 추가 상승 가능성이 있다.

월가의 투자 의견 및 목표 주가

최근 3개월간 발표된 리얼리얼에 대한 11건의 월스트리트 투자 의견을 종합하면 '매수'이고, 향후 12개월간 목표 주가는 최고 15.00달러, 최저 5.00달러, 평균 10.09달러로 현재가 대비 +207.62% 높은 상황이다.

• 최근 3개월간 월가의 투자 의견 및 목표 주가 종합

출처: Tipranks.com

• 최근 3개월간 월가의 투자 의견 및 목표 주가 현황

추천일	평가회사	애널리스트	투자등급	목표가	추천일종가
2022/05/17	Needham	Anna Andreeva	매수	10.00	3.74
2022/05/11	Raymond James	Aaron Kessler	매수	14.00	3.44
2022/05/11	Needham	Anna Andreeva	매수	10.00	4.64
2022/05/11	Morgan Stanley	Lauren Schenk	보유	10.00	3.44
2022/05/11	Stifel Nicolaus	Scott Devitt	보유	6.00	4.64
2022/05/11	B.Riley Financial	Susan Anderson	보유	5.00	3.91
2022/05/11	Robert W. Baird	Mark Altschwager	매수	12.00	3.44
2022/05/10	BTIG	Marvin Fong	매수	9.00	4.41
2022/04/24	Stifel Nicolaus	Scott Devitt	보유	9.00	0
2022/04/18	Needham	Anna Andreeva	매수	25.00	6.41
2022/04/08	Needham	Anna Andreeva	매수	25.00	6.99
2022/03/29	Credit Suisse	Michael Binetti	보유	8.00	7.54
2022/03/23	Needham	Anna Andreeva	매수	25.00	8.28
2022/03/23	Jefferies Co.	Ashley Helgans	매수	13.00	8.21
2022/03/23	Wells Fargo	Ike Boruchow	매수	15.00	7.98
2022/03/22	UBS	Kunal Madhukar	보유	9.00	8.03
2022/03/22	BTIG	Marvin Fong	매수	12.00	8.28
2022/03/22	Stifel Nicolaus	Scott Devitt	보유	11.00	8.28

출처: 키움증권 HTS 영웅문G (2022년 5월 기준)

최신 분석 결과가 궁금하다면?

뉴지랭크US 분석 결과

월가 의견 및 목표 주가

착한 기업은 성공하기 어렵다?
편견은 편견일 뿐!

allbirds

- 종목명: 올버즈 Allbirds Inc
- 티커: BIRD | 지수: 러셀2000 | 섹터: 자유소비재 > 섬유와 의류 및 사치품 (온라인 의류 및 신발)

패션이 지구를 구한다

필자가 대학생이던 시절 '탐스 TOMS'라는 브랜드의 신발이 선풍적인 인기를 끌었다. 탐스의 창업자 블레이크 마이코스키 Blake Mycoskie는 아르헨티나를 여행하던 중 신발을 한 번도 신어본 적 없는 아이들을 보게 되었고 그들에게 신발을 신겨 주기 위해 창업한 것이 바로 탐스였다. 탐스는 고객이 신발을 한 켤레 구매할 때마다 또 한 켤레를 신발이 필요한 아이들에게 전달하는 1+1 사업으로 시작해 '착한 기업'으로 유명세를 탔다. 거기에 젊은층에 어필하는 디자인까지 겸비하며 급속도로 성장해 갔다.

이번에 소개할 이 기업을 보자마자 그 시절 핫템이었던 탐스를 떠올렸다.

▲ 착한 기업의 1세대로 평가받는 탐스

탐스처럼 신는 것만으로도 타인에게 도움이 되는 신발 브랜드이기 때문이다. '실리콘밸리 사람들이 가장 좋아하는 신발'이라는 수식어를 갖고 있는 올버즈가 바로 그 주인공이다. 국내에 매장이 생긴 지 아직 2년밖에 되지 않았지만, 전 세계적 메가트렌드인 '친환경' 이슈를 타고 이미 미국 내에서는 잘나가는 마니아 고객까지 보유했다. 버락 오바마Barack Obama 미국 전 대통령이나 구글 초대 CEO인 래리 페이지Larry Page가 올버즈를 신은 모습이 포착되었고, 레오나르도 디카프리오Leonardo DiCaprio는 올버즈에 반해 투자에 나서기까지 했다.

올버즈를 처음 접한 사람들은 '이 단순해 보이는 신발이 뭐가 그렇게 대단해?'라고 반문할지도 모르겠다. 올버즈가 내세우는 것은 화려함이나 과시와는 거리가 멀다. 대신 양털의 일종인 메리노 울, 유칼립투스 나무, 사탕수수 등 자연 유래 소재가 만드는 '편안함(착화감뿐만 아니다. 세탁기로 운동화를 빨 수 있다는 건 매우 큰 장점이다)', 그리고 환경을 생각하는 '지속 가능성'이 올버즈의 무

▲ 올버즈 신발과 올버즈를 신은 레오나르도 디카프리오 (출처: allbirds)

기이다. 흔한 로고조차 없는 이 신발을 신음으로써 스스로 환경을 생각하는
사람이 된 듯한 자신감을 가질 수도 있고, 마치 '난 환경에 신경 좀 쓰는 패피,
나 좀 쿨하지 않음?'이라고 어필하는 효과까지 얻을 수 있는 것이다.

운동장에서 시작된 꿈이 친환경 대표 브랜드가 되다

올버즈는 뉴질랜드 축구팀 선수였던 팀 브라운Tim Brown이 신재생 에너지 전문
가 조이 즈윌링거Joey Zwillinger와 함께 설립한 기업이다.

축구선수가 왜 가죽으로 만든 축구화가 아닌 요상한(?) 신발을 만들었을
까? 사실 팀 브라운은 올버즈 창업 이전, MBA 재학 시절에 이미 가죽 신발
을 만들었다고 한다. 그런데 막상 만들어 보니 가죽 신발이 얼마나 불편한지
더 잘 알게 되었고, 운동화를 만드는 데 있어 굳이 가죽만을 사용해야 하나

▲ 올버즈의 공동 대표 조이 즈윌링거(왼쪽)과 팀 브라운(오른쪽) (출처: allbirds)

의문을 갖게 되었다. 팀 브라운이 살고 있던 뉴질랜드에는 양이 엄청나게 많다(사람과 양의 비율이 1:7 정도라는 통계도 있다). 주변에 차고 넘치는 양모에서 아이디어를 얻은 그는 뉴질랜드 양모 업계의 지원을 받아 킥스타터Kickstarter(미국의 대표적인 크라우드 펀딩 서비스 플랫폼)로 시작하게 되는데, 당시에는 울 소재 모델이었던 '울 러너'만이 올버즈의 유일한 상품 컬렉션이었다. 울 러너는 뉴질랜드산 메리노 울로 신발의 몸을 만들고, 사탕수수를 가공해 만든 스위트폼 SweetFoam을 밑창의 소재로 쓴다. 신발 끈 역시 폐 플라스틱을 재활용한다. 이렇게 탄생한 울 러너는 단일 모델로 메가 히트를 쳤다. 그만큼 지금의 시대정신과 올버즈가 내세운 가치가 잘 맞아 떨어졌다는 뜻일 것이다.

2021년, 올버즈의 매출 총이익은 2020년 대비 30%나 증가했다. 홀리데이 시즌 매출 급증과 효과적인 옴니채널(온라인, 오프라인 등 다양한 경로로 소비자가 물건을 찾아볼 수 있도록 돕는 서비스) 운용에 힘입은 결과였다. 디지털 채널에서의 매출은 16%, 리테일 스토어 매출은 무려 112%나 증가했다. 게다가 지난해

13개의 오프라인 스토어를 신규 오픈 했고, 이제 전 세계에 퍼진 올버즈의 오프라인 스토어는 총 35개가 되었다(이 중 하나는 서울에 위치해 있다). 국가별 매출 비중은 아직까지 미국이 크다. 리테일 스토어 35개 중 23개가 미국에 위치했다는 점만 봐도 유추할 수 있는 부분이다.

올버즈, 얼마나 더 성장할까?

올버즈는 설립 단계에서부터 비콥B-Corp 인증을 받은 사회적 기업으로 이름을 날렸다. 그리고 급성장을 이뤄낸 지금까지도 '지속 가능성'이라는 기업의 목적을 실현하기 위해 그 노력을 아끼지 않고 있다. 그중 하나가 '올버즈 플라이트 플랜Allbirds Flight Plan'이다. 쉽게 말하자면 지속 가능성을 추구하는 프로젝트라고 할 수 있겠다. 이는 2025년 말까지 배출되는 탄소의 50%, 2030년까지는 95%를 줄이는 것을 골자로 한다. 2021년의 경우, 2020년 대비 유닛당 14%가량을 줄이는 실질적인 결과를 만들어냈다. 플라이트 플랜은 단순히 탄소를 줄이는 것만을 목적으로 하는 것은 아니다. 플랜의 출발에는 올바른 노동(임금, 다양성 등)과 동물 복지가 자리하고 있다. 즉, '좋은 제품을 더 좋은 방법으로 만들자!'를 골자로 하는 올버즈의 모든 행위가 이 플라이트 플랜에 해당한다.

신소재(식물 베이스, 대체 가죽)와 신규 모델 개발, 의류 출시도 하고 있다. 올버즈가 처음 시장에 등장했을 때의 주력 소재는 위에서도 언급한 '메리노 울'이었다. 그렇게 '울 러너' 라인이 큰 성공을 거둔 뒤에 나무껍질로 만든 섬유가 주 재료인 '트리 컬렉션' 라인이 등장했다. 게다가 이제는 신발에 국한되지 않고, 친환경 의류 라인도 출시하며 포트폴리오를 다변화하려는 노력도 이어가고 있다. 룰루레몬도 이와 비슷한 노선을 보였었다. 올버즈의 포트폴리오는 퍼포먼스를 위한 운동화·운동복, 실생활을 위한 신발·의류로 구분 지을 수 있다. 이러한 움직임을 통해 애슬레저(일상복과 경계를 허문 스포츠 웨어) 브랜드에 안주하는 것이 아니라, '원마일 웨어(집에서 1마일, 즉 1.6km 반경 내에서 입을 수 있는 옷으로 격식을 갖춘 옷이 아닌 간편한 외출복을 뜻함)' 열풍에 걸맞은 라이프스타일의 대표 브랜드로 거듭나려는 올버즈의 노력을 엿볼 수 있다.

D2C 붐, 이제는 출구를 찾을 시간

소개하고 있는 올버즈와 안경 업체 와비 파커Warby Parker, 의류 업체 스티치 픽스Stitch Fix까지 이들 기업에는 공통점이 있다. 바로 신생 기업이라는 것과 최근 몇 년 새 시장에서 뜨거운 관심을 받았다는 것, 그리고 이들의 성공에 D2C(Direct To Customer) 방식이 톡톡히 한몫했다는 것이다. D2C 방식은 기업이 소비자와 직거래를 하는 형태의 비즈니스로 신생 기업이 고객과 직접 컨택이 가능하다는 것이 장점이다. D2C 비즈니스는 총판이나 백화점과 같은 도매가 없고 오프라인 매장도 많지 않다. 올버즈의 제품도 올버즈의 웹사이트, 그리고 오프라인 매장에서만 만나볼 수 있다.

성장 초기에는 매장이 없어도 성공할 수 있는 특정 단계가 있으며 이때는 고객을 확보하는 것이 쉬운 편이다. 그러나 이러한 D2C 기반의 '디지털 네이

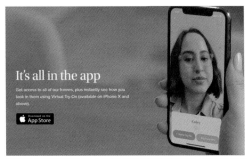

▲ 와비 파커의 '홈 트라이온' 서비스를 통해 얼굴 너비에 맞는 안경을 선택하고 '버추얼 트라이온' 서비스를 통해 가상으로 착용해 볼 수도 있다. (출처: warbyparker)

티브' 브랜드 모두 오프라인 매장 없이는 연간 매출 10억 달러를 달성하지 못하는 한계점을 드러내기도 했다. 게다가 애플의 개인정보 보호 정책 강화, 페이스북 광고 단가 인상 등의 악재도 있었다(지난 2년간 페이스북 광고 단가는 무려 3배가량 올랐다고 한다).

위에서 언급한 와비 파커의 경우 D2C의 한계를 슬기롭게 극복 중인 사례로 인용된다. 온라인으로 맞춤형 안경을 제작해 보내주던 와비 파커는 이 과정에서 오프라인 매장을 향한 소비자의 니즈를 확인했다. '안경, 선글라스는 써봐야 안다'는 말처럼, 온라인으로 대뜸 안경을 구매하기 어렵다는 점을 극복하기 위해 '홈 트라이온Home Try-On'이라는 서비스를 시행해 큰 인기를 끌었다. 이는 홈페이지에서 5개의 안경을 고르면 집으로 배송 받아 최대 5일간 써볼 수 있는 혁신적인 서비스다.

현재 와비 파커는 미국 전역에 오프라인 쇼룸을 확장하고, 옴니채널을 활용해 이를 다시 온라인 매출로 연결하는 전략을 사용하고 있다. 또 와비 파커 어플리케이션을 통해 가상으로 안경을 착용한 모습을 손쉽게 볼 수 있게 하거나(버추얼 트라이온Virtual Try-On이라 불리는 기술로 생각보다 정교한 시뮬레이션이 가능하다), 원격으로 안과 의사를 연결해 10분 만에 시력 측정을 하는 등 끊임없이 신기술을 도입하며 발전하고 있다.

뛰는 올버즈, 날개를 달 수 있을까?

올버즈 역시 상대적 약점을 극복하기 위해 여러 가지 콜라보를 시도하고 있다. 올버즈는 지난 2020년 아디다스와 함께 풋웨어 산업에서 발생하는 7억 톤의 이산화탄소 발생을 줄이기 위한 파트너십을 맺고 협업을 이어왔다. 지난해에는 '퓨처크래프트 풋프린트'라는 이름의 스니커즈를 출시했는데 이 신발 재료의 50%는 재활용 재료이다. 또 한 켤레 생산에 따른 총 탄소량을 신발 옆면에 명시한 것이 특징이다.

일전에는 미국의 햄버거 기업 쉐이크쉑shakeshack과 손을 잡고 햄버거에서 영감을 받은 스니커즈를 내놓기도 했으며, 2022년에는 뉴욕의 스트릿 브랜드 스테이플STAPLE과도 콜라보를 진행했다. 올버즈의 콜라보는 상품의 디자인적인 부분에 국한되지 않았다. 2018년에는 한시적으로 미국의 백화점 노드스트롬Nordstrom과 콜라보 해, 팝업 스토어를 열기도 했다.

아디다스와 같은 운동화 브랜드의 일인자, 또는 쉐이크쉑이나 스테이플처

▲ 아디다스와 콜라보한 '퓨처크래프트 풋프린트'. 신발 옆면에 생산에 발생한 탄소량이 기재되어 있다. (출처: allbirds)

▲ 쉐이크쉑과 올버즈의 콜라보 컬렉션 (출처: allbirds)

럼 기존 고객층과 겹치지 않을 법한 새로운 영역의 브랜드와 콜라보를 진행하는 것은 매우 영리한 전략이라 할 수 있다. 유럽에서도 베자veja라는 스니커즈 브랜드가 올버즈와 비슷한 철학과 전략을 시도하고 있다. 지속 가능성 철학을 사업에 반영하면서도, 보다 젊고 트렌디한 브랜드 이미지 구축을 위해 다양한 아티스트, 브랜드와 협업하고 있는 것이다.

올버즈의 플러스 알파는?

올버즈의 놀라운 성장 속도는 시장을 놀라게 했지만, 아직 성장 여력이 충분한 기업이기도 하다. 올버즈라는 브랜드를 알고 있는 미국인은 아직 전체 인구의 11%뿐이라고 한다. 아직도 무궁무진한 성장 가능성이 있다는 이야기다. 올버즈 측에 따르면 기존 구매자의 40% 이상이 재구매에 나선다고 한다. 그리고 이렇게 재구매를 결심하는 올버즈의 소비자들은 첫 해보다 두 번째 해에 전년 대비 30%가량의 예산을 신발 구입에 더 쓴다는 자체 조사 결과도 있다.

다시 시작 지점으로 돌아가서 탐스 이야기를 해보자. 한때 잘나가던 탐스는 2010년대 후반부터 한계에 봉착했다. 상품의 질이나 서비스, 디자인 등

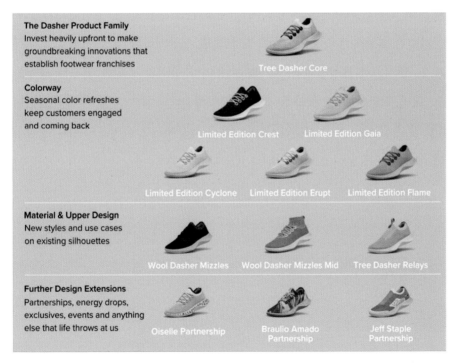

▲ 다양한 소재와 디자인으로 사랑받고 있는 울버즈의 컬렉션 (출처: 2022 올버즈 IR)

의 측면에서 변화된 모습을 보이지 못한 채 '착한 패션', '착한 소비'를 강조하는 것만으로는 지속적인 성장이 힘들었던 것이다. 탐스는 끈 없이 신는 '슬립온' 모델 하나만으로 메가 히트를 만들었지만 그 뒤를 이을 만한 모델이 없었기에 자연스레 탐스 자체의 인기도 사그라졌다. 파산의 고비를 넘긴 지금까지도 탐스 매출 절반 이상은 슬립온 단일 모델에서 나오고 있다. 올버즈의 '울러너' 성공 이후 상품 다변화 전략에 집중한 행보와는 사뭇 달랐다는 점을 알 수 있다.

사실 올버즈에 대해 깊게 알아보기 전까지는 올버즈 역시 탐스의 전철을 밟지 않을까 하는 걱정이 들기도 했다. 당장의 손익이 마이너스라는 점도 우려 사항이었다. 그러나 앞으로 더욱 거세질 친환경 열풍, 수익 다변화를 위한 올버즈의 적극적인 자구책, 미국 및 글로벌 시장에서의 성장 여력을 고려해 보자. 인지도가 높아질수록 마케팅 비용이나 출점과 관련한 투자는 줄어들고, 흑자 전환 시기도 빨라질 것으로 전망해 본다. 참고로 올버즈는 2022년 6월 말 러셀2000 지수에 편입되었다. 주식 시장에서도 올버즈의 향후 성장성에 대한 기대를 보이고 있다는 반증으로 나타난다.

올버즈

커지는 매출 성장세, 더 커지는 비용 증가세

12월이 결산월인 올버즈는 지지난해 13%, 그리고 지난해 26%가 넘는 매출 성장세를 기록했다. 연간 매출 추세의 경우 1분기에서 4분기로 갈수록 증가하는 흐름을 나타내는데 특히 2분기와 4분기의 매출이 두드러진다. 반면 성장 초기 가파른 비용 증가세로 인해 손실 역시 지속적으로 증가하고 있다.

2022년 5월 10일에 발표한 2022 회계연도 1분기 실적에 따르면 전년동기 대비 매출은 26.4% 증가한 6276만 달러로 예상치를 상회했고, EPS는 40% 개선된 −0.15달러로 예상치를 하회했다. 오프라인 채널을 통한 매출이 전년동기 대비 129% 증가한 가운데 이후 러시아·우크라이나 전쟁과 중국의 코로나19에 따른 지역 봉쇄 그리고 공급망 문제 등으로 가이던스를 하향 조정했다.

● 최근 2년간 실적(12월 결산 및 Non-GAAP EPS 기준)

회계연도	분기	매출	영업이익	순이익	EPS	전분기 대비
FY2020	Q1	42.19	-9.26	-6.10	-0.11	-
	Q2	50.59	-3.08	-3.41	-0.06	-
	Q3	47.24	-7.23	-7.00	-0.13	44%
	Q4	79.28	-9.66	-9.35	-0.18	17%
	합계	219.30	-29.22	-25.86	-0.49	75%
FY2021	Q1	49.64	-10.43	-13.52	-0.25	118%
	Q2	67.91	-4.17	-7.61	-0.14	119%
	Q3	62.71	-11.88	-13.80	-0.25	90%
	Q4	97.22	-6.40	-10.44	-0.09	-49%
	합계	277.47	-32.88	-45.37	-0.65	33%

*매출 단위: 백만 달러, EPS 단위: 달러

상장 초기의 기대감이 사라진 주가 흐름

2021년 11월에 상장한 올버즈의 주가는 2022년 5월 5일 기준으로 5.44달러, 시가 총액은 8억 754만 달러이다. 상장 이후 주가가 -63.73% 하락한 가운데 올해 들어서는 -63.93% 하락했으며 최고가는 28.89달러, 최저가는 5.07달러이다. 벤치마크인 러셀2000 지수와 비교해 보면 상장 초기에는 벤치마크를 압도적으로 상회했지만 2022년 2월부터 벤치마크 수익률을 하회하기 시작해 현재까지 그 격차가 증가하는 추세를 보인다. 반면 최근 실적 발표 이후 다소 반등하는 양상을 나타내고 있다. 그리고 올버즈는 배당을 지급하지 않는다.

● 상장 이후 올버즈 주가 추이 & 주가 수익률 추이(벤치마크 지수 포함)

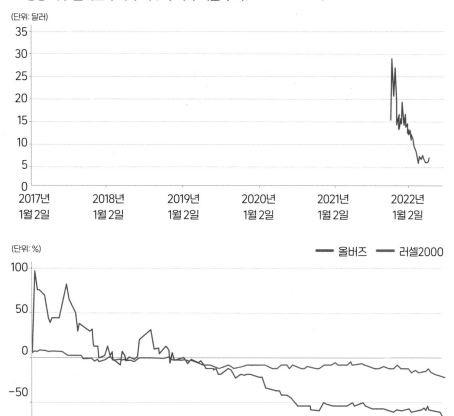

(단위: 달러)

(단위: %)

——— 올버즈 ——— 러셀2000

구분	최근 1개월	최근 6개월	2022년 누적	상장 이후	최근 5년
올버즈	+10.02%	−66.14%	−68.19%	−82.14%	—
러셀2000	+3.55%	−16.32%	−18.56%	−23.02%	+30.19%

*6월 9일 기준

뉴지랭크US 종목 진단

종합 점수	모멘텀 점수	펀더멘탈 점수	베타	롱텀	엔벨
53	98	9	0.43	83	100

상장 3년 미만의 경우 모멘텀, 베타, 엔벨 등 일부만 유효한 의미를 갖는다. 2022년 5월 31일 뉴지랭크US 종목 진단 결과 종합 점수는 53점으로 양호하다. 모멘텀 점수는 98점으로 상대적으로 최근 수급과 거래량이 매우 좋은 반면, 펀더멘탈 점수는 9점으로 상대적으로 매우 부진한 재무 상태를 보이고 있다.

베타 지수는 0.43로 시장 변화에 크게 영향을 받지 않고, 현재 주가가 엔벨 지수상 중심선을 강하게 상회하고 있어 단기적으로 조정 가능성이 있다.

월가의 투자 의견 및 목표 주가

최근 3개월간 발표된 올버즈에 대한 12건의 월스트리트 투자 의견을 종합하면 '강력 매수'이고, 향후 12개월간 목표 주가는 최고 15.00달러, 최저 5.00달러, 평균 8.83달러로 현재가 대비 +61.72% 높은 상황이다.

• 최근 3개월간 월가의 투자 의견 및 목표 주가 종합

Strong Buy

$8.83
▲(61.72% Upside)

Based on **12** Wall Street analysts offering 12 month price targets for **Allbirds** in the last 3 months. The average price target is $8.83 with a high forecast of $15.00 and a low forecast of $5.00. The average price target represents a **61.72%** change from the last price of **$5.46**.

12 Ratings

■ 9 Buy   ■ 3 Hold   ■ 0 Sell

Based on **12** analysts giving stock ratings to **Allbirds** in the past 3 months

Highest Price Target **$15.00** | Average Price Target **$8.83** | Lowest Price Target **$5.00**

출처: Tipranks.com

• 최근 3개월간 월가의 투자 의견 및 목표 주가 현황

추천일	평가회사	애널리스트	투자등급	목표가	추천일종가
2022/05/20	Berenberg Bank	Brian McNamara	보유	5.00	4.68
2022/05/18	Bank of America Securities	Lorraine Hutchinson	매수	8.00	4.62
2022/05/11	Piper Sandler	Erinn Murphy	매수	12.00	3.99
2022/05/11	Morgan Stanley	Kimberly Greenberger	매수	12.00	3.99
2022/05/11	Telsey Advisory Group	Dana Telsey	매수	9.00	4.00
2022/05/11	J.P. Morgan	Matthew Boss	보유	7.00	4.00
2022/05/11	Cowen	John Kernan	매수	7.00	4.00
2022/05/11	Bank of America Securities	Lorraine Hutchinson	매수	16.00	3.99
2022/05/11	Berenberg Bank	Brian McNamara	보유	9.00	0
2022/05/11	Stifel Nicolaus	Jim Duffy	매수	7.00	4.00
2022/05/11	Robert W. Baird	Mark Altschwager	매수	10.00	3.99
2022/05/10	Guggenheim	Robert Drbul	매수	15.00	4.52
2022/05/06	Telsey Advisory Group	Dana Telsey	매수	11.00	5.32
2022/05/05	Guggenheim	Robert Drbul	매수	15.00	5.44
2022/04/28	Wedbush	Tom Nikic	매수	8.00	5.08
2022/03/17	Jefferies Co.	Ashley Helgans	보유	6.00	6.57
2022/03/16	Piper Sandler	Erinn Murphy	매수	16.00	5.95
2022/03/01	Berenberg Bank	Brian McNamara	보유	9.00	7.59

출처: 키움증권 HTS 영웅문G (2022년 5월 기준)

최신 분석 결과가 궁금하다면?

뉴지랭크US 분석 결과

월가 의견 및 목표 주가

미국의 에뛰드하우스, 스킨푸드?
갓성비 화장품의 대표 기업

eyes lips face

• 종목명: 이엘에프 뷰티 e.l.f. Beauty Inc
• 티커: ELF | 지수: 러셀2000 및 S&P600 | 섹터: 필수소비재 > 개인용품 (화장품)

저가 제품에서 갓성비 제품으로! 그 어려운 일을 해냈습니다

이엘에프라는 이름을 들어본 독자가 있을지 모르겠다. 전혀 들어보지 못한 독자들이 대부분일 것이고, 들어봤어도 미국의 저렴한 드럭스토어 화장품 브랜드 정도로 알고 있는 분들이 다일 것이다. 실제로 과거에 이엘에프는 품질이 낮고, 싸구려틱(?)하지만 그래도 가격이 저렴하기에 돈 없는 학생들이나 이제 막 메이크업에 입문한 초보들의 메이크업 연습용 브랜드로 유명했다. 마치 우리나라 중·고등학생들이 에뛰드하우스나 스킨푸드에서 저렴한 립 틴트를 사는 것과 비슷하다. 하지만 아직까지도 그렇다고 생각한다면 큰 오산이다. 저렴이 브랜드의 고유명사였던 이엘에프 코스메틱이 변화하고 있다.

가격은 여전히 저렴하지만, 품질은 이전과 비교할 수 없을 정도로 좋아지고 있다. 학생 때는 돈이 없어서 어쩔 수 없이 썼는데 성인이 되고나서 큰 돈을 벌기 시작한 후에도 비싼 화장품보다 사용감이 좋아서 계속 사용한다는 여성들의 일화도 자주 들려올 정도다. 어떻게 된 걸까? 이번 챕터에서는 끊임없는 제품 혁신으로 이미지 탈바꿈에 성공한 미국의 대표 드럭스토어 메이크업 브랜드 이엘에프에 대해 알아보자.

우리나라의 상황만 생각하더라도 '확' 감이 올 거다. 화장을 즐겨하는 분들이라면 공감하겠지만 요즘 웬만한 화장품 쇼핑은 올리브영 방문 한 번이면 전부 해결된다. 올리브영에 입점해 있는 작은 브랜드들의 품질이 이전과는 비교할 수 없이 좋아져서 몇몇 제품들은 백화점 퀄리티 부럽지 않은 제품력을 자랑한다. 품질은 결국 배신하지 않는다는 것을 기업들도 배워가고 있는 것이다. 때문에 품질 연구에 아낌없는 투자를 기울이고, 가격 거품을 낮춤으로써 소비자들의 마음을 얻고 있다.

▲ 이엘에프 메이크업 제품들 (출처: elfcosmetics)

작은 아이디어가 상장 기업이 되기까지

브랜드의 탄생 스토리를 들여다보자. 이엘에프 코스메틱의 공동 창립자 조이 샤마Joey Shamah는 패션 사업가인 아버지 밑에서 자랐다. 그는 저렴한 소재를 사용해 그때그때 유행에 맞는 의류를 대량으로 디자인해 생산하는 일명 '패스트패션'의 탄생과 성공을 직관했다. 그러던 어느 날, 이런 패스트패션의 특징을 메이크업 사업에 접목시키면 어떨까 하는 영감을 얻었다. 낮은 가격을 유지하면서 유행에 맞는 신제품을 발 빠르게 출시하는 전략이었다. 메이크업의 트렌드도 패션 유행만큼이나 다이나믹하게 시시각각 바뀌니 이런 전략이 뷰티 시장에서도 통할 거라고 판단한 것이다. 단, 원칙이 있었다. '저렴한 가격 = 낮은 품질'이라는 패스트패션의 공식을 깨트리고, 써보면 깜짝 놀랄 만한, 그야말로 가성비가 '넘쳐 흐르는' 품질을 구현하는 것이었다.

또 다른 공동 창립자인 스콧 빈센트 보바Scott Vincent Borba는 LA에 사는 뷰티 업계 종사자였다. 어느 날 보바는 LA에 위치한 99센트 스토어(일명 미국의 1000원 샵) 주변을 지나갔는데 주차장에 여러 대의 BMW와 메르세데스 벤츠가 주차돼 있었다고 한다. '좋은 차 끌고, 손에는 루이비통 백을 들고 있는, 딱 봐도 까다로운 취향을 가진 여성들이 99센트 스토어에는 왜?'라는 의문이 들어 흥미롭게 관찰했다. 들여다보니 고급스러운 취향을 가진 이들이 화장품을 할인가에 사겠다고 눈에 불을 키고 쇼핑을 하고 있었다고 한다. 보바는 여기에 엄청난 시장 기회가 있겠구나 생각했고 그 결과 2004년에 Eyes(눈), Lips(입술), Face(얼굴) 세 단어의 앞 글자를 따서 만든 '이엘에프 코스메틱스 e.l.f. Cosmetics'가 탄생한다.

첫 번째 성공 요인, 충성 고객을 확보시킨 똑똑한 마케팅 전략

이엘에프 성공의 두 가지 핵심은 가격 대비 똑똑한 마케팅과 확실한 품질이다. 먼저 마케팅 전략을 보자. 이엘에프는 무엇보다 고객들과의 꾸준한 소통을 통해 충성 고객을 확보했다. 그리고 이러한 소통을 통해 고객들의 수요를 재빠르게 파악할 수 있었다. 이엘에프는 2007년 웹사이트에 '챗 나우Chat Now'라는 기능을 오픈했는데, 이것은 자신에게 맞는 메이크업 스타일, 색 조합, 제품 등에 대한 일대일 상담을 전문 메이크업 아티스트로부터 받을 수 있는 채팅 서비스였다.

그리고 같은 해에 '가상 변신 랩Virtual makeover lab' 서비스도 런칭했다. 고객들이 자신의 사진을 업로드하면, 화면상으로 이엘에프의 제품들을 테스트해

▲ 모바일을 통해 가상으로 메이크업을 체험할 수 있는 이엘에프의 특화 서비스

볼 수 있는 가상 메이크업 서비스였다. 최근에도 이와 비슷한 방식의 가상 메이크업 앱이 많이 출시되고 있는데, 이엘에프는 이런 모델을 이미 15년 전부터 일찍이 선보이고 있었던 것이다. 이뿐만이 아니다. 고객들이 이엘에 프의 웹사이트를 마치 페이스북과 같은 소셜미디어처럼 사용할 수 있게끔 하는 커뮤니티를 만들었다. 여기에서 고객들은 직접 자신만의 프로필을 만 들어, 이엘에프의 블로그 포스트에 댓글을 달거나, 다른 가입자들과 소통할 수 있었다. 이런 이엘에프의 뷰티 커뮤니티는 큰 인기를 끌면서 2011년에 200만 가입자 수를 돌파했고, 전문적인 메이크업 팁이나 실속 있는 피드백 이 필요한 사람이라면 가장 먼저 찾는 대표적인 뷰티 커뮤니티로 거듭나게 된다. 커뮤니티 흥행을 통해 인지도를 높이는 데에 성공했고, 또 고객들의 수요나 현실적인 제품 피드백을 파악하기에 이보다 좋은 데이터가 없었다. 최근에도 고객들의 참여engagement를 유도하는 다양한 이벤트와 활발한 소셜 미디어 계정 관리를 통해 35.5만 명의 틱톡 팔로워, 580만 명의 인스타그램 팔로워를 보유하고 있다.

현재와 미래의 메이크업 소비를 주도할 10대, 20대들을 사로잡았다는 점 도 성공적인 마케팅의 비결이었다. 10대와 20대들에게 가장 인기 있는 유튜 버, 틱톡 스타, 인스타그램 스타 등 인플루언서들과의 콜라보레이션을 통해 브랜드 인지도와 호감도를 급격하게 높였다. 인기 가수 터브 로Tove Lo를 모델 로 내세운 신제품 캠페인 이미지나 던킨 도넛, 치폴레 등과 같은 인기 브랜드 들과의 콜라보를 통해, 맛있어 보이고(?) 사고 싶은 화장품을 꾸준히 출시하 고 있다.

유니크한 에디션들을 출시하자 자연스럽게 이를 리뷰하는 인플루언서들

이 많아졌다. 우리나라로 따지면 '내돈내산(내 돈 주고 내가 산 상품)' 후기들이 유튜브에 많이 업로드 되었는데, 이때 자연스러운 브랜드 홍보 효과를 덤으로 얻게 된다. 다양한 캠페인 시도와 인플루언서들의 사랑은 이엘에프가 가지고 있던 '저가 브랜드 편견', 즉, '너무 값이 싸서 왜인지 손이 안 가는 브랜드의 이미지'를 씻는 계기가 돼주기도 했다.

두 번째 성공 요인, 가격은 저렴해도 품질은 확실

또 다른 성공 비결은 '가격 대비 확실한 품질'이다. 보통 가격과 품질은 양립하지 못하는 것이 일반적인데 이게 어떻게 가능한 걸까. 이에 대한 이엘에프의 미션은 처음부터 확고했다.

"아름다워지는 데 돈이 많이 든다는 편견을 깨자, 가격과 성능이 비례하지 않음을 보여주자."

이엘에프는 이런 비전에 공감하는 제조사 및 공급처들을 일일이 찾아다니면서 함께 할 팀을 구축해 나갔다. 실제로 이엘에프는 제조 및 공급사들과 친밀한 관계를 유지한 덕분에 가격을 저렴하게 유지할 수 있었다고 설명한다. 또한 전통적인 TV 광고나 연예인의 인지도를 앞장 세운 광고를 지양했다. 실제로 대부분의 화장품 브랜드들이 유명 연예인 광고에 천문학적인 돈을 들이고 있다. 샤넬은 2012년 영화배우 브래드 피트를 향수 광고 모델로 섭외하기 위해 700만 달러를 지불했는데 당시 물가를 감안하면 한화로 100억 원이 훌쩍 넘는 액수였다. 이렇게 다른 브랜드들이 연예인을 내세워 높은 광고비를 충당하기 위해 제품 가격을 비싸게 책정하는 동안, 이엘에프는 당장의 광고 효과와 파급력이 작을지라도, 고객들과의 소통에 성실히 임함으로써 낮은 가격을 유지하고, 충성 고객들을 오랜 기간 쌓아갈 수 있었던 것이다.

그러면서도 품질은 확실히 잡았다. 이엘에프와 비슷한 가격대의 일부 저가 브랜드들은 피부를 손상시킬 수 있는 자극적인 화학 물질(가격이 저렴한)로 제품력을 구현하는 경우가 있다. 이와 달리 이엘에프의 제품들은 100% 자연 유래 성분들로 만들어진다. 때문에 몸에 해로운 화학 성분이나 인공 방부제에 민감한 사람들도 이엘에프 제품은 믿고 사용할 수 있다. 최근에는 고급 화장품 성분에 해당하는 히알루론산, 스쿠알렌, CBD 등을 적극적으로 첨가한 스킨케어 제품까지 개발해 제품력까지 확실히 잡았다. 여기다가 동물 실험을 일절 시행하지 않는 100% 크루얼티 프리Cruelty Free를 실천하고 있으니 사실상 이보다 완벽한 화장품 기업이 또 있을까?

알면 알수록 끝없는 매력을 갖고 있는 이엘에프다. 뷰티 컨텐츠를 즐겨보는 독자라면, 국내 정상 뷰티 유튜버인 포니(채널명: PONY Syndrome)나 이사배(채널명: RISABAE)가 이엘에프의 제품을 여러 차례 쓰는 모습을 봤을 것이다. 누구든지 한 번 써보고 나면 '좋다는 데는 다 이유가 있구나' 하는 생각이 들게 만드는 브랜드다. 고객의 니즈를 정확히 파악하고 끊임없는 제품 혁신을 거듭하는 '가성비 최고' 뷰티 기업의 미래가 더욱 기대된다.

이엘에프 뷰티

코로나19 이후 부진한 이익률

3월이 결산월인 이엘에프는 2018 회계연도와 2019 회계연도에 성장이 정체되었다. 반면 2020년 하반기 이후로 매출이 다시 성장세를 나타내며 2022 회계연도 포함 최근 5년간 8% 이상 증가하는 양상이다. 2022 회계연도 매출은 전년동기 대비 23.3% 증가한 392억 2000만 달러, EPS는 215% 급증한 0.41달러를 기록했다. 인플레이션과 운송 비용의 급증에도 호실적을 기록한 가운데 코로나19가 잦아들고 사람들의 활동이 늘어나면서 2023 회계연도 실적 모멘텀이 이어질 전망이다.

2022년 8월 3일에 발표한 2023 회계연도 1분기 실적에 따르면 전년동기 대비 매출은 26.4% 급증한 1억 2260만 달러, EPS는 144% 급증한 0.39달러로 모두 예상치를 상회했다. 그리고 코로나19가 잦아들고 사람들의 외부 활동이 지속적으로 늘어나자 2023 회계연도 가이던스를 상향 조정하며 실적에 대한 자신감을 내비쳤다.

● 최근 2년간 실적(3월 결산 및 Non-GAAP EPS 기준)

회계연도	분기	매출	영업이익	순이익	EPS	전분기 대비
FY2021	Q1	64.53	3.01	1.51	0.03	-63%
	Q2	72.35	1.97	0.45	0.01	-92%
	Q3	88.56	6.29	4.30	0.09	-44%
	Q4	92.67	-1.87	-0.02	-	-100%
	합계	318.11	9.40	6.23	0.13	-65%
FY2022	Q1	97.05	11.17	8.28	0.16	433%
	Q2	91.86	7.44	5.72	0.11	1,000%
	Q3	98.12	8.97	6.21	0.12	33%
	Q4	105.10	2.20	1.60	0.03	300%
	합계	392.20	29.80	21.80	0.41	215%

*매출 단위: 백만 달러, EPS 단위: 달러

필수소비재의 특성을 보여주는 주가 흐름

2016년 9월에 상장한 이엘에프의 주가는 2022년 5월 5일 기준으로 23.30달러, 시가총액은 12억 1441만 달러이다. 최근 12개월간 주가는 -23.78% 하락했고 올해 들어서는 -29.84% 하락했으며 최고가는 33.21달러, 최저가는 22.79달러이다. 벤치마크인 러셀2000 지수와 비교해 보면 2019년 6월부터 현재까지 벤치마크 수익률을 지속 상회하고 있다. 특히 코로나19 팬데믹 이후로 벤치마크 수익률과의 격차가 더욱 커지는 상황으로 필수소비재의 경기방어주 특성을 제대로 보여주고 있다. 그리고 이엘에프는 현재 배당을 지급하지 않고 있다.

● 최근 5년간 이엘에프 주가 추이 & 최근 3년간 주가 수익률 추이(벤치마크 지수 포함)

(단위: 달러)

(단위: %)

구분	최근 1개월	최근 6개월	2022년 누적	최근 1년	최근 5년
이엘에프	+18.85%	-15.95%	-20.74%	-6.44%	+4.00%
러셀2000	+3.55%	-16.32%	-18.56%	-19.93%	+30.19%

*6월 9일 기준

뉴지랭크US 종목 진단

종합 점수	모멘텀 점수	펀더멘탈 점수	베타	롱텀	엔벨
90	99	80	1.12	80	100

2022년 5월 31일 뉴지랭크US 종목 진단 결과 종합 점수는 90점으로 높다. 모멘텀 점수는 99점으로 상대적으로 최근 수급과 거래량이 매우 좋고, 펀더멘탈 점수도 80점으로 상대적으로 안정적인 재무 구조를 보이고 있다.

베타 지수는 1.12로 시장 변화에 영향을 받아 상승장에 유리하고, 시즈널 지수의 경우 연중 최저점이 10월 말, 연중 최고점이 5월 초로 상반기 주가가 하반기에 비해 높은 편이다. 롱텀 지수상 '어깨'에 위치하고 있는 이엘에프의 현재 주가가 엔벨 지수상 중심선을 강하게 상회하고 있어 단기적으로 조정 가능성이 있다.

월가의 투자 의견 및 목표 주가

최근 3개월간 발표된 이엘에프에 대한 8건의 월스트리트 투자 의견을 종합하면 '강력 매수'이고, 향후 12개월간 목표 주가는 최고 42.00달러, 최저 24.00달러, 평균 32.50달러로 현재가 대비 +22.09% 높은 상황이다.

• 최근 3개월간 월가의 투자 의견 및 목표 주가 종합

출처: Tipranks.com

• 최근 5개월간 월가의 투자 의견 및 목표 주가 현황

추천일	평가회사	애널리스트	투자등급	목표가	추천일종가
2022/05/26	Raymond James	Olivia Tong	매수	27.00	23.99
2022/05/26	Piper Sandler	Korinne Wolfmeyer	보유	24.00	22.15
2022/05/26	Morgan Stanley	Dara Mohsenian	매수	39.00	23.99
2022/05/26	J.P. Morgan	Andrea Faria Teixeira	매수	30.00	24.63
2022/05/26	Jefferies Co.	Stephanie Wissink	매수	34.00	24.36
2022/05/26	D.A. Davidson	Linda Bolton Weiser	매수	42.00	24.36
2022/05/26	Citigroup	Wendy Nicholson	매수	35.00	24.36
2022/05/26	Stifel Nicolaus	Mark Astrachan	보유	29.00	23.99
2022/04/20	Jefferies Co.	Stephanie Wissink	매수	33.00	25.97
2022/04/19	Piper Sandler	Korinne Wolfmeyer	보유	29.00	25.26
2022/04/18	Raymond James	Olivia Tong	매수	33.00	25.45
2022/03/30	J.P. Morgan	Andrea Faria Teixeira	매수	31.00	26.46
2022/03/27	Jefferies Co.	Stephanie Wissink	매수	35.00	0
2022/02/09	Stifel Nicolaus	Mark Astrachan	보유	33.00	28.82
2022/02/03	Morgan Stanley	Dara Mohsenian	매수	39.00	28.52
2022/02/03	J.P. Morgan	Andrea Faria Teixeira	매수	38.00	30.53
2022/01/27	Jefferies Co.	Stephanie Wissink	매수	35.00	27.76
2022/01/26	Raymond James	Olivia Tong	매수	35.00	28.21

출처: 키움증권 HTS 영웅문G (2022년 5월 기준)

최신 분석 결과가 궁금하다면?

뉴지랭크US 분석 결과

월가 의견 및 목표 주가

미국의 유일한 명품 기업,
미국판 '루이비통'에 주목하자!

CAPRI
HOLDINGS LIMITED

- 종목명: 카프리 홀딩스 Capri Holdings Limited
- 티커: CPRI | 지수: 러셀1000 및 S&P400 | 섹터: 자유소비재 > 섬유와 의류 및 사치품 (의류, 신발 및 액세서리)

인플레 시대, 투자 핵심 키워드는 가격 결정력

인플레이션이 발생하면 기업은 인건비, 재료비, 연료비 등을 모두 인상할 수밖에 없다. 즉, 들어가는 비용이 늘어난다는 뜻이다. 이때 제품 가격을 못 올리면 기업이 버는 돈은 줄어든다. 이런 상황에서 어떤 기업은 판매 가격을 인상해도 소비자들이 계속 사는가 하면, 어떤 기업은 가격을 올리면 소비자들이 안 사기 시작한다. 이렇게 판매 가격을 올려도 소비자가 줄지 않는 기업을 보통 '가격 결정력이 높은 기업'이라고 부른다.

가격 결정력이 높은 기업의 종류는 다양하다. 그 가운데 하나가 바로 명품 기업이다. 명품을 사는 사람은 부유할 가능성이 높기 때문에 가격을 높여도 이들은 소비를 줄이지 않는다. 그래서 인플레이션 시기에는 명품주에 주목해야 한다. 하지만 우리 머릿속에 즉각 떠오르는 명품들은 유럽 기업이 대부분이고 엄청난 덩치를 자랑하는 대기업이다. 명품주 스몰캡을 찾다 보면 미국 시장에 상장된 딱 하나의 기업을 찾을 수 있는데 바로 카프리 홀딩스(이하 카프리)이다.

매스티지, 아웃사이더가 아닌 주류가 되다

카프리라는 이름은 처음 들어봤어도 이 기업에 속해 있는 브랜드를 모르는 사람은 거의 없을 것이다. 카프리는 베르사체Versace, 지미추Jimmy Choo, 마이클 코어스Michael Kors 등의 명품 브랜드와 매스티지Masstige 브랜드를 갖고 있는 글로벌 패션 기업이다. 매스티지란 대중을 의미하는 '매스Mass'와 명품을 의미하는 '프레스티지Prestige'의 합성어로 대중적인 준명품 브랜드를 의미한다. 정의만 놓고 보면 매스티지는 시장에서 상당히 애매한 포지션을 차지하고 있다. 명품도 아니고, 그렇다고 일반 대중 제품이라고 보기도 어렵기 때문이다. 하지만 이제 매스티지 시장은 아웃사이더가 아닌 핵심 시장 중 하나로 자리잡고 있다.

매스티지의 개념은 2003년 처음 등장했다. 중산층의 소득이 높아지면서 더 이상 사치가 부유층만의 전유물이 아니라는 인식과 함께 고급스러운 생활에 대한 열망이 더해져 하나의 중요한 시장으로 떠오르기 시작했다. 그러다 보니 글로벌 명품 브랜드들도 매스티지 마케팅 전략을 필수적으로 채택하고 있다. 주로 하위 브랜드를 출시하는 방식으로 접근하곤 하는데, 마크 제이콥스Marc Jacobs는 마크 바이 마크 제이콥스Marc by Marc Jacobs를, 조르지오 아르마니Giorgio Armani는 아르마니 익스체인지Armani Exchange를, 도나 캐런Donna Karan은 DKNY를, 프라다PRADA는 미우미우MIUMIU라는 브랜드를 새로 만들어 매스티지 시장을 공략하고 있는 것이다. 제품 전략의 측면에서도 매스티지 전략은 거의 모든 명품 브랜드들이 사용하고 있다. 샤넬 핸드백은 비싸서 못 사도 샤넬 립스틱, 샤넬 향수, 샤넬 선글라스는 살 수 있다. 에르메스 가방은 못 사도 에르메스 향수, 에르메스 화장품은 살 수 있다. 비교적 적은 돈으로 누릴 수 있는 소소한 사치인 것이다. 이외에도 다양한 방식으로 매스티지 시장을 공략하기 위한 전략이 사용되고 있다. 그만큼 매스티지 시장이 중요한 비중을 차지하고 있다는 것을 보여준다.

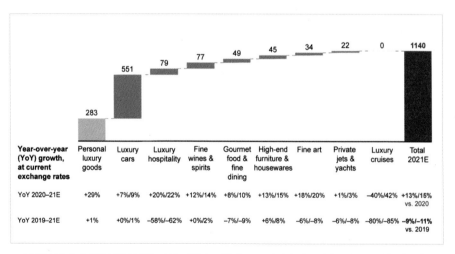

Year-over-year (YoY) growth, at current exchange rates	Personal luxury goods	Luxury cars	Luxury hospitality	Fine wines & spirits	Gourmet food & fine dining	High-end furniture & housewares	Fine art	Private jets & yachts	Luxury cruises	Total 2021E
YoY 2020–21E	+29%	+7%/9%	+20%/22%	+12%/14%	+8%/10%	+13%/15%	+18%/20%	+1%/3%	−40%/42%	+13%/15% vs. 2020
YoY 2019–21E	+1%	+0%/1%	−58%/−62%	+0%/2%	−7%/−9%	+6%/8%	−6%/−8%	−6%/−8%	−80%/−85%	−9%/−11% vs. 2019

▲ 2021년 전 세계 명품 시장 성장률. 잡화, 자동차, 와인 등 모든 분야의 명품 산업이 팬데믹 이후 회복하고 있는 모습이다. (출처: 베인 캐피탈, 단위: 10억 유로)

인플레이션을 제외하더라도 명품 시장에 관심을 가져야 하는 이유는 또 있다. 아직 세계 경제가 팬데믹 이전 수준을 완벽하게 회복하지 못했기 때문이다. 영국의 경영 컨설팅 기업 베인 캐피탈Bain Capital의 리포트를 보면 글로벌 명품 시장도 팬데믹의 충격을 피할 수 없었다. 이후 2021년부터 빠르게 회복하긴 했지만, 팬데믹 이전인 2019년에 비하면 여전히 약 11%가량 회복이 덜 이루어진 것으로 나타난다. 2021년 억눌린 보복 소비가 폭발했고, 2022년 여행 수요는 팬데믹 이전 수준을 훌쩍 뛰어넘었지만 명품 시장은 아직도 회복 중이기에 기회는 여기에 있다.

새우가 고래를 삼키다

카프리는 1981년 세계적인 미국의 패션 디자이너 마이클 코어스가 창업했다. 우리에게 익숙한 브랜드, 그 마이클 코어스 맞다. 그래서 원래 기업명은 마이클 코어스 홀딩스였고 마이클 코어스 제품만 판매했다. 마이클 코어스는 분명 저가 브랜드가 아니다. 하지만 미안하게도 마이클 코어스는 명품은커녕 준명품이라고 부르기도 애매하다. 가혹하게 평가하는 사람은 '아울렛 브랜드'라고 말한다. 따라서 마이클 코어스만으로는 인플레이션 시대의 명품 시장에 대응하기 어려웠다. 이에 마이클 코어스는 단일 브랜드에서 벗어나 글로벌 명품 기업으로 발돋움하기 위한 변화를 시도했다. 먼저 2017년 명품 브랜드인 지미추Jimmy Choo를 인수했고, 2018년에는 또 다른 명품 브랜드인 베르사체 Versace를 인수하며 기업의 이름도 카프리 홀딩스로 변경했다. 현재 전체 매출

▲ 카프리 홀딩스의 대표 브랜드 (출처: capriholdings)

가운데 약 72%를 마이클 코어스가 차지하고 있고 베르사체가 18%, 지미추가 10%다. 절대적으로 많은 매출을 차지하는 마이클 코어스가 카프리의 핵심 사업인 것은 맞다. 하지만 글로벌 명품 기업으로의 변화와 성장 동력의 중심에는 지미추와 베르사체가 있다. 지미추와 베르사체에 대해서 조금 더 자세히 알아보자.

베르사체의 역사는 참으로 기구하다. 베르사체는 '패션계의 태양왕'으로 불렸던 이탈리아의 디자이너 지아니 베르사체Gianni Versace가 1978년 밀라노에 첫 쇼룸을 오픈하면서 시작한다. 베르사체의 로고는 눈을 마주치면 돌로 변한다는 신화 속 인물 메두사를 모델로 했는데 시작부터 범상치 않았다. 베르사체 쇼룸에서 선보인 그의 컬렉션은 강렬한 색채, 화려함과 특유의 관능적인 아름다움으로 패션계의 주목을 단숨에 받았다. 베르사체의 과감한 디자인은 출시될 때마다 디자인의 금기를 깨며 전 세계의 화젯거리가 됐다. 그러다 보니 짧은 시간에 엄청난 성공과 부를 거두게 되었다. 하지만 1997년, 지아니 베르사체가 자택에서 연쇄 살인범에게 살해당하면서 베르사체는 무너지기 시작했다. 지아니 베르사체가 곧 베르사체였고, 베르사체는 곧 지아니 베르사체였기 때문에 그가 세상을 떠나자마자 베르사체의 정체성은 길을 잃기 시작했다. 결국 지아니 베르사체의 사망 후 10년도 지나지 않아 매출은 반 토막이 났고 2000년대 들어서자 적자의 늪에 빠져들기 시작했다. 2009년 지안자코모 페라리스가 CEO로 취임하면서 고강도의 구조 조정과 베르사체의 정체성을 다시 되찾기 위한 노력이 더해져 흑자 전환에 성공하기도 했다. 하지만 1980년대 화려했던 명성을 되찾기는 어려웠다. 이후 마이클 코어스가 베르사체를 21억 달러에 사들이기로 하면서 베르사체는 마이클 코어스의 가족이 된다.

물론 베르사체가 세계에서 제일가는 명품 브랜드는 아니다. 아직까지 마이클 코어스의 실적에 아주 큰 도움을 주고 있는 상황도 아니다. 카프리의 2021 회계연도 사업보고서에 따르면 베르사체가 벌어들인 영업이익은 2100만 달러 수준으로 나타난다. 20억 달러에 베르사체를 사들였으니 적어도 매년 2억 달러 정도씩은 벌어다줘야 하는데, 아직 본격적인 이익에 기여

| | Fiscal Years Ended | | |
	March 27, 2021	March 28, 2020	March 30, 2019
Total revenue:			
Versace	$ 718	$ 843	$ 137
Jimmy Choo	418	555	590
Michael Kors	2,924	4,153	4,511
Total revenue	$ 4,060	$ 5,551	$ 5,238

▲ 2021 회계연도 사업보고서를 통해 확인할 수 있는 베르사체의 성장세

하지 못하고 있는 것이다. 다만 앞으로가 기대되는 이유는 베르사체가 살아나는 조짐이 보인다는 것이다. 베르사체 매출은 2019 회계연도에 비해 거의 5배 이상 늘어났고, 연간 적자를 기록하던 베르사체가 2021년 회계연도에서는 흑자 전환으로 돌아섰다. 우리나라에도 종적을 감췄던 베르사체 매장들이 속속 들어서고 있는 모습이다.

또 공식 통계나 정확한 비교는 아닐 수도 있겠지만 소셜 미디어상에서 인기도 상당한 것을 알 수 있다. 이 글을 작성하고 있는 시점에(2022년 5월), 유명 명품 브랜드들의 인스타그램 팔로워 수를 확인해 봤다. 베르사체는 2700만 명이 넘는 팔로워를 확보하고 있었는데 샤넬(5000만), 구찌와 루이비통(4800만)에 비해서는 다소 적었지만 버버리(1900만)보다는 많은 수준이었다. 물론 팔로워 수가 브랜드 가치를 가늠하는 척도는 아니다. 하지만 소셜 미디어에서 상당한 인기를 끌고 있다는 것은 부인할 수 없는 사실이다.

다음은 지미추다. 지미추는 창업한 지 25년이 넘었지만 명품계에서는 신생 브랜드에 속한다. 현존하는 명품 브랜드들이 대부분 100년 넘는 역사를 가진 것에 비하면 지미추는 어린 아이에 불과한 것이다. 하지만 짧은 시간 동안 루이비통, 샤넬, 구찌와 어깨를 나란히 하는 글로벌 명품 브랜드의 입지를 굳혔다는 점에서 굉장히 이례적인 성공 사례로 꼽힌다. 지미추는 말레이시아 구두 장인의 아들로 태어난 지미추가 런던 뒷골목에서 맞춤 제작 구두를 만드는 작은 공방인 지미추를 오픈하면서 탄생했다. 지미추의 구두는 인기가 많았고 빠르게 입소문을 탔다. 그러던 중 1996년 소문을 접한 세계적 패션 잡지 〈보그VOGUE〉의 편집장이 지미추를 찾아가게 되고 그의 가능성을 본 편집장은 동업을 제안한다. 그렇게 두 사람이 지미추라는 기업을 정식으로 창업한 시점이 1996년였다.

지미추는 보그의 힘을 얻어 사교계 인사들과 상류층 여성들 사이에서 큰 인기를 끌면서 유명세를 탄다. 지미추를 공동 창업한 보그 편집장은 자신의 네트워크를 이용해 유명 셀럽과 패셔니스타들이 공식 석상에 지미추를 신게 하면서 지미추를 홍보했는데, 고 다이애나 왕세자비도 지미추를 신고 공식 석상에 등장해 큰 화제가 되기도 했다. 미디어 마케팅도 지미추의 빠른 성장에 도움이 됐다. 유명 미드 〈섹스앤더시티〉의 주인공이 좋아하는 브랜드로 등장하기도 했고, 영화 〈악마는 프라다를 입는다〉에서는 극 중 대사에 "지미추의 신발을 받는 순간 너는 악마와 영혼을 거래한 거야"라며 배우의 입을 통해 브랜드 이름이 직접 언급되기도 했다. 할리 베리, 산드라 블록, 케이트 블란쳇, 나탈리 포트만과 같은 할리우드 탑스타들도 지미추를 신고 레드카펫을 장식했다. 이처럼 셀럽뿐만 아니라 왕족과 음악가, 국가 수장에 이르기까지 유명인들이 너도나도 지미추를 신고 등장하니 지미추는 빠르게 여성들의 로망으로 자리매김하게 된다.

이런 지미추에 눈독을 들인 기업이 바로 마이클 코어스였다. 글로벌 명품 그룹으로 재탄생하기 위한 첫 번째 단계로 지미추를 인수하는데, 당시 기업 가치의 36.5%라는 프리미엄까지 얹어 13.5억 달러에 지미추를 인수했다.

이렇게 두 명품 브랜드 모두 대단한 역사를 갖고 있지만 마이클 코어스는 베르사체에 조금 더 무게를 싣는 분위기다. 베르사체의 본고장은 유럽 이탈리아다. 그리고 유럽은 명품의 본고장이다. 미국 패션 기업이 글로벌 명품 브랜드로 성공하기 위해서는 유럽 시장을 제대로 공략해야 한다. 그래서 그런지 지미추를 인수했을 때까지만 해도 유지하던 마이클 코어스 홀딩스라는 기업명을 베르사체를 인수할 때에는 카프리 홀딩스로 변경했다. 참고로 카프리는 이탈리아 남부에 위치한 아름답기로 유명한 카프리섬에서 따왔다. 뭔가 의도가 보이지 않는가. 이탈리아 브랜드를 인수하면서 모기업 이름마저 이탈리아의 섬 이름으로 바꿨다니 말이다.

정리해 보면 마이클 코어스는 명품은 아닌 매스티지 브랜드에 가깝다. 물론 매스티지 시장이 굉장히 큰 시장으로 성장하긴 했지만, 부유층 삶에 대한 열망을 가진 중산층이 주요 고객이다. 안타깝게도 중산층은 인플레이션이 심해지면 심해질수록 필수적인 소비는 못 줄이고 비 필수적인 소비부터 줄여나간다. 그렇다면 매스티지 기업은 인플레이션 시기에 다른 패션 기업들과 마찬가지로 실적에 타격을 입을 가능성이 높다. 하지만 카프리 홀딩스가 인수에 성공한 베르사체와 지미추는 100년 넘은 브랜드들과 비교해도 손색없는 명실상부 글로벌 명품 브랜드다. 그리고 인플레이션이 심화되어도 부자는 부자다. 오히려 자산이 많은 부자들은 인플레 시대에 자산 가치가 높아진다. 즉, 부자는 인플레 타격을 받지 않는다. 결국 카프리는 인플레 시대에 잘 들어맞는 투자처임에 틀림없다.

美 상장사 중 유일한 명품주

마이클 코어스와 가장 많이 비교되는 브랜드는 코치coach다. 마이클 코어스와 코치 중 어떤 브랜드와 제품이 더 나은지를 비교하는 영상과 글은 온라인에 셀 수 없이 많다. 동급 브랜드로 비교되긴 하지만 실상은 코치의 인기가 더 많다. 2021 회계연도 기준으로 마이클 코어스 단일 브랜드만의 매출은 약 29억 달러 수준인 반면 코치는 42억 달러를 달성했다. 그리고 미국의 길거리만 돌아다녀도 코치 제품이 훨씬 더 눈에 잘 보인다.

이 코치 브랜드를 보유하고 있는 모기업은 바로 미국에 상장되어 있는 태피스트리Tapestry다. 대표 브랜드인 마이클 코어스와 코치만 비교하면 카프리보다 태피스트리에 투자하는 게 낫다. 하지만 대표 브랜드 외의 브랜드를 비교하면 얘기는 달라진다. 카프리는 지미추와 베르사체를 갖고 있고, 태피스트리는 케이트 스페이드Kate Spade와 스튜어트 와이즈먼Stuart Weitzman을 보유하고 있다. 들어본 브랜드인가? 물론 아는 사람은 알겠지만, 웬만한 브랜드를 많이 접해본 필자도 이번에 처음 들어봤다. 한국식 표기법을 몰라 구글로 검색해 봤다. 검색해 보니 '아! 본 적 있다' 싶지만 어쨌든 지미추와 베르사체처럼 명품군에 속하는 브랜드는 분명 아닌, 매스티지 브랜드에 가깝다.

최근 미국에서는 소비의 양극화가 나타나고 있다. 인플레이션이 정점에 다다르던 1분기의 실적 발표를 보면 미국 최대의 유통 체인인 월마트Walmart와 그에 버금가는 타겟Target까지 실망스러운 실적을 기록했다. 반면 할인 상품을 전문으로 판매하는 TJ맥스T.J.maxx는 매우 좋은 실적을 기록했고, 부유층 고객을 확보하고 있는 노드스트롬Nordstrom과 메이시스Macy's 역시 호실적을 기록했다. 즉, 아주 싸거나 아주 비싼 제품만 잘 팔렸다는 것이다. 이처럼 인플레이션 시기에는 소비에 부담을 느낀 소비자들이 저렴한 할인 제품을 사고, 아예 인플레이션을 못 느끼는 부유층은 비싼 제품을 구매하는 방식으로 소비 성향이 변하게 된다. 그렇다면 매스티지 브랜드만 3개 갖고 있는 태피스트리의 코치보다 인기가 덜한 마이클 코어스 브랜드를 갖고 있지만, 나머지는 글로벌 정상 명품 브랜드와 어깨를 나란히 하는 지미추와 베르사체를 갖고 있는 카프리가 인플레이션 시기에 더욱 적합한 투자처가 될 것이다.

카프리가 처한 경쟁 환경을 전 세계로 넓혀 보면 난다 긴다 하는 모든 명품 브랜드들을 보유하고 있는 글로벌 명품 공룡 기업인 LVMH와 구찌, 보테가 베테타, 알렉산더 맥퀸 등의 브랜드를 가진 케링Kering, 샤넬과 프라다 등 수많은 명품 기업들을 꼽을 수 있다. 이들은 글로벌 초대형 기업이다. 이들을 상대로 보면 카프리는 여러 측면에서 부족하다. 하지만 카프리는 미국 시장에 상장된 스몰캡 주식으로 손쉽게 글로벌 명품 시장에 투자할 수 있다는 측면에서 상당한 매력을 갖고 있다. 카프리에서 투자의 기회를 찾아보자.

카프리 홀딩스

코로나19의 직격탄을 맞은 실적, 이후 빠른 회복세

3월이 결산월인 카프리는 2021 회계연도 매출이 27% 가까이 감소하는 등 코로나19 팬데믹의 직격탄을 맞았다 해도 과언이 아니다. 이전 5년간 연평균 매출 성장률은 7%가 넘는 안정적인 성장세를 보여왔기 때문이다. 하지만 2022 회계연도 들어 분기 매출이 20% 이상 증가하면서 회복세를 보이고 있다. 연간 매출 추세의 경우 결산월의 차이로 인해 1분기에서 3분기로 갈수록 증가하고 연초인 4분기에 다소 주춤한 흐름을 나타낸다.

2022년 6월 1일에 발표한 2022년 회계연도 4분기 실적에 따르면 전년동기 대비매출은 24.2% 증가한 14억 9200만 달러, EPS는 흑자 전환한 1.02달러로 모두 예상치를 크게 상회했다. 베르사체 브랜드의 매출 급증이 주요한 원인이었으며 실적 발표와 함께 10억 달러 규모의 새로운 자사주매입 프로그램을 발표했다. 또한 2023 회계연도에 두 자릿수 매출 증가를 통해 기록적인 매출과 EPS를 달성할 것을 기대한

● 최근 2년간 실적(3월 결산 및 Non-GAAP EPS 기준)

회계연도	분기	매출	영업이익	순이익	EPS	전분기 대비
FY2021	Q1	451.00	-162.00	-180.00	-1.21	-503%
	Q2	1,110.00	153.00	122.00	0.81	69%
	Q3	1,302.00	167.00	179.00	1.19	-14%
	Q4	1,197.00	-139.00	-183.00	-1.21	-67%
	합계	4,060.00	19.00	-62.00	-0.41	-72%
FY2022	Q1	1,253.00	258.00	219.00	1.45	흑자 전환
	Q2	1,300.00	195.00	200.00	1.31	62%
	Q3	1,609.00	331.00	322.00	2.15	81%
	Q4	1,492.00	182.00	81.00	1.02	흑자 전환
	합계	5,654.00	1,004.00	822.00	5.39	흑자 전환

*매출 단위: 백만 달러, EPS 단위: 달러

다고 밝혔다.

코로나19 팬데믹 이후 회복세를 보이는 주가 흐름

2011년 12월에 상장한 카프리의 주가는 2022년 5월 5일 기준으로 44.98달러, 시가총액은 66억 3974만 달러이다. 최근 12개월간 주가가 -21.81% 하락한 가운데 올해 들어서는 -30.70% 하락했으며 최고가는 70.76달러, 최저가는 44.98달러이다. 벤치마크인 러셀2000 지수와 비교해 보면 대부분 벤치마크 수익률을 하회하는 모습으로, 특히 2020년에는 코로나19 팬데믹으로 그 격차가 더욱 확대되기도 했다.

2021년 들어 벤치마크와의 격차를 줄이면서 올해 초에는 벤치마크를 상회하는 모습도 보였는데 최근 실적 발표 이후로는 급등세를 나타내고 있다. 그리고 카프리는 현재 배당을 지급하지 않고 있다.

● 최근 5년간 카프리 홀딩스 주가 추이 & 최근 3년간 주가 수익률 추이(벤치마크 지수 포함)

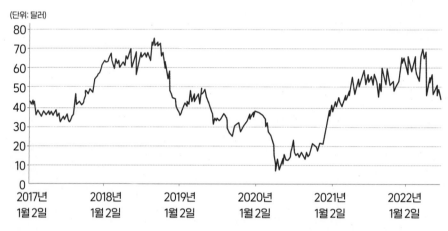

구분	최근 1개월	최근 6개월	2022년 누적	최근 1년	최근 5년
카프리	+20.57%	−23.65%	−23.68%	−7.61%	+42.37%
러셀2000	+3.55%	−16.32%	−18.56%	−19.93%	+30.19%

*6월 9일 기준

뉴지랭크US 종목 진단

종합 점수	모멘텀 점수	펀더멘탈 점수	베타	롱텀	엔벨
89	96	82	1.74	92	98

2022년 6월 7일 뉴지랭크US 종목 진단 결과 종합 점수는 89점으로 매우 높다. 모멘텀 점수는 96점으로 상대적으로 최근 수급과 거래량이 매우 좋고, 펀더멘탈 점수는 82점으로 상대적으로 매우 안정적인 재무 상태를 보이고 있다.

베타 지수는 1.74로 시장 변화에 매우 큰 영향을 받아 상승장에 유리하고, 시즈널 지수의 경우 연중 최저점이 8월 초, 연중 최고점이 2월 중순이며 상반기 주가가 하반기보다 다소 높은 편이다. 장기 하락 추세인 카프리의 현재 주가는 엔벨 지수상 중심선을 강하게 상회하고 있어 단기적으로 조정 가능성이 있다.

월가의 투자 의견 및 목표 주가

최근 3개월간 발표된 카프리에 대한 15건의 월스트리트 투자 의견을 종합하면 '매수'이고, 향후 12개월간 목표 주가는 최고 99.00달러, 최저 50.00달러, 평균 70.80달러로 현재가 대비 +35.81% 높은 상황이다.

● 최근 3개월간 월가의 투자 의견 및 목표 주가 종합

출처: Tipranks.co

● 최근 4개월간 월가의 투자 의견 및 목표 주가 현황

추천일	평가회사	애널리스트	투자등급	목표가	추천일종가
2022/06/06	UBS	Jay Sole	매수	91.00	50.95
2022/06/03	Morgan Stanley	Kimberly Greenberger	매수	65.00	49.54
2022/06/02	Evercore ISI	Omar Saad	매수	75.00	49.05
2022/06/02	Credit Suisse	Michael Binetti	보유	65.00	48.96
2022/06/02	Citigroup	Paul Lejuez	매수	72.00	49.27
2022/06/02	Barclays	Adrienne Yih	매수	63.00	48.96
2022/06/02	Robert W. Baird	Mark Altschwager	매수	75.00	49.27
2022/06/01	Jefferies Co.	Corey Tarlowe	매수	72.00	49.27
2022/06/01	Cowen	Oliver Chen	매수	70.00	49.27
2022/05/31	BTIG	Camilo Lyon	매수	99.00	48.74
2022/05/23	Citigroup	Paul Lejuez	매도	0	42.02
2022/05/18	Bank of America Securities	Lorraine Hutchinson	보유	50.00	42.78
2022/05/04	J.P. Morgan	Matthew Boss	매수	65.00	48.54
2022/04/19	Barclays	Adrienne Yih	매수	74.00	49.81
2022/04/05	Wells Fargo	Ike Boruchow	매수	85.00	50.71
2022/04/01	Barclays	Adrienne Yih	매수	72.00	50.99
2022/03/14	Bernstein Research	Aneesha Sherman	보유	55.00	49.29
2022/03/08	Morgan Stanley	Kimberly Greenberger	매수	80.00	46.15

출처: 키움증권 HTS 영웅문G (2022년 6월 기준)

최신 분석 결과가 궁금하다면?

뉴지랭크US 분석 결과

월가 의견 및 목표 주가

아마존을 뛰어넘는 회사로 성장 중인
글로벌 패션 직구 기업

FARFETCH

- 종목명: 파페치 Farfetch Limited
- 티커: FTCH | 지수: Not Listed | 섹터: 자유소비재 > 인터넷 및 다이렉트 마케팅 소매 유통 (온라인 의류 및 신발)

명품 해외 직구의 선두 주자

지난해 내 신용카드는 주인 없이도 자유자재로 국경을 넘나들었다. 필자의 열정적인 해외 직구 때문이었다. 미국, 영국, 아일랜드 등 다양한 나라에 온라인 패션 플랫폼이 있는 만큼 나의 월급도 세계 각지에 뿌려졌다.

국내에서 '직구 좀 한다'는 사람들이 모이는 온라인 커뮤니티에서 가장 자주 언급되는 몇 가지 해외 쇼핑 플랫폼이 있다. 매치스패션, 마이테레사, 네타포르테 등이 여기에 해당되는데 그중에서도 특유의 광폭 행보로 잠재력을 뿜내는 기업을 소개하고자 한다. 해외 직구 매니아로서 자부심을 걸고(?) 선택한 이 기업은 바로 영국의 파페치다.

▲ 2021년 필자의 신용카드 사용 내역 일부

　신선식품까지도 온라인으로 소비하는 시대가 도래했지만, 명품 업계만큼은 온라인과 오프라인 간의 장벽이 쉬이 사라지지 않았다. 심지어 수많은 유통 기업을 밀어내고 일인자 자리에 오른 유통 공룡 아마존조차도 온라인 명품 판매 분야에서만큼은 고전하고 있다.

　이러한 현상에는 명품 브랜드와 소비자 모두에게 각각의 이유가 있다. 온라인 쇼핑을 할 때의 우리의 모습을 떠올려보자. 초록창에 해당 물품을 검색해 최저가 순으로(가끔은 랭킹순일 때도 있지만) 정렬해서 대부분의 경우 오프라인에서 같은 물건을 살 때보다 훨씬 저렴하게 득템을 하곤 한다. 하지만 명품 업체 입장에서는 최저가를 내세우는 이러한 온라인 쇼핑의 특성과 브랜드의 고급화 전략이 어울리지 않는다고 느낄 것이다.

소비자 입장에서 명품을 온라인에서 구매하지 않는 가장 큰 이유 역시 상품의 가격대에서 출발한다. 큰돈을 주고 구매해야 하는 물건인 만큼, 백화점이나 브랜드 단독 매장처럼 신뢰할 수 있는 곳에서 구매하고자 하는 마음과 함께 그 금액대에 상응하는 서비스를 받고 싶어 하는 심리 때문이다.

이렇게 녹록치 않은 환경에서도 파페치는 명품 브랜드들이 갖고 있던 배타성을 뚫고 수많은 브랜드들과의 협업을 이뤄내며 세계 각국 소비자들의 마음을 사로잡았다. 특히나 경쟁 기업으로 꼽히던 '육스네타포르테(이하 YNAP)'를 상대로 판정승을 거두었을 뿐만 아니라, 판매 중개 이외에도 자신들만의 고유 영역을 구축해 나가는 중이다.

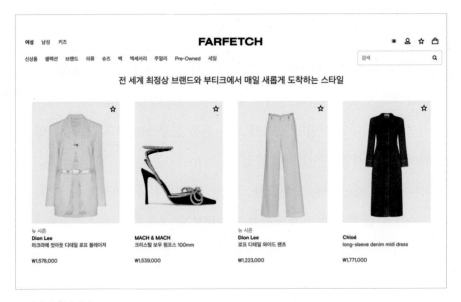

▲ 파페치 홈페이지

팬데믹에도 몸집을 불린 기업?

파페치는 2007년 영국에서 출발해 9년 후인 2018년에 뉴욕 증시에 데뷔했다. 파페치는 국내에서 '산지직송 명품'을 외치는 명품 직구 플랫폼(발란, 트렌비, 캐치패션 등)들과 비슷하다고 생각하면 이해가 쉬운데, 현재 전 세계 50개국에서 1300개가 넘는 부티크 및 브랜드와 소비자 사이에서 다리 역할을 하고 있다.

파페치의 구매자 가운데 60% 이상은 2030, 즉 MZ세대다. 하이엔드 패션 시장이 서서히 온라인으로 이동하고 있는 가운데, 주 고객인 젊은 세대가 파페치의 성장세에 불을 지핀 것이다.

연평균 성장률 (CAGR) 순위	이름	Top 100 순위	회계연도 2017~2020 연평균 성장률(CAGR)	회계연도 2020 매출 성장률
1	파페치(영국)	52	146.4%	107.3%
2	리차드밀(스위스)	51	44.7%	−12.4%
3	캐나다구스(캐나다)	58	33.4%	15.4%
4	골든구스(이탈리아)	86	23.0%	1.5%
5	스포츠웨어컴퍼니(이탈리아)	88	17.8%	0.8%
6	타이탄(인도)	22	17.0%	7.9%
7	TFG브랜드(영국)	66	15.7%	−4.6%
8	모렐레토(이탈리아)	87	15.5%	n/a
9	라오펑샹(중국)	15	13.9%	2.6%
10	쟈딕&볼테르(프랑스)	76	11.9%	0.0%

▲ 딜로이트의 〈글로벌 명품 산업 2021〉 보고서의 2021년 급성장 기업 중 명품 기업 Top 10

파페치는 마켓플레이스(오픈마켓)에 각 브랜드나 부티크의 상품을 진열하고 판매한다. 자회사를 제외한 타사 브랜드의 경우 상품 판매 금액의 25%를 위탁 수수료로 가져간다. 수수료가 너무 비싸다고 생각할 수 있지만, 파페치의 역할은 단순히 상품을 늘어놓고 대신 판매해 주는 데에서 그치는 것이 아니다. 상품 이미지 촬영, 마케팅, CS, 결제 솔루션 등의 전반적인 기획 및 대응까지 모든 것을 하는 조건의 수수료다.

파페치의 무서운 성장세는 글로벌 컨설팅 그룹 딜로이트가 발간한 〈글로벌 명품 산업 2021〉 보고서를 통해서도 확인할 수 있다. 이 보고서에서 '2021년도 급성장한 글로벌 패션 기업 TOP 10'을 확인할 수 있는데, 파페치가 3년 평균 매출 증가율 146.4%를 기록하며 압도적인 1위를 차지했다.

아마존에게 AWS가 있다면, 파페치에겐 FPS가 있다

가치 투자의 일인자로 꼽히는 미국의 헤지펀드 매니저 빌 밀러Bill Miller는 자신이 이끄는 밀러 밸류 파트너스의 2021년 3분기 주주서한에서 파페치를 언급했다. 그는 파페치를 두고 '멀티 배거가 될 잠재력이 있는 기업'이라 평가하며, 파페치가 아마존의 역사적 밸류에이션 흐름과 궤를 같이 한다고 설명했다. 두 회사에는 크게 두 가지의 공통점이 있는데, 첫째는 마켓플레이스를 운영한다는 점이고, 둘째는 기술 서비스 비즈니스가 있다는 점이다. 아마존의 효자 상품 AWS가 바로 이 '기술 서비스 비즈니스'에 해당한다(173쪽 참고). 그렇다면 파페치에게도 AWS와 같은 서비스가 있다는 말일까? 빙고! 파페치의 클라우드 기반 소프트웨어 서비스SaaS, 일명 '파페치 플랫폼 솔루션즈(이하 FPS)'는 파페치가 그리는 청사진의 핵심이라 해도 과언이 아니다.

토막상식

아마존의 AWS와 파페치의 FPS 비교

아마존의 AWS는 아마존에서 개발한 클라우드 컴퓨팅 플랫폼으로 해당 분야에서는 타의 추종을 불허하는 점유율을 자랑한다. 다양한 웹 서비스(네트워크 인프라, 소프트웨어, 플랫폼 서비스 등)를 제공하며, 일정 금액을 지불하고 이용하는 방식이다. AWS를 사용하면 물리적 환경 구축을 위한 비용을 크게 절약할 수 있다.
파페치의 FPS는 AWS의 플랫폼·소프트웨어 서비스와 비슷한 역할을 하는 솔루션이다. FPS를 사용하는 브랜드 고객사들은 파페치 웹사이트 운영 노하우를 활용해 이커머스 환경을 손쉽게 구축할 수 있다. 이들이 모두 파페치의 통합 시스템을 이용하기 때문에, 파페치 플랫폼 자체가 럭셔리 이커머스의 표준이 될 가능성까지 점쳐볼 수 있다.

런던의 해롯 백화점을 비롯한 40여 개 이상의 브랜드·편집샵이 FPS의 고객사이다. FPS는 AWS보다 더 넓은 범위의 '끝과 끝End-to-end' 서비스를 제공하는데 190개 국가의 소비자들에게 상품을 빠르게 배송하기 위한 효율적인 재고 관리, 20개국의 환전·결제 지원, 럭셔리 브랜드 고객 관리에 특화된 큐레이션 및 프로모션 등이 이에 속한다.

파페치의 플랫폼 최고 책임자 켈리 코월Kelly Kowal은 FPS를 두고, '기업을 대상으로 하는 사업 분야'이며 대부분의 사람들이 파페치는 알아도, 파페치가 '플랫폼 회사'라는 사실은 잘 인지하지 못하고 있다고 이야기한 바 있다. 그만큼 시장에서 아직까지는 플랫폼 회사로서의 파페치의 가치를 제대로 산정하

▲ 파페치의 FPS를 이용 중인 브랜드 고객사들

지 못했다는 뜻이다.

파페치의 또 하나의 무기, '명품 스트릿 패션'

파페치를 두고 혹자는 '패션계의 넷플릭스'라 부르기도 한다. 브랜드나 편집
숍의 상품을 단순 유통하는 것에 그치는 것이 아니라 파페치 자체가 브랜드
로 나서고 있기 때문이다. 파페치는 이탈리아 스트리트웨어 브랜드 '팜 엔젤
스Palm Angels'와 '오프닝 세레머니Opening Ceremony' 등의 모회사인 '뉴가드 그룹
New Guards Group'을 보유하고 있다. 2021년 10월에는 고객들의 검색 데이터를

▲ 몽클레어와의 협업으로도 잘 알려진 브랜드 '팜 엔젤스'. 상당히 고가인 데다 '돈 많은 래퍼들이 좋아하는 브랜드'라는 이미지가 강하다. 사진에서 보이는 트랙 수트가 메인 상품이다. (출처: 네타포르테)

활용, 사람들이 많이 찾는 기본템 위주의 상품을 개발하는 자체 브랜드 상품(PB)인 'There Was One'도 런칭했다.

중국 시장에서 보이는 높은 성장성, 파페치는 지금 폭풍인수 ing

서구권에서 파페치가 약진하는 동안 중국에서는 알리바바 그룹의 명품관인 '티몰 럭셔리 파빌리온Tmall Luxury Pavilion'이 온라인 명품 쇼핑몰의 선두로 자리매김했다. 이곳은 알리바바와 세계 3위 명품 그룹인 리치몬트(까르띠에, 반클리프앤아펠, IWC 등 보유한 스위스 기업)가 함께 설립한 조인트벤처 '파페치 차이나'

의 작품이다. 두 기업이 파페치 차이나에 투자한 금액은 도합 5억 달러에 달하며, 세계 2위 명품 그룹인 케링 그룹의 지주사 '아르테미스' 역시 파페치에 11억 5000만 달러 규모의 투자를 진행 중이다.

파페치는 최근 두 기업을 인수했다. 미국의 뷰티 플랫폼 바이올렛 그레이Violet Grey와 중고거래 플랫폼 룩스클루시프Luxclusif가 그 두 곳인데 전자의 경우, 파페치가 이제는 패션을 넘어 신규 사업인 뷰티 분야에까지 진출할 것임을 공식화하는 움직임이라 할 수 있겠다. 후자인 룩스클루시프 인수는 기존 사업 분야였던 리셀 분야를 확장하려는 시도로 보인다.

기존에도 파페치는 중고 거래 플랫폼인 '세컨드 라이프Second Life'를 운영하고 있었다. 이번 인수로 파페치의 기술력과 서비스 능력을 기반으로 리셀 분야를 강화하려는 움직임을 엿볼 수 있는데, 이는 파페치가 천명한 '패션의 지속 가능성'에도 걸맞은 행보이다. 중고 명품 플랫폼인 리얼리얼 등의 잠재적 경쟁자가 될 수 있으며, 가품 스크리닝 등의 면에서 약점을 지닌 타 업체에 비해 경쟁 우위를 점할 것으로 보인다.

파페치의 진짜 경쟁자는 '쇼피파이'

지금까지 파페치의 가장 큰 경쟁자로는 '육스네타포르테(이하 YNAP)'가 꼽히곤 했다. 육스Yoox와 네타포르테Net-a-porter 두 개의 쇼핑몰을 운영 중인 YNAP의 모기업은 현재 파페치에 투자 중인 리치몬트 그룹이다. YNAP과 파페치의 가장 큰 차이는 사입을 통한 도매 판매인가(YNAP), 아니면 상품을 진열하

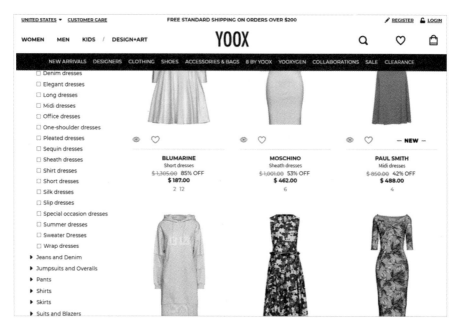

▲ 재고 판매 플랫폼인 육스 홈페이지. 명품인데도 불구하고 시원한 50% 할인률이 기본이다.

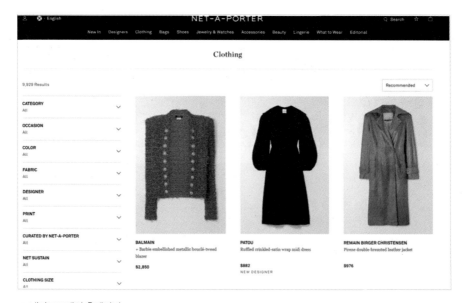

▲ 네타포르테의 홈페이지

는 마켓 플레이스의 역할을 하는가(파페치)에 있다. 한때 파페치가 고전하고, YNAP이 승승장구하던 시절도 있었으나, 협업 브랜드의 지속적인 이탈, 팬데믹으로 인한 재고·배송 차질을 겪으며 두 기업의 희비가 엇갈렸다.

네타포르테에서는 주로 신상을 비롯한 시즌 상품을 판매해 기본 할인이 없고, 주로 고가의 상품들을 판매한다. 반면 육스는 쉽게 말해 '온라인 아울렛'이다. 럭셔리 브랜드의 제품을 연중 30~90% 할인해, 말 그대로 재고 떨이를 하는 창구라고 할 수 있다. 그런 만큼 상품이 많아 원하는 제품을 쉽게 찾을 수 없기 때문에 국내 직구족들 사이에서는 '육스 채굴'이라는 말도 나온다. 최근 모기업인 리치몬트가 파페치와는 협력의 손길을, YNAP에 대해서는 매각을 고려한다는 소식만 봐도, 이미 이 대결의 승자가 파페치라는 점은 분명해

▲ 아마존 '럭셔리 스토어'의 협업 브랜드 중 일부. 널리 알려진 명품이나 준명품 브랜드는 전무하다.

보인다.

오랜 역사를 지닌 미국의 백화점 기업 '삭스 핍스 애비뉴_{Saks 5th Avenue}'는 온라인 전용인 별도의 브랜드를 출범시켰다. 백화점으로서 다져온 그간의 노하우와 럭셔리 브랜드와의 관계성 등을 고려할 때 향후 파페치의 경쟁자로 떠오를 가능성을 점쳐볼 수 있겠다.

아마존 또한 여전히 럭셔리 이커머스 분야에 관심을 갖고는 있다. 사실 아마존은 2020년 9월 모바일 어플리케이션 기반의 '럭셔리 스토어'를 야심차게 출범한 바 있다. 럭셔리 스토어는 VIP 고객들만 쇼핑할 수 있는 명품 전문 온라인 쇼핑몰인데 해당 페이지에 접속해 보면 나름 여타의 럭셔리 몰과 같은 모습을 갖추고는 있으나, 브랜드와 상품 가짓수는 초라할 정도로 적다.

럭셔리 이커머스 분야에서의 경쟁 기업을 나열했지만, 사실 파페치의 진짜 경쟁자는 매치스패션 혹은 백화점 기업이 아닌 '쇼피파이'일 수도 있다. 쇼피파이는 온라인 쇼핑몰 설립과 운영 업무에 필요한 모든 솔루션(마케팅, 결제, 배송 등)을 제공하는 업체로, 소규모 판매업자부터 GE, 테슬라와 같은 규모 있는 회사까지 모두가 이곳의 고객사이다.

파페치의 FPS가 하는 일과 교집합이 보인다. 물론 FPS는 패션, 특히나 럭셔리 브랜드에 특화된 솔루션이기 때문에 쇼피파이와 타깃 고객도, 솔루션도 약간은 다를 수 있다. 그러나 장기적으로 FPS가 브랜드 운영면에서 쇼피파이와 같은 업체보다 우월하다는 것을 증명하지 못한다면, FPS를 이용하던 고객사들도 결국 쇼피파이처럼 더 보편화된 솔루션을 채택할 가능성도 있다는 점은 리스크로 작용한다.

파페치는 끊임없이 일을 벌리는 기업이다. 앞서 기술한 것들 이외에도 '미

▲ 샤넬과 파페치가 콜라보한 '미래의 상점'의 모습

래형' 오프라인 매장 운영, 샤넬·톰브라운과 같은 브랜드와의 협업, ESG 등 파페치의 주목할 만한 행보는 무궁무진하다.

최근 샤넬과 파페치가 선보인 미래형 상점은 어플리케이션, 터치스크린, 스마트태그(RFID), 모바일 결제 등을 활용한 새로운 유통 모델을 제시한다. 이들은 상품을 그냥 집어서 들고 나가는 것이 전부가 아닌, '인간 요소Human Factor'를 강화하는 것이 중요하다고 말하며, 새로운 유통의 시대를 선도할 준비를 하고 있는 모습이다.

이렇게 콧대 높은 명품 브랜드들을 구슬려 협업이라는 성과를 내고, 온라인 럭셔리 분야에서 선두를 달리고 있다는 점으로도 파페치의 매력 지수는 이미 차고 넘친다. 그러나 여기에 머무르지 않고 끊임없이 진화를 꿈꾸는 이 기업의 내일은 오늘보다 더욱 밝을 것이라 감히 예상해 본다.

파페치

연평균 57% 급성장 중인 매출

12월이 결산월인 파페치는 최근 5년간 연평균 57%에 가까운 매출 성장세를 보여왔다. 연간 매출 추세의 경우 1분기에서 4분기로 갈수록 증가하는 흐름을 나타낸다. 영업이익과 순이익 역시 코로나19 팬데믹이 발생한 2020년에 크게 부진했지만 지난해 대폭 개선되는 모습을 보이고 있다.

2022년 5월 27일에 발표한 2022년 회계연도 1분기 실적에 따르면 전년동기 대비 매출은 6.1% 증가한 5억 1480만 달러, EPS는 9% 악화된 −0.24달러로 모두 예상치를 하회했다. 이는 러시아·우크라이나 전쟁과 중국의 코로나19 확산에 따른 지역 봉쇄로 인해 활성 소비자수가 327만 명을 기록, 전년동기 대비 14% 감소하면서 나타난 결과이다. 반면 총거래 규모는 2% 가까이 증가한 점은 고무적이며 러시아 사업 부문의 철수와 중국 매출의 부진을 반영할 경우 매출 성장세가 20%에 달하고 있다. 이에 러시아를 제외하고, 전년 대비 총거래 규모가 10% 가까이 증가할 것으로 전망

● 최근 2년간 실적(12월 결산 및 Non-GAAP EPS 기준)

회계연도	분기	매출	영업이익	순이익	EPS	전분기 대비
FY2020	Q1	331.44	-42.29	-82.07	-0.24	-33%
	Q2	364.68	-418.77	-439.64	-1.29	345%
	Q3	437.70	-147.02	-544.32	-1.58	464%
	Q4	540.11	-224.93	-2,284.59	-6.53	1.821%
	합계	1,673.92	-619.82	-3,350.62	-9.75	706%
FY2021	Q1	485.08	-118.43	511.24	1.44	-700%
	Q2	523.31	-150.30	86.65	0.24	-119%
	Q3	582.57	-105.74	767.17	2.09	-232%
	Q4	665.65	-101.78	101.43	0.27	-104%
	합계	2,256.61	-476.24	1,466.49	4.02	-141%

*매출 단위: 백만 달러, EPS 단위: 달러

한 새로운 연간 가이던스를 제시했다.

앞으로 기대되는 주가 흐름

2018년 9월에 상장한 파페치의 주가는 2022년 5월 5일 기준으로 10.05달러, 시가총액은 38억 3222만 달러이다. 최근 12개월간 주가는 -77.55% 하락했고 올해 들어서는 -69.94% 하락했으며 최고가는 53.56달러, 최저가는 10.05달러이다. 벤치마크인 러셀2000 지수와 비교해 보면 2020년 7월 벤치마크 수익률을 상회하면서 그 격차를 크게 벌렸지만 2021년 2월 이후 격차가 줄어들기 시작해 2022년 들어서는 벤치마크를 하회하고 있다. 하지만 최근 실적 발표 이후로는 다시금 벤치마크보다 나은 흐름을 보이고 있다. 현재 배당을 제공하지 않는다.

● 상장 이후 파페치 주가 추이 & 최근 3년간 주가 수익률 추이(벤치마크 지수 포함)

(단위: 달러)

(단위: %)

― 파페치 ― 러셀2000

구분	최근 1개월	최근 6개월	2022년 누적	최근 1년	최근 5년
파페치	+7.37%	-73.76%	-73.20%	-79.85%	-67.73%
러셀2000	+3.55%	-16.32%	-18.56%	-23.02%	+30.19%

*6월 9일 기준

뉴지랭크US 종목 진단

종합 점수	모멘텀 점수	펀더멘탈 점수	베타	롱텀	엔벨
93	98	88	1.15	0	100

2022년 5월 31일 뉴지랭크US 종목 진단 결과 종합 점수는 93점으로 매우 높다. 모멘텀 점수는 98점으로 상대적으로 최근 수급과 거래량이 매우 좋고, 펀더멘탈 점수는 88점으로 상대적으로 매우 안정적인 재무 구조를 보이고 있다.

베타 지수는 1.15로 시장 변화에 영향을 받아 상승장에 유리하고, 현재 주가가 엔벨 지수를 강하게 상회하고 있어 단기적으로 조정 가능성이 있다.

월가의 투자 의견 및 목표 주가

최근 3개월간 발표된 파페치에 대한 12건의 월스트리트 투자 의견을 종합하면 '강

력 매수'이고, 향후 12개월간 목표 주가는 최고 36.00달러, 최저 8.00달러, 평균
22.91달러로 현재가 대비 135.46% 높은 상황이다.

● 최근 3개월간 월가의 투자 의견 및 목표 주가 종합

출처: Tipranks.com

● 최근 3개월간 월가의 투자 의견 및 목표 주가 현황

추천일	평가회사	애널리스트	투자등급	목표가	추천일종가
2022/05/27	Morgan Stanley	Lauren Schenk	매수	30.00	9.73
2022/05/27	J.P. Morgan	Doug Anmuth	매수	20.00	9.73
2022/05/27	Wells Fargo	Ike Boruchow	매수	25.00	9.73
2022/05/27	Wedbush	Tom Nikic	보유	8.00	9.34
2022/05/26	BTIG	Marvin Fong	매수	16.00	7.68
2022/05/25	Credit Suisse	Stephen Ju	매수	36.00	7.21
2022/05/19	UBS	Kunal Madhukar	매수	14.00	8.69
2022/05/18	Guggenheim	Seth Sigman	매수	0	7.94
2022/05/04	Jefferies Co.	Ashley Helgans	매수	25.00	11.22
2022/04/11	BTIG	Marvin Fong	매수	26.00	14.14
2022/04/06	Jefferies Co.	Ashley Helgans	매수	25.00	14.76
2022/04/05	BTIG	Marvin Fong	매수	34.00	16.47
2022/04/01	Oppenheimer	Jason Helfstein	매수	26.00	15.79
2022/03/25	Societe Generale	Abhinav Sinha	매수	22.00	16.09
2022/03/17	Jefferies Co.	Ashley Helgans	매수	25.00	13.65
2022/03/17	Wells Fargo	Ike Boruchow	매수	35.00	13.65
2022/03/16	J.P. Morgan	Doug Anmuth	매수	30.00	13.66
2022/03/07	Wedbush	Tom Nikic	매수	0	12.45

출처: 키움증권 HTS 영웅문G (2022년 5월 기준)

최신 분석 결과가 궁금하다면?

뉴지랭크US 분석 결과

월가 의견 및 목표 주가

5장
새로운 기회가 온다
발상의 전환을 이룩한 혁신 기업들

많은 투자자들이 기술, 산업, 테마 등의 시각으로만 기업을 찾고, 투자를 결정하곤 한다. 반면 생각의 전환만으로 큰 성장이 기대되지만 아직 저평가인 기업을 발견할 수도 있다. 미국의 노후화된 인프라 개선 사업에 큰 수혜를 받을 기업부터 미국 전반에서 펼쳐질 건설 현장에 이동형 컨테이너를 제공하는 기업, 미국 정부 기관에 오피스를 임차하는 알짜 리츠 기업까지 넓은 시야로 투자의 기회를 찾은 기업을 5장에서 소개하고자 한다.

미국 재건의 사명을 띈
캡틴 아메리카

A≡COM

- 종목명: 에이컴 Aecom
- 티커: ACM | 지수: 러셀1000 및 S&P400 | 섹터: 산업재 > 건설 및 엔지니어링 (건설 및 엔지니어링)

9·11 테러로 휘청이던 미국 재건의 상징

2001년 9월 11일, 미국에 잊을래야 잊을 수 없는 큰 사건이 일어난 날이다. 지구 반대편에 있던 나조차도 실황 중계로 상황을 목격하며 충격을 금치 못했던 바로 그 사건, 9·11 테러다. 폭발이 있던 자리에 희생자들의 이름과 함께 남겨진 추모 공간 '그라운드 제로Ground Zero'에는 지금도 사람들의 발길이 이어지고 있다. 그만큼 미국인들에게는 지금까지도 큰 상처로 남아 있는 사건일 것이다. 잿더미가 되어 사라졌던 세계무역센터는 상처를 딛고 '원 월드 트레이드 센터one world trade center'라는 이름으로 다시 뉴욕 한복판에 우뚝 섰다. 무너졌던 미국의 상징이 그로부터 13년 후, 미국에서 가장 높은 층고의 건축

물로 재건된 것이다.

단순한 건물 재건이 아닌 미국의 재건처럼 여겨졌던 이 프로젝트에는 우리가 몰랐던 흥미로운 비하인드가 있다. 바로 9·11테러 이후 재건을 맡은 기업이 기존 세계무역센터(쌍둥이 빌딩)를 건설한 기업이라는 것이다. 1960년대 뉴욕 기반의 가족경영 기업인 티쉬먼 건설Tishman Construction은 뉴욕 뉴저지 항만공사로부터 세계무역센터 건설 계약을 따냈다. 장기간의 실사와 설계를 거쳐 1966년 실제 건설이 시작됐고, 1973년 대중에게 개방되었다. 이 티쉬먼 건설은 2010년 '에이컴AECOM'이라는 이름의 엔지니어링 회사에 인수된다. 이후 '에이컴 티쉬먼AECOM Tishman'이라는 기업으로 붕괴된 세계무역센터 재건 건설 관리를 맡게 되면서 '원 월드 트레이드 센터'의 7개 동 중 4개 동을 짓기도 했다.

이번에 소개할 기업 에이컴은 바로 휘청이던 미국을 다시 우뚝 세운 '캡틴 아메리카' 같은 기업이다.

세계의 랜드마크와 함께 성장한 기업

에이컴이라는 이름만 들으면 다소 생소할 수 있지만 사실 우리는 이 기업을 세계 어디에서나 알게 모르게 접해왔다. 세계무역센터를 비롯해 미국 내 맥도날드, 방탄소년단이 공연했던 미국의 소파이 스타타디움SoFi Stadium(2020년 준공), 볼티모어 MTA의 교통수단, NASA의 리서치센터본부 등 세계 유수의 랜드마크 및 미국의 정부 주도 사업 건설과 엔지니어링을 맡아온 곳이기 때문이다. 에이컴이라는 사명도 건축Architecture, 엔지니어링Engineering, 컨설팅

▲ 에이컴이 담당했던 프로젝트 중 일부 (출처: aecom)

Consulting, 운영Operations, 유지Maintenance의 준말로, 미국뿐 아니라 전 세계를 상대로 엔지니어링 컨설팅을 제공하는 기업이다.

　사실 에이컴은 제이콥스JACOBS, 벡텔BECHTEL 등과 더불어 미국에서는 대규모 글로벌 엔지니어링사로 꼽힌다. 미국 내 등록된 14만여 개의 엔지니어링 기업 중 손에 꼽힐 기술력을 보유한 곳이다.

　에이컴의 공식적인 설립 연도는 1990년이다. 연도만 보면 설립된 지 얼마 안 된 회사인가 싶지만, 사실은 120년 이상의 유구한 역사를 지닌 기업이다. 에이컴의 전신은 스위스 시추 기업Swiss Drilling Company인데, 이 기업은 1910년 미국 오클라호마주에서 시작했다. 1924년에는 정제 사업도 시작했고, 이후 1936년에 애쉬랜드 원유 및 정제사Ashland Oil&Refining Company라는 이름으로 재편되었다. 1966년 애쉬랜드는 워렌 브라더스Warren Brothers를 인수했는데, 이 시점부터 고속도로 건설 및 건설 자재 사업을 시작했다. 정제소에서 나오는 부산물을 활용해 아스팔트를 만들어낼 수 있었기 때문이었다. 이후 애쉬랜드는 미국의 주요 도로 건설 회사 중 하나로 성장했으며 오늘날 에이컴의 기반을 마련했다. 이렇게 5개 법인이 합병해 하나의 독립 회사를 이루었고 이후에도 운송 관련 엔지니어링 서비스 기업, 물 및 폐수 엔지니어링 기업, 컨설팅 서비스 제공 기업 등 50개가량의 기업을 인수했다. 심지어 2014년에는 에이컴보다 덩치가 큰 미국의 건설사 URS를 인수하기도 했다. 2007년 뉴욕 증권 거래소에 상장되었으며 2009년에는 S&P미드캡400 지수에 포함되었다.

에이컴은 말 그대로 '있어 보이는' 기록을 상당수 보유한 회사로도 유명하다. 2021년 포춘Fortune 500대 기업 중 189위에 올라 있으며, 또 '세계에서 가장 존경받는 기업'에 7년 연속 선정되기도 했다. 미국 건설전문지인 ENR Engineering News-Record이 선정한 2020, 2021년 '200대 환경 기업'에서 연속 1위를 차지한 환경 친화 기업으로도 알려져 있다.

미국의 미래를 설계하는 1조 2천억 달러

미국의 바이든 대통령은 선거 당시부터 '더 나은 재건Bulid Back Better'을 슬로건으로 내걸고, 말 그대로 모든 면에서 더 나은 미국을 만들겠다는 의지를 천명했다. 그런 의미에서 발의된 'BBB 법안(이 법안은 이후 '인프라 감축 법안'으로 수정되었다)'과 한 세트였던 것이 바로 인프라 투자 법안이었다. 도로, 철도, 상하수도 등 인프라 개선 없이는 미국인들이 더 나은 미국을 체감하기가 어렵기 때문이다. 2021년 11월 통과된 이 법안에 따르면 미국 정부는 8년간 약 1조 2000억 달러 규모의 자금을 투입하여 미국 내 낙후된 인프라를 개선하게 된다.

▲ 미국 토목학회에서 진단한 2021년 미국 인프라 상태 점수는 'C-'다. (출처: infrastructurereportcard)

　단적인 예시는 많은 사람들의 로망인 도시 뉴욕의 상황으로 볼 수 있다. 미국 드라마 〈섹스앤더시티〉를 보며 화려한 뉴욕의 모습에 마음을 뺏긴 사람들이 많았지만, 사실 그 화려함의 이면에는 지저분하고 낙후된 인프라가 있다. 뉴욕 지하철의 노후화와 청결도가 매우 심각하고, 역이 쥐들의 놀이터가 되었다는 사실은 이제는 모르는 이가 없을 정도다. 미국의 인프라 노후화에 대한 지적은 몇 십 년간 있어 왔고, 버락 오바마, 트럼프 대통령의 숙원 사업이기도 했다. 통계적으로 이렇게 낙후된 인프라 때문에 미국인 한 명당 연간 3300달러 정도의 손해를 보고 있다고 한다. 갑작스러운 전력 공급 차단으로 냉장고 속 음식을 다 버려야 하거나, 수도관이 터져서 물을 따로 사야 하는 상황에 직면하는 경우 등이 이 손해에 포함된다.

　이번 법안은 인프라 투자에 있어서는 뉴딜 프로젝트 이후 최대 규모로, 말

CNBC Television 2일 전
Are you worried about America's bridges? More than a third of U.S. bridges are in need of repair. Its average service life also falls short from expectations. Watch CNBC's deep dive to learn more: https://youtu.be/8NTQ_LUf-JU

1.1만명 투표

- ✅ Yes   67%
- ⭕ No   22%
- ⭕ I Don't Know 11%

▲'미국의 교량들이 걱정되는가?'라는 미국 방송 CNBC의 설문. '그렇다'라는 대답에 67%가 응답하며 현재 낙후된 시설에 대한 교체 여론이 압도적인 것을 알 수 있다.

그대로 역대급 규모라 할 수 있겠다. 전문가들은 향후 2년 정도는 미국 영토의 많은 부분이 공사판이 될 것이라고 전망한다. 그래서 건설 업계에서는 세기의 족적을 남길 수 있는 기회가 지금이라는 이야기도 나온다.

그동안 미국에서 인프라 예산이 처리되던 과정을 보면 의회에서 편성한 연방기금이 일부, 주·지방 정부에서 일부, 사기업에서 일부를 담당한다. 물, 폐수 인프라에 550억 달러, 전력 공급(유틸리티) 개선에 650억 달러, 도로와 교량 교체 및 보수에 1100억 달러이다(백악관 자료에 따르면 17만 3000마일 길이의 고속도로 및 주요 도로와 4만 5000개의 다리의 상태가 매우 좋지 않다고 한다). 대중교통 시스템에 390억 달러, 50주년을 맞은 미국의 철도 시스템 암트랙Amtrak에 660억 달러의 예산이 할당되었다.

암트랙은 전미 여객 철도공사로 미국을 대표하는 철도 운송업 준공영 기업이다. 조 바이든 미국 대통령은 '암트랙 조Amtrak Joe'라는 별명이 생길 정도로 암트랙에 대한 사랑과 중요성을 공공연하게 밝혔는데, 암트랙 50주년 기념 행사 연설에서 자신이 36년간 매일같이 암트랙을 타고 미국 전역을 누볐다고

▲ 암트랙 50주년 기념 연설을 하는 조 바이든 대통령

말하기도 했다. 하지만 바이든 대통령의 노력에도 불구하고 노후화된 암트랙은 미국 국민들에게 좋지 않은 인식으로 남아 있는 모양이다. 암트랙을 구글에 검색하면 상위에 뜨는 질문이 '암트랙이 끔찍한 이유'인 것을 보면 말이다 (참고로 이에 대한 답변글을 보면 '예산 부족'이 주된 이유다. 유지 보수가 제대로 되지 않아 정해진 시간을 못 맞추기 일쑤라는 것. 그리고 이 예산은 주 정부의 예산에서 지출한다). 현재 예산 부족에 시달리고 있는 암트랙은 보수가 제대로 이루어지지 않아 연착, 지연이 잦다고 한다. 필자가 몇 년 전 직접 타본 경험에 의하면 우리나라의 무궁화호 내지 연식이 오래된 1호선 차체와 비슷했다. 미국 전역을 누비는 철도인 만큼 대대적인 보수와 안전 진단이 필요한 상황이다.

대규모 수주를 잡을 승자는 에이컴?

그렇다면 이번 인프라 투자 법안으로 발생할 수주가 에이컴에게 돌아갈 것인지 어떻게 알 수 있을까? 에이컴의 사업 부문 비중을 살펴보자. 교통, 시설, 환경·물, 신재생 에너지 순으로, 모두 인프라 개선 대상에 포함된 분야이다.

또 에이컴의 사업 보고서를 보면 2021년 기준 전체 계약 건의 약 30%가 미국 정부 혹은 연방 정부와의 계약이라는 점을 알 수 있다. 인프라 법안 발효 이전에도 이미 교통, 시설 등의 부문에서 상당 규모의 수주를 받아왔던 것이다. 게다가 어떤 단일 고객도 연간 매출의 10%를 넘는 규모의 계약을 유지하고 있지 않다는 점도 밝히고 있다. 이는 복수의 연방 정부, 주 정부를 고객사로 두고 있다는 의미로 지역과 사업군의 제한 없이 폭넓은 수혜를 입을 가능성이 높다.

에이컴 내부 보고서에서도 대규모 인프라 법안 통과로 인프라 사업군에 긍

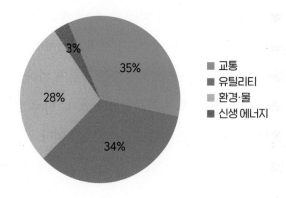

▲ 에이컴의 사업 부문 비중 (출처: 에이컴 2021년도 사업 보고서)

	Year Ended September 30, ($ in millions)					
	2021		2020		2019	
U.S. Federal Government	$ 1,026.6	8 %	$ 1,027.8	8 %	$ 1,273.7	9 %
U.S. State and Local Governments	2,797.9	21	2,709.7	20	2,696.6	20
Non-U.S. Governments	1,896.8	14	1,869.0	14	2,031.5	15
Subtotal Governments	5,721.3	43	5,606.5	42	6,001.8	44
Private Entities (worldwide)	7,619.6	57	7,633.5	58	7,640.7	56
Total	$ 13,340.9	100 %	$ 13,240.0	100 %	$ 13,642.5	100 %

▲ 미국 정부 혹은 연방 정부와의 계약이 2021년 기준 29%에 달하는 에이컴 (출처: 에이컴 2021년도 사업 보고서)

정적인 영향이 있을 것이라는 전망을 내놓았다. 하지만 인프라 투자 법안 시행 초기인 만큼 실질적으로는 2022년도 중반 이후에 에이컴에 수혜가 있을 것으로 관측된다. 업계 특성상 경쟁이 치열하다는 점도 우려된다. 그러나 통상적으로 미국 정부는 거래 약관을 미리 세우고, 이를 토대로 다년간의 계약을 체결하기 때문에 보안이나 업무 진행 면에서 이전에 선정된 업체의 조건과 동일한 자격을 요구할 가능성이 높다. 그렇다면 에이컴처럼 이미 수년간 정부 계약자로 활약해 온 업체가 추가적인 입찰 역시 수월하게 선점할 가능성이 높을 것이라고 예상한다. 유사한 수혜가 기대되는 기업으로는 플루어 Fluor Corporation, 콴타 서비스Queanta Services 등이 꼽힌다.

에이컴, '미국의 나이팅게일' 될까?

언젠가 랭킹쇼를 표방하는 모 예능 프로그램에서 '5번이나 집을 잃은 사람'이라는 주제를 다룬 적이 있다. 비운의 주인공은 미국 뉴올리언즈주에 살고 있는 한 중년 여성으로 어릴 적부터 현재에 이르기까지 살고 있던 집이 5번이나 파괴된 경험이 있다고 한다. 그 주범은 자연재해로 홍수를 동반한 태풍, 그리고 허리케인이었다. 그도 그럴 것이 최근 몇 년만 보아도 대형 허리케인이 미국을 쑥대밭으로 만든 케이스가 적지 않다(2018년 허리케인 마이클의 플로리다 강타, 2020년 허리케인 로라의 루이지애나 강타, 2021년 허리케인 아이다의 루이지애나 강타).

에이컴은 실제로 2005년 미국을 강타한 대형 허리케인 카트리나 복구 작업에 참여한 바 있다. 또한 지난 2월에는 에이컴이 주도하는 조인트 벤처Joint venture 컴패스PTSCompass PTS가 미국 연방 재난 관리청FEMA과 홍수 복원 프로젝트 계약을 체결했다는 소식이 들려왔다. 앞으로 에이컴은 플로리다, 텍사스, 루이지애나, 미주리 등 자연 재해가 가장 빈번하고 심각한 지역에 광범위한 서비스를 제공하게 된다. 에이컴에 따르면 지금까지 40년 이상 연방 재난 관리청을 지원해 왔다고 한다.

이 계약은 미국 내에서 가장 홍수가 자주 발생하는 앨라배마, 플로리다, 루이지애나 등 17개 주에서 지역 사회가 홍수 위험에 대비할 수 있도록 위험 요소를 사전에 분석하고 재난 대응 서비스를 제공한다는 내용을 포함한다. 이는 무기한 납품·무한정 계약이며 기본 기간 1년과 4년간의 옵션 기간을 포함하고 있다. 계약 규모의 상한선은 3억 달러이다.

에이컴에게 미국은 좁다

만약 예기치 못한 경기 침체가 발생한다면 정부나 민간 기업의 지출 규모가 줄어드는 상황이 올 수 있다. 에이컴 역시 이러한 위기에 다소 취약할 수 있는데 실제로 코로나 팬데믹 당시 에이컴의 서비스 수요 일부가 줄어들거나

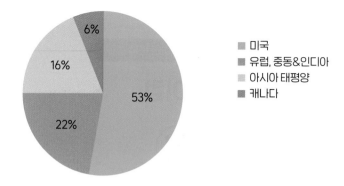

■ 미국
■ 유럽, 중동&인디아
■ 아시아 태평양
■ 캐나다

▲ 에이컴의 국가별 사업 비중 현황 (출처: 에이컴 2021년도 사업 보고서)

취소된 바 있다. 경기가 악화되면 고객사들이 조금 더 가격 메리트를 요구하거나 예정된 시점에 대금 지불이 불가한 상황이 생길 수도 있다. 정부 고객사들도 예산 부족 상황에 직면하면 예산 제안이 줄어들거나, 진행 중이던 프로젝트가 중단될 수도 있다.

그러나 에이컴의 사업 현황을 들여다보면 유럽과 중동, 아시아에서의 사업 비중도 미국 못지 않게 높다는 것을 알 수 있다. 미국 외 국가와의 정부 계약 건도 상당하다는 점을 고려할 때 에이컴의 다변화된 포트폴리오는 이와 같은 위기에 대응할 여력이 충분할 것으로 보인다.

에이컴

최근 매출은 부진하지만 영업이익은 탄탄

9월이 결산월인 에이컴은 2019 회계연도와 2020 회계연도에 매출이 감소하면서 최근 5년간 연평균 성장률이 −3.8%를 기록하는 부진한 모습을 보였지만 영업이익 성장률은 19% 가까이 기록했다. 연간 매출 추세의 경우 1분기와 4분기가 상대적으로 높은 흐름을 나타내고 있으며 코로나19 팬데믹이 발생한 2020년에도 매출에 큰 감소세가 나타나지 않았다.

2022년 5월 9일에 발표한 2022 회계연도 2분기 실적에 따르면 거시 경제 환경의 불확실성으로 인해 매출은 전년동기 대비 1.8% 감소한 32억 1000만 달러로 예상치를 하회했지만, EPS는 전년동기 대비 +23.9% 증가한 0.83달러로 예상치를 상회했다.

● 최근 2년간 실적(12월 결산 및 Non-GAAP EPS 기준)

회계연도	분기	매출	영업이익	순이익	EPS	전분기 대비
FY2020	Q1	3,235.61	87.19	40.60	0.26	-19%
	Q2	3,245.74	110.07	-86.13	-0.54	적자 전환
	Q3	3,189.68	118.87	89.34	0.56	6%
	Q4	3,568.95	65.33	-230.19	-1.44	적자 전환
	합계	13,239.98	381.46	-186.37	-1.17	적자 전환
FY2021	Q1	3,313.16	141.17	26.13	0.17	-35%
	Q2	3,265.57	157.66	39.36	0.27	흑자 전환
	Q3	3,408.36	160.49	11.53	0.08	-86%
	Q4	3,353.77	170.22	96.17	0.67	흑자 전환
	합계	13,340.85	629.55	173.19	1.18	흑자 전환

*매출 단위: 백만 달러, EPS 단위: 달러

벤치마크보다 월등히 우월한 주가 흐름

2007년 5월에 상장한 에이컴의 주가는 2022년 5월 5일 기준으로 71.59달러, 시가총액은 101억 1873만 달러이다. 최근 12개월간 주가는 +3.80%, 올해 들어서는 -7.45% 하락했으며 최고가는 79.56달러, 최저가는 58.83달러이다. 벤치마크인 러셀2000 지수와 비교해 보면 2019년 4월 이후 현재까지 벤치마크 수익률을 상회하고 있다. 올해 들어서도 벤치마크뿐만 아니라 S&P500과 다우존스 산업평균지수보다 양호한 주가 흐름을 보이고 있다.

● 최근 5년간 에이컴 주가 추이 & 최근 3년간 주가 수익률 추이(벤치마크 지수 포함)

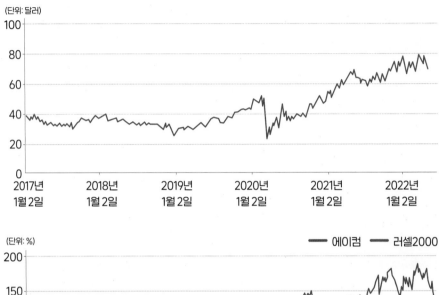

(단위: 달러)

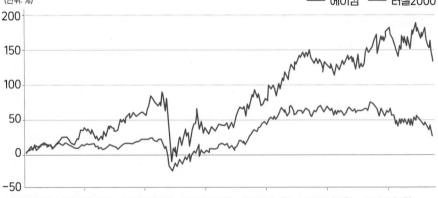

(단위: %)

━ 에이컴 ━ 러셀2000

구분	최근 1개월	최근 6개월	2022년 누적	최근 1년	최근 5년
에이컴	+5.07%	−4.89%	−10.24%	+7.73%	+107.94%
러셀2000	+3.55%	−16.32%	−18.56%	−23.02%	+30.19%

*6월 9일 기준

에이컴은 2022년부터 분기 단위로 배당금을 지급하기 시작했다. 현재까지 두 차례 주당 0.30달러의 배당을 지급했으며 배당 수익률은 0.86%이다.

뉴지랭크US 종목 진단

종합 점수	모멘텀 점수	펀더멘탈 점수	베타	롱텀	엔벨
29	25	33	1.28	100	59

2022년 5월 31일 뉴지랭크US 종목 진단 결과 종합 점수는 29점으로 낮다. 모멘텀 점수는 25점으로 상대적으로 최근 수급과 거래량이 좋지 않고, 펀더멘탈 점수도 33점으로 상대적으로 부진한 재무 구조를 보이고 있다.

베타 지수는 1.28로 시장 변화에 영향을 크게 받고 상승장에 유리하다. (상장한 지 5년이 채 안되었다는 점을 염두에 두고) 시즈널 지수의 경우 연중 최저점이 10월 중순, 연중 최고점이 3월 말이며 그 차이가 30 미만으로 연간 주가 변동폭이 크지 않은 편이다. 롱텀 지수상 '머리'에 위치하고 있는 에이컴의 현재 주가는 엔벨 지수상 중심선을 횡보하고 있어 단기적으로 반등 가능성이 있다.

월가의 투자 의견 및 목표 주가

최근 3개월간 발표된 에이컴에 대한 4건의 월스트리트 투자 의견을 종합하면 '강력 매수'이고, 향후 12개월간 목표 주가는 최고 91.00달러, 최저 79.00달러, 평균 82.75달러로 현재가 대비 +18.47% 높은 상황이다.

• 최근 3개월간 월가의 투자 의견 및 목표 주가 종합

출처: Tipranks.com

• 최근 7개월간 월가의 투자 의견 및 목표 주가 현황

추천일	평가회사	애널리스트	투자등급	목표가	추천일종가
2022/05/10	RBC	Sabahat Khan	매수	91.00	65.81
2022/05/10	Credit Suisse	Jamie Cook	보유	79.00	65.81
2022/05/10	Argus	John Staszak	매수	80.00	66.08
2022/05/10	Robert W. Baird	Andrew Wittmann	매수	81.00	65.76
2022/04/27	RBC	Sabahat Khan	매수	91.00	71.17
2022/04/20	Robert W. Baird	Andrew Wittmann	매수	88.00	78.05
2022/03/28	Argus	John Staszak	매수	90.00	78.51
2022/03/14	Robert W. Baird	Andrew Wittmann	매수	88.00	75.13
2022/02/15	Argus	John Staszak	매수	82.00	72.90
2022/02/07	Robert W. Baird	Andrew Wittmann	매수	88.00	69.38
2022/02/03	Barclays	Adam Seiden	매수	69.00	69.13
2022/01/13	Credit Suisse	Jamie Cook	보유	84.00	74.52
2022/01/10	Robert W. Baird	Andrew Wittmann	매수	88.00	74.22
2021/12/30	Argus	John Staszak	매수	88.00	77.32
2021/12/17	Barclays	Adam Seiden	매수	85.00	73.65
2021/12/14	Robert W. Baird	Andrew Wittmann	매수	88.00	73.89
2021/12/13	Barclays	Adam Seiden	매수	80.00	73.46
2021/11/17	UBS	Steven Fisher	매수	84.00	72.46

출처: 키움증권 HTS 영웅문G (2022년 5월 기준)

최신 분석 결과가 궁금하다면?

뉴지랭크US 분석 결과

월가 의견 및 목표 주가

인프라, 팬데믹, 리오프닝 수혜로
일타삼피에 성공하다

WILLSCOT × MOBILE MINI
HOLDINGS CORP

WILLSCOT | *mobile mini* SOLUTIONS

- 종목명: 윌스콧 모바일 미니 홀딩스 Willscot Mobile Mini Holdings Corp
- 티커: WSC | 지수: 러셀1000 | 섹터: 산업재 > 건설 및 엔지니어링 (일반장비 임대)

모바일 오피스와 모바일 스토리지, 그게 뭔데?

우연히 건설 현장을 지나치다가 가설 건축물의 현장 사무소를 본 적 있다면 이번 챕터에서 소개할 윌스콧을 이해하기 수월할 것이다. 그리고 현장 사무소 옆에 창고로 쓰이는 컨테이너 박스를 본 적 있다면 모바일 미니를 알게 된 것이다. 모바일 오피스 기업인 윌스콧과 모바일 스토리지 기업인 모바일 미니 솔루션이 2020년 합병해 탄생한 윌스콧 모바일 미니 홀딩스(이하 윌스콧)에 대해 알아보기 전에 모바일 오피스와 모바일 스토리지가 무엇인지 먼저 알아보자.

모바일 오피스는 모듈형 오피스라 부르기도 하는데, 한 칸씩 떼어 트럭에

▲ 윌스콧의 모바일 오피스(모듈형 오피스) 예시 (출처: willscot)

▲ 자유자재로 다양한 구조가 가능한 모듈형 오피스 (출처: willscot)

▲ 모바일 스토리지 예시 (출처: willscot)

▲ 옮겨지고 있는 모바일 스토리지 (출처: willscot)

싣고 쉽게 옮길 수 있기 때문이다. 몇 칸을 옆으로 붙이느냐 혹은 위로 쌓느냐에 따라 다양한 넓이, 다양한 층, 다양한 구조를 만들 수 있는데 이러한 특성 때문에 빠르게 짓고, 빠르게 분해가 가능하며 옮기기도 쉽다. 덕분에 고객이 전화하면 언제 어디서나 원하는 크기와 구조의 사무실을 빠르게 제공할 수 있다.

모바일 스토리지는 간이 창고로 사용할 수 있는 컨테이너다. 컨테이너이기 때문에 언제 어디든 이동할 수 있으며 영구적으로 이용할 수 있다. 더 이상 필요없으면 반납하면 된다.

이쯤 되니 "뭐, 별 거 없네" 하는 독자들의 마음의 소리가 들리는 것 같다. 하지만 이 기업의 진가는 지금부터다. 주목하라!

바이든 행정부의 인프라 건설 수혜를 직격으로 받을 기업

바이든 행정부의 핵심 정책 중 하나가 바로 '더 나은 재건Build Back Better', 일명 BBB 플랜이다. 이를 위해 2조 달러에 달하는 막대한 예산이 미국 전역의 엄청난 인프라 재건 공사에 투입될 예정이다. 미국 전역에 생길 각 공사 현장마다 절대로 없어서는 안 되는 것이 무엇일까? 바로 현장 사무소다. 공사 현장을 감독하고 부실 공사를 방지하기 위해 감리하는 현장 사무소 없이는 공사가 진행될 수 없다. 공사가 진행될 때만 일시적으로 필요하기에 현장 사무소는 공들여 지을 필요가 없다. 꼭 필요한 시설만 간단히 갖춘 모듈형 오피스가 제격인 것이다. 북미 지역 모듈형 오피스 시장 1위 기업인 윌스콧은 하와이와 알래스카, 캐나다를 포함해 북미 지역 275곳에 지점을 갖고 있다.

잠시 상상해 보자. 아무리 조립과 해체, 이동이 쉬운 모듈형 오피스라도 한 칸 크기는 대형 컨테이너 수준이다. 동부 지역의 공사를 위해 서부 지역 지점의 모듈형 오피스를 주문할 수는 없는 노릇이다. 모듈 한 칸을 일주일 동안 기다리고, 그에 따른 막대한 배송비를 지불할 수는 없으니 말이다. 즉, 현장

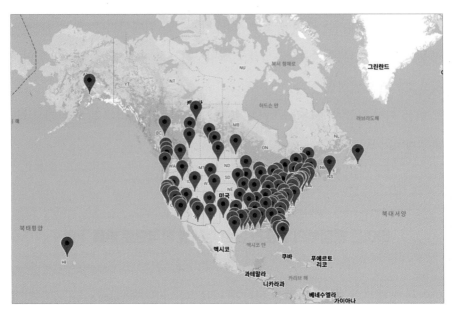

▲ 북미 지역 곳곳에 위치한 윌스콧 (출처: willscot)

과 가까운 곳에 위치한 업체를 통해 주문이 이뤄질 수밖에 없다는 것이다. 북
미 지역 곳곳에 지점을 갖고 있는 1위 기업 윌스콧이 바이든 행정부의 인프라
정책 수혜를 톡톡히 받을 수밖에 없는 이유다.

공사 현장을 한 번이라도 유심히 본 독자라면 현장 사무소 옆에 반드시 있
는 컨테이너 창고도 봤을 것이다. 현장에 필요한 중요한 기자재가 비를 맞게
방치할 수는 없지 않은가. 따라서 모듈형 오피스와 컨테이너형 창고는 인프
라 공사와 떼려야 뗄 수 없는 필수품이다. 컨테이너형 창고를 임대해 주고 임
대료를 받는 기업인 모바일 미니까지 인수한 윌스콧이 바이든 행정부 수혜를
얼마나 받을지 이제 조금씩 감이 오지 않는가.

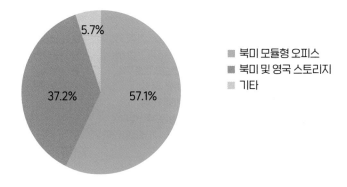

■ 북미 모듈형 오피스
■ 북미 및 영국 스토리지
□ 기타

5.7%
37.2%
57.1%

▲ 모듈형 오피스와 모바일 스토리지가 이익의 95%를 차지한다. (출처: 월스콧 2021년 사업보고서)

공사 현장이 전부가 아니다! 다양한 분야에서 활용되는 월스콧

그렇다면 월스콧의 제품과 서비스는 건설 공사 현장에서만 사용될까? 매출의 14%를 차지하는 비주거용 상업 시설에서부터 11%를 차지하는 소매 유통 분야와 제조업, 7%를 차지하는 주택 건설 및 부동산 개발 분야와 에너지 및 천연자원 분야, 6%를 차지하는 고속도로 및 중건설 분야, 3~4%를 차지하는 교육과 엔지니어링 분야, 1~2%를 차지하는 농·수산업과 예술 및 엔터 분야까지 월스콧은 정말 다양한 분야에 걸쳐 고객을 고르게 확보하고 있다.

비중이 크지는 않지만 눈에 띄는 교육 및 헬스케어 분야는 코로나 팬데믹 당시 효자 노릇을 톡톡히 했다. 당시 긴급하게 격리 가능한 검사소와 지휘통제실, 백신 분배 센터distribution center, 보관 창고, 입원 및 격리 시설 등 여러 시설이 필요했다. 이런 시설과 보관 창고에 월스콧의 모듈형 오피스와 모바일

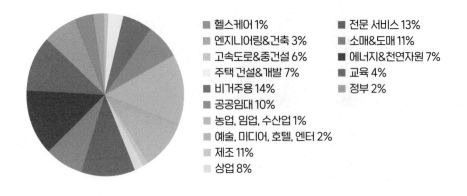

■ 헬스케어 1%   ■ 전문 서비스 13%
■ 엔지니어링&건축 3%   ■ 소매&도매 11%
□ 고속도로&중건설 6%   ■ 에너지&천연자원 7%
□ 주택 건설&개발 7%   ■ 교육 4%
■ 비거주용 14%   ■ 정부 2%
■ 공공임대 10%
■ 농업, 임업, 수산업 1%
■ 예술, 미디어, 호텔, 엔터 2%
□ 제조 11%
□ 상업 8%

▲ 15개의 다양한 산업에 고르게 분포되어 있는 매출 비중 (출처: 윌스콧 2021년 사업보고서)

창고가 빠르게 투입됐다.

학교를 비롯한 교육 기관에서도 유용하게 활용됐다. 갑자기 사회적 거리두기가 필수가 되다 보니, 좁은 공간 안에 많은 학생들을 수용하는 게 불가능해졌다. 그렇다고 신축 건물을 새로 지을 시간은 부족하니 당장 추가적 공간이 필요한 학교들은 윌스콧의 모듈러 오피스를 이용했다.

이외에도 공연장과 박람회장, 스포츠 경기장에서 임시 사무실과 임시 창고로 활용될 수 있기에 이 사업 분야는 리오프닝의 수혜를 받을 수 있다. 팬데믹 2년이라는 긴 시간 동안 얼마나 많은 사람들이 공연과 스포츠, 박람회와 전시회에 목말라 있었는가. 본격적으로 리오프닝 시대가 열리면서 억눌린 사람들의 욕구가 터지고 있다. 수혜가 기대되는 부분이다. 윌스콧은 소매 유통 분야에도 활용된다. 특히 북미 지역은 연말 쇼핑 시즌에 막대한 쇼핑객이 몰리기 때문에 이 시즌 동안 일시적으로 많은 재고를 확보할 수 있는 추가적인

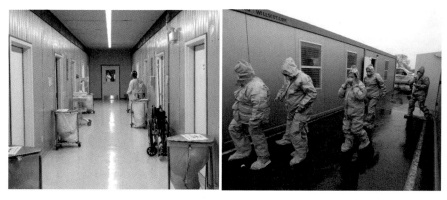

▲ 팬데믹 당시 뉴욕 연방 재난 관리청(FEMA) 검사소와 캐나다 쥬이시 제너럴 병원(Jewish General Hospital) 검

사소 (출처: willscot)

창고가 필요한데, 이럴 때 아주 유용하게 활용된다.

모듈형 오피스, 모바일 스토리지라고 하면 생소하다 보니 우리와는 거리가

먼 사업으로 생각할 수 있지만, 실제로는 우리의 생활 곳곳에 스며들어 있다.

반복적인 수익 창출 모델까지 보유한 압도적 시장 지배력

윌스콧은 직접적인 판매 수익도 있지만 대부분 임대 수익으로 수익을 창출하

고 있다. 모듈형 오피스의 경우 조립과 분해가 자유롭기 때문에 계약 기간 동

안 임대 수익을 얻은 이후, 다음 고객에게 재조립해 또 임대 수익을 얻는다.

새로운 투입 비용 없이 반복적인 수익 창출이 가능한 것이다. 모바일 스토리

지도 임대로 이뤄지기 때문에 꾸준한 수익이 창출된다. 2021년 사업보고서

에 따르면, 평균 임대 기간은 31개월 이상으로 꽤 오랜 기간 예측 가능한 반

복 수입이 창출되는 안정적인 수익 모델을 확보하고 있다.

실제 북미 지역에는 수많은 모듈형 건축 기업뿐만 아니라 모바일 스토리지 기업이 존재한다. 하지만 직접적인 경쟁 기업을 찾기는 쉽지 않다. 상장된 모듈형 오피스 기업은 윌스콧이 유일하기 때문이다. 비상장 기업으로는 새틀라이트 쉘터Satellite shelters, 스피드 스페이스Speed Space, 박스 모듈러BOXX Modular 등이 있지만 대부분 작은 규모의 지역 군소 기업들이다. 캐나다를 포함한 북미 지역과 미국령인 하와이까지 전역을 커버하고 있는 모듈러 오피스 기업은 윌스콧이 유일하기 때문에 경쟁 기업은 많지만 확실한 경쟁 우위를 갖고 있다.

모바일 스토리지 기업도 적지 않다. 특히 이사용 모바일 스토리지 기업이 많다. 시장에 상장된 기업으로는 북미 지역에서 한 번이라도 이사해 봤다면 모를 리 없는 유홀U-haul 브랜드를 갖고 있는 아메르코가 있다. 이외에도 포즈PODS, 릴로큐브ReloCube, 스마트박스SMARTBOX 등이 있지만, 대부분 단기 이사 임대 전문 스토리지 기업이기 때문에 윌스콧과 모바일 스토리지 분야에서 직접 경쟁을 하지는 않는다.

상장 기업 가운데 컨테이너 임대 기업인 트리톤 인터내셔널Triton International 이 있지만, 이 기업은 선적용 컨테이너를 임대하기 때문에 윌스콧 모바일 홀딩스와 직접 경쟁 구도가 아니다. 결국, 모듈러 오피스와 모바일 스토리지 분야의 북미 지역 1위 기업은 윌스콧이다.

팬데믹 수혜주는 리오프닝 수혜주와 대척점에 있는 경우가 대부분이다. 하지만 팬데믹 수혜와 리오프닝 수혜를 동시에 받으면서 초대형 프로젝트의 인프라 수혜도 기대되는 윌스콧에 주목해 보자.

윌스콧 모바일 미니 홀딩스

연평균 36%가 넘는 매출 성장세

12월이 결산월인 윌스콧은 최근 5년간 연평균 36%가 넘는 매출 성장세와 710%에 달하는 영업이익 증가세를 보여왔다. 연간 매출 추세의 경우 1분기에서 4분기로 갈수록 증가하는 흐름을 나타낸다. 특히 코로나19 팬데믹이 발생한 2020년에도 2분기와 3분기를 제외하고는 매분기 순이익을 기록해 왔다.

올해 들어 2022년 4월 27일에 발표한 2022 회계연도 1분기 실적에 따르면 전년 동기 대비 매출은 107.4% 증가한 5억 889만 달러로 예상치를 상회한 반면 EPS는 175% 증가한 0.22달러를 기록했지만 예상치를 하회했다. 대신 연간 가이던스는 예상치를 상회하면서 실적에 대한 우려를 다소 누그러뜨렸다.

그리고 8월 3일에 발표한 2분기 실적에 따르면 매출이 전년동기보다 26.1% 증가한 5억 8164만 달러, EPS가 300% 급증한 0.32달러를 기록하며 연간 가이던스 달성에 대한 우려를 씻어냈다. 참고로 지난 7월 13일, 윌스콧은 미 동북부에서 모듈식 공

● 최근 2년간 실적(12월 결산 및 Non-GAAP EPS 기준)

회계연도	분기	매출	영업이익	순이익	EPS	전분기 대비
FY2020	Q1	255.82	25.37	91.79	0.84	-1,030%
	Q2	256.86	41.07	-15.47	-0.14	40%
	Q3	417.32	25.01	-6.05	-0.03	-400%
	Q4	437.65	90.91	46.47	0.20	129%
	합계	1,367.65	182.36	70.67	0.42	-520%
FY2021	Q1	425.32	75.28	4.45	0.02	-98%
	Q2	461.10	70.62	20.37	0.09	-164%
	Q3	490.55	96.95	61.10	0.27	-1,000%
	Q4	517.92	117.78	74.22	0.33	63%
	합계	1,894.90	360.82	160.14	0.71	69%

*매출 단위: 백만 달러, EPS 단위: 달러

간과 이동식 건축물 전문 업체인 모듈리스의 임대차량 사업 부문과 관련 자산을 인수했다.

벤치마크보다 월등히 우월한 주가 흐름

2017년 11월에 정식 상장한 윌스콧의 주가는 2022년 5월 5일 기준으로 34.66달러, 시가총액은 77억 1260만 달러이다. 최근 12개월간 주가는 +18.78%, 올해 들어서는 -15.13% 하락했으며 최고가는 41.23달러, 최저가는 26.49달러이다. 벤치마크인 러셀 2000 지수와 비교해 보면 2019년 3월 이후 지속적으로 벤치마크 수익률을 상회하고 있다. 올해 들어서도 벤치마크뿐만 아니라 S&P500보다도 하락세가 적게 나타나고 있어 양호한 주가 흐름을 보인다. 윌스콧은 배당금을 지급하지 않는다.

● 최근 5년간 주가 추이 & 최근 3년간 주가 수익률 추이(벤치마크 지수 포함)

구분	최근 1개월	최근 6개월	2022년 누적	최근 1년	최근 5년
윌스콧	+11.32%	-8.37%	-9.03%	+26.43%	+266.90%
러셀2000	+3.55%	-16.32%	-18.56%	-23.02%	+30.19%

*6월 9일 기준

뉴지랭크US 종목 진단

종합 점수	모멘텀 점수	펀더멘탈 점수	베타	롱텀	엔벨
59	36	82	0.81	56	62

2022년 5월 31일 뉴지랭크US 종목 진단 결과 종합 점수는 59점으로 양호하다. 모멘텀 점수는 36점으로 상대적으로 최근 수급과 거래량이 좋지 않고, 펀더멘탈 점수는 82점으로 상대적으로 매우 안정적인 재무 구조를 보이고 있다.

베타 지수는 0.81로 시장 변화에 영향을 많이 받고 상승장에 유리하다(상장한 지 5년이 채 안되었다는 점을 염두에 두고). 시즈널 지수의 경우 연중 최저점이 2월 초, 연중 최고점이 12월 말이며 그 차이가 100에 가까워 연간 주가 상승률이 매우 높은 편이다. 롱텀 지수상 '허리'에 위치하고 있는 윌스콧의 현재 주가는 엔벨 지수상 중심선을 상회하고 있어 단기적으로 추가 상승 가능성이 있다.

월가의 투자 의견 및 목표 주가

최근 3개월간 발표된 윌스콧에 대한 6건의 월스트리트 투자 의견을 종합하면 '강력 매수'이고, 향후 12개월간 목표 주가는 최고 52.00달러, 최저 42.00달러, 평균 47.33달러로 현재가 대비 +32.47% 높은 상황이다.

• 최근 3개월간 월가의 투자 의견 및 목표 주가 종합

출처: Tipranks.com

• 최근 7개월간 월가의 투자 의견 및 목표 주가 현

추천일	평가회사	애널리스트	투자등급	목표가	추천일종가
2022/05/06	Berenberg Bank	Daniel Wang	매수	52.00	34.26
2022/04/29	Deutsche Bank	Faiza Alwy	매수	49.00	35.10
2022/04/29	Bank of America Securities	Michael Feniger	매수	46.00	35.10
2022/04/27	Robert W. Baird	Andrew Wittmann	매수	45.00	34.52
2022/04/22	Robert W. Baird	Andrew Wittmann	매수	45.00	36.88
2022/04/13	Jefferies Co.	Philip Ng	매수	45.00	37.70
2022/04/05	Berenberg Bank	Daniel Wang	매수	50.00	37.70
2022/03/29	Jefferies Co.	Philip Ng	매수	45.00	40.30
2022/03/29	Deutsche Bank	Faiza Alwy	매수	49.00	40.25
2022/03/02	Barclays	Manav Patnaik	매수	50.00	36.71
2022/02/28	Stifel Nicolaus	Stanley Elliott	매수	41.00	35.53
2022/02/26	Berenberg Bank	Daniel Wang	매수	46.00	0
2022/02/24	Robert W. Baird	Andrew Wittmann	매수	45.00	37.69
2021/12/09	Morgan Stanley	Courtney Yakavonis	매수	48.00	40.04
2021/11/10	Jefferies Co.	Philip Ng	매수	45.00	38.71
2021/11/09	Oppenheimer	Scott Schneeberger	매수	42.00	37.82
2021/11/09	Morgan Stanley	Courtney Yakavonis	매수	47.00	37.35
2021/11/09	Credit Suisse	Kevin Mcveigh	매수	45.00	37.82

출처: 키움증권 HTS 영웅문G (2022년 5월 기준)

최신 분석 결과가 궁금하다면?

뉴지랭크US 분석 결과

월가 의견 및 목표 주가

세계 최강의 수사기관 FBI,
그들에게 사무실을 임대하는 회사?

- 종목명: 이스털리 거버먼트 프로퍼티스 Easterly Government Properties Inc
- 티커: DEA | 지수: 러셀2000 및 S&P600 | 섹터: 부동산 > 지분형 부동산 신탁 (사무실 리츠)

미국 정부 기관의 사무실을 만드는 신뢰 100% 기업

몇 년 전, 필자는 한동안 미국 CBS의 〈멘탈리스트〉라는 수사 드라마에 열광한 적이 있었다. 당시 우리나라에 불어온 '미드 열풍'의 선발 주자는 누가 뭐래도 FBI, CSI 등이 주인공인 수사 드라마였다. 당시 "나 미드 좀 봤다!" 하는 사람들은 아마 요원들이 "FBI!"를 외치며 총을 들고 용의자를 체포하러 문을 박차고 들어가는 장면이나, 불 꺼진 FBI 사무실에 남은 인물들이 수사를 이어가는 장면 정도는 공통적으로 기억할 것이다. 드라마 속 FBI 사무실에 대한 느낌은 어땠을까? 물론 드라마이니 일정 부분 미화가 있겠으나, 내 기억속 FBI 건물은 역시 세계 최고의 정보 기관다운, 정갈함과 스마트함 그 자체

▲ 이스털리로부터 임차 중인 솔트레이크 시티(Salt Lake City)의 FBI 건물 (출처: easterlyreit)

로 남아 있다.

이번에 소개할 기업, 이스털리 거버먼트 프로퍼티스(이하 이스털리)는 이렇게 FBI와 같은 미국 정부 기관의 사무실을 만드는 리츠 회사다. 뒷배에 미국 정부가 있는 만큼 의심할 수 없는 안정성을 지니면서, 5%가 넘는 꿀배당을 자랑하는 이 기업은 과연 어떤 곳일까?

정부를 대상으로 돈을 버는 기업

2011년 설립, 2015년 2월 4.1억 달러에 불과한 시가총액으로 뉴욕 증시에 데뷔한 이스털리는 현재는 20억 달러가 넘는 몸집을 자랑하고 있다. 7년간 30% 가까이 그 규모를 키운 것이다. 이러한 꾸준한 성장세를 발판 삼아 지난 2017년 12월에 S&P600스몰캡 지수와 2021년 6월에 러셀2000 지수에 편입되었다.

기업명부터가 매우 직관적이다. '정부 자산government properties'이라는 기업명
이 곧 사업 내용이기 때문이다. 이스털리는 현재 총 89개의 부동산을 임대하
고 있고, 40여 개의 기관이 임대 중이다(이 중 85개는 건물 지분 100% 소유, 나머지
는 다른 임대 사업자와 공동으로 소유하고 있다). 여기에는 앞서 소개한 FBI뿐만 아니
라, 미국 이민세관집행국·식품의약국·국방부·에너지부 등의 주요 정부 기관
도 속해 있다.

Tenant[1]	
U.S. Government	Military Entrance Processing Command ("MEPCOM")
Department of Veteran Affairs ("VA")	U.S. Department of Agriculture ("USDA")
Federal Bureau of Investigation ("FBI")	National Weather Service ("NWS")
Drug Enforcement Administration ("DEA")	Bureau of Indian Affairs ("BIA")
U.S. Citizenship and Immigration Services ("USCIS")	National Park Service ("NPS")
Judiciary of the U.S. ("JUD")	Bureau of Reclamation ("BOR")
Food and Drug Administration ("FDA")	General Services Administration - Other
Immigration and Customs Enforcement ("ICE")	U.S. Coast Guard ("USCG")
Environmental Protection Agency ("EPA")	Small Business Administration ("SBA")
Internal Revenue Service ("IRS")	National Oceanic and Atmospheric Administration ("NOAA")
U.S. Joint Staff Command ("JSC")	U.S. Army Corps of Engineers ("ACOE")
Bureau of the Fiscal Service ("BFS")	Health Resources and Services Administration ("HRSA")
Federal Aviation Administration ("FAA")	Bureau of Alcohol, Tobacco, Firearms and Explosives ("ATF")
Patent and Trademark Office ("PTO")	Office of the Field Solicitor ("OFC")
U.S. Forest Service ("USFS")	Office of the Special Trustee for American Indians ("OST")
Social Security Administration ("SSA")	U.S. Marshals Service ("USMS")
Federal Emergency Management Agency ("FEMA")	Department of Labor ("DOL")
U.S. Attorney Office ("USAO")	U.S. Probation Office ("USPO")
Customs and Border Protection ("CBP")	
Department of Transportation ("DOT")	
Occupational Safety and Health Administration ("OSHA")	
Defense Health Agency ("DHA")	
Department of Energy ("DOE")	

▲ 이스털리의 주요 정부기관 고객들 (출처: 2021년 이스털리 연간 보고서)

2021년 기준, 이스털리는 미국 내에서 총 89개의 임대 자산을 보유 중이
며, 자산의 85%가 단일 미국 정부 부처에게 임대 중이다. 이중 88개 임대처
의 주 계약자는 미국 정부 기관이며, 해당 임대 자산의 규모는 약 860만 평방
피트이다(약 24만 1687평). 그보다 한 해 전인 2020년의 경우, 미국 내 임대처
가 총 79개, 그중 정부 기관 임대처가 77개, 총 임대 규모는 730만 평방피트

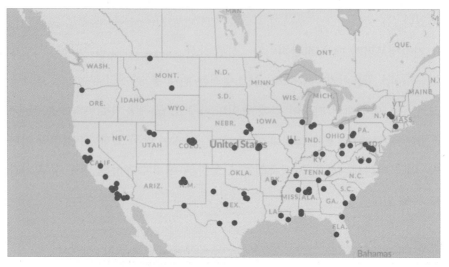
▲ 2022년 7월 기준 미국 내 위치한 이스털리 부동산 자산 (출처: easterlyreit)

였다. 이와 같은 추세를 고려할 때, 지속적으로 정부 부처의 용처에 맞는 부동산을 개발, 임대함에 따라 계약 건수와 임대 부동산의 규모가 늘어나고 있음을 알 수 있다. 2021년 기준, 이스털리가 운영하는 임차 건의 평균 계약 연수는 13.6년, 남아 있는 임대 계약의 평균치는 8.9년이다.

미국 조달청이 주고객, 채무 불이행 0%

해당 임차 기관과 직접 계약하는 경우도 있으나 대부분의 경우 정부 기관인 미국 조달청General Services Administration, GSA을 통해 임차 계약을 맺는다. 조달청은 쉽게 말해 연방 정부의 지원 역할을 하는 부서인데, 역사적으로 단 한 번도 채무 불이행을 한 기록이 없는 기관이기도 하다. 조달청의 주된 역할은 정부 기관의 업무에 필요한 공간 확보인데 이를 위해 정부 기관 건물을 직접 건설, 운영하기도 하고, 임대 계약을 진행하기도 한다.

이스털리는 부동산을 매입해 정부 기관에 임대하는 것 외에, 'Built-to-Suit'이라 불리는 개발 솔루션을 통해 직접 부동산 개발을 하기도 한다. 이러한 솔루션은 이스털리뿐 아니라 정부 기관을 대상으로 하는 특수 목적 리츠사 몇몇 곳 역시 시행 중이다. 이러한 'Built-to-Suit' 형태로 진행 중인 계약의 대표적인 예시로 지난 2020년 재개발한 캘리포니아주 트레이시에 위치한 연방재난관리청FEMA 창고의 태양광 건물, 캔자스주 레넥사에 재개발한 FDA 실험실을 들 수 있다. 현재 진행 중인 프로젝트로는 애틀란타주 조지아에 위

▲ 미국 조달청 전경 (출처: Shutterstock)

치할 FDA 실험실이 있다. 완공 후 역시나 미국 조달청을 통해 20년간의 임차 계약이 발효된다.

코로나19 팬데믹의 피해를 빗겨가다

코로나19 팬데믹 이후 재택근무Work From Home, WFH가 대세로 떠오르면서 오피스 리츠가 타격을 입을 가능성이 대두되고 있다. 실제로 2년 전 동기와 비교했을 때, 사무실로 복귀한 근로자 수는 여전히 현저히 낮은 수준이다. 그러나 이스털리의 경우 이러한 우려에서 상대적으로 자유롭다는 장점이 있다. 기업적 특성을 고려할 때 일반적인 오피스 리츠와는 다른 매력 포인트를 쉽게 찾을 수 있기 때문이다.

1998년 이후 현재까지 미국 조달청은 정부 기관의 부동산 임차 비율을 지

● 일반적인 사무실 리츠와 이스털리 비교

구분	일반적인 사무실 리츠	이스털리
건물당 세입자	한 업체 또는 여러 업체	단일 정부 기관
임차 대상 신용도	천차만별	검증된 신용을 보유한 미국 정부
계약 연장 가능성	업체·업황에 따라 상이	매우 높음

속적으로 늘려왔으며 상위 10개 회사가 전체의 25%를 임대하고 있다. 이러한 트렌드는 향후에도 지속될 것으로 예상한다.

아래 임대 현황에서 알 수 있듯, 이스털리가 현재 정부 기관을 대상으로 하는 부동산 임대 시장의 1등 기업은 아니다. 그러나 현 시장에서 전체 임대 규모의 5.4%를 초과하는 규모의 부동산을 임대 중인 기업이 없다는 점을 고려해 보자. 또한 임차 대상이 정부 기관인 만큼, 조달청의 업무 프로토콜과 해당 정부 기관의 목적성을 아주 잘 이해하고 있어야 한다. 그만큼 전문성을 갖

(in thousands)	RSF	% Market Ownership
Boyd Watterson	10,062	5.4%
Easterly Government Properties	7,405	3.9%
Office Properties Income Trust	6,273	3.3%
NGP	5,102	2.7%
USAA Real Estate Company	4,736	2.5%
Corporate Office Properties Trust (COPT)	4,065	2.2%
JBG Smith	2,686	1.4%
MetLife Real Estate Investments	2,551	1.4%
LCOR	2,387	1.3%
Brookfield Property Partners	2,300	1.2%
Top Owners	**47,567**	**25.4%**
Total GSA - Leased RSF	**187,496**	**100.0%**

▲ 미국 정부기관 부동산 임대 회사 비중 현황 (출처: 2021년 이스털리 투자설명회 자료)

춘 기존 업체에게는 이점이, 신규 업체에게는 진입 장벽이 있을 수밖에 없다.

참고로 임대 현황에서 가장 많은 비중을 차지하고 있는 보이드 워터슨Boyd Watterson은 비상장 회사이다. 그리고 이스털리 다음으로 비중이 높은 오피스 프로퍼티스 인컴 트러스트Office Properties Income Trust(이하 OPI)는 나스닥에 상장되어 있다.

보이드 워터슨의 경우 본래 자산 관리사로, 부동산뿐 아니라 다양한 투자 포트폴리오를 구비해 기관 및 개인 고객을 보유하고 있다. 보이드 워터슨의 부동산 포트폴리오는 기본적으로 상업 부동산에 초점이 맞춰져 있다는 것이 특징이다(사무실, 창고 등). 즉, 미국 정부가 주 임대처인 이스털리와는 사업 방향성이 다르다.

OPI 역시 마찬가지다. 2022년 3월 기준 OPI의 부동산 임대차 포트폴리오를 보면, 미국 정부 관련 계약 비중이 35.9%로 정부 계약에 중점을 두고 있는 기업이라고 보기에는 어렵다. 대신, 위에 언급한 보이드 워터슨처럼 다양한 상업 부동산을 운용하고 있다(알파벳, 뱅크오브아메리카 등과 임차 계약을 하고 있다.)

▲ 보이드 워터슨과 OPI 로고

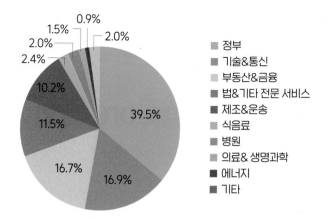

▲ OPI의 부동산 임차처 비중. 하나에 몰리지 않고 골고루 투자되고 있는 모습이다. (출처: 2022년 1분기 OPI 파이낸셜 데이터)

 이스털리는 2021년 사업 보고서를 통해 미국 조달청과의 끈끈한 관계를 기반으로 하고 있는 현재의 사업 모델 덕분에 이스털리가 인플레이션의 영향으로부터 상대적으로 자유로울 수 있었다고 밝힌 바 있다. 즉, 인플레이션 상황에서 순영업소득NOI이 깎일 위험성이 큰 여타 오피스 리츠 기업과 비교했을 때 대비 경쟁력이 돋보인다는 것이다.

 이스털리와 직접적인 관계는 없지만 알아둘 만한 기업이 있는데, 코어시빅Corecivic, CXW이라는 미국 사설 교도소 운영 기업이다. 코어시빅은 교도소 건물을 보유하고 있으며, 교정 프로그램을 운영하고 있는데 정부는 해당 기업과의 계약을 통해 사립 교도소에 수감자를 맡기고, 해당 기업은 교도소 운영을 통해 죄수 수감에 필요한 일일 요금을 정부로부터 받는다. 이스털리처럼 미 정부와 상부상조하며 수익을 창출하는 기업이다.

▲ 미국 사설 교도소 운영 기업 코어시빅 (출처: Shutterstock)

예기치 못한 변수에도 너무나 매력적인 사업 구조

이스털리의 임대 수익 중 대부분은 정부 기관에서 나온다. 이는 매우 안전할 수도 있으나 사업 포트폴리오적 측면에서는 위험한 부분이 있다고 볼 수도 있다. 예측하지 못한 어떤 변수가 생겨날 경우 이를 상쇄할 다른 종류의 수입원이 없기 때문이다.

지난 2018년, 연방 정부가 재정 공백으로 셧다운에 들어가며 당시 국립 공원이나 박물관 등 공공시설이 임시 휴업했던 사례를 생각해 보자. 예상치 못한 변수와 매년 부채 한도 상향을 둘러싼 불협화음이 생겨날 가능성은 이스털리에게 좋지 않은 영향을 미칠 수 있다.

하지만 이스털리가 기업 소개 및 연간 보고서에서 항상 강조하는 것은 그들의 임대 수익의 99%가 '미국 정부의 전적인 믿음과 신용에 기반한다'는 사실이다. 미국 정부는 명실상부 세계 각국 모든 정부를 통틀어 가장 신용등급이 높은 곳이다. 미 정부가 주 고객이라는 안정적인 면과 더불어 적지 않은 배당 수익까지 챙겨볼 수 있는 기업인 이스털리. 마블 코믹스의 지구방위대 쉴드s.H.I.E.L.D.가 실존한다면, 이스털리의 유력한 임차 후보가 아니었을까 하는 재미있는 상상도 해본다.

이스털리 거버먼트 프로퍼티스

연평균 22%에 달하는 매출 성장세

12월이 결산월인 이스털리는 최근 5년간 연평균 22%에 가까운 매출 성장세와 56%가 넘는 순이익 증가세를 보여왔다. 연간 매출 추세의 경우 1분기에서 4분기로 갈수록 증가하는 흐름을 나타낸다. 특히 코로나19 팬데믹이 발생한 2020년부터 2021년까지 분기 실적에서도 영업이익이 지속적으로 증가하는 것을 확인할 수 있다.

올해 2번의 실적 발표가 있었는데 지난 2022년 5월 3일에 발표한 2022 회계연도 1분기 실적의 경우, 매출은 전년동기 대비 11.2% 증가한 7230만 달러, FFO는 전년동기와 동일한 0.33달러로 예상치보다 다소 부진한 모습을 나타냈지만 연간 가이던스를 재확인하면서 향후 실적에 대한 시장의 우려를 잠재웠다.

이어 8월 2일에 발표한 2분기 실적의 경우는, 매출이 전년동기보다 6% 증가한 7276만 달러로 예상치를 하회한 반면 FFO는 전년동기와 동일한 0.33달러로 예상치에 부합하면서 연간 가이던스를 다시 한 번 확인했다.

● 최근 2년간 실적(12월 결산 기준)

회계연도	분기	매출	영업이익	순이익	FFO	전분기 대비
FY2020	Q1	58.22	10.82	1.70	0.30	−3%
	Q2	60.53	13.17	3.67	0.32	7%
	Q3	61.13	13.45	4.26	0.30	3%
	Q4	65.20	15.57	2.33	0.32	7%
	합계	245.08	53.00	11.96	1.24	3%
FY2021	Q1	65.00	17.00	6.99	0.33	10%
	Q2	68.61	17.99	8.20	0.33	31%
	Q3	69.61	17.62	7.98	0.33	10%
	Q4	71.64	18.40	6.89	0.33	3%
	합계	274.86	71.01	30.06	1.32	7%

*매출 단위: 백만 달러, FFO 단위: 달러

경기방어주 성격을 드러내는 주가 흐름과 배당

2015년 2월에 상장한 이스털리의 주가는 2022년 5월 5일 기준으로 18.73달러, 시가총액은 17억 31만 달러이다. 최근 12개월간 주가는 −11.53%, 올해 들어서는 −18.28% 하락했으며 최고가는 23.40달러, 최저가는 18.53달러이다. 벤치마크인 러셀2000 지수와 비교해 보면 2020년 초 코로나19 팬데믹의 영향으로 벤치마크 수익률을 상회하다가 2020년 10월부터 다시 하회하는 모습이다. 반면 올해 들어서는 벤치마크보다 하락세가 적게 나타나고 있어 경기방어주와 같은 양상을 보인다.

● 최근 5년간 이스털리 주가 추이 & 최근 3년간 주가 수익률 추이(벤치마크 지수 포함)

(단위: 달러)

구분	최근 1개월	최근 6개월	2022년 누적	최근 1년	최근 5년
이스털리	+1.60%	−13.33%	−17.71%	−12.09%	−9.67%
러셀2000	+3.55%	−16.32%	−18.56%	−23.02%	+30.19%

*6월 9일 기준

FFO, NOI, AFFO가 무엇일까?

FFO는 펀즈 프롬 오퍼레이션Funds From Operations의 줄임말로, 우리말로는 운영 현금흐름 또는 운영자금으로 표기한다. FFO는 순수익에 할부상환과 감가상각을 더하고 자산매각에 따른 이익을 뺀 것이다. 일반 기업의 영업이익과 같은 개념으로, 이 값을 총 발행 주식 수로 나눈 주당 FFO는 일반 기업의 EPS와 동일한 의미를 갖는다.

NOI는 넷 오퍼레이팅 인컴Net Operating Income의 줄임말로, 순영업소득을 의미하며 일반 기업의 당기순이익과 동일한 개념이다. NOI는 가능한 모든 임대수익에서 공실로 인한 손실을 빼고, 여기에 잡손익과 운영비용을 가감해서 산출한다.

AFFO는 어드저스티드 펀즈 프롬 오퍼레이션Adjusted Funds From Operations의 줄임말로, 조정 운영자금이다. AFFO는 투자신탁의 영업 성과로 볼 수 있으며 부동산 품질 유지에 사용되는 반복적인 자본지출을 고려하기 때문에 FFO보다 신뢰성이 높다고 알려져 있다.

FFO = 운영자금 = 순수익 + 할부상환 + 감가상각 - 자산매각에 따른 이익
NOI = 순영업소득 = 임대수익 - 공실로 인한 손실 + 잡수익 - 잡손실 - 운영비용
AFFO = 조정 운영자금 = FFO + 임대비인상 - 자본지출 - 유지비

이스털리는 분기 단위로 배당금을 지급하고 있으며 최근 1년간 배당금은 주당 1.06달러, 배당 수익률은 5.06%이다. 최근 5년간 연평균 배당 성장률은 +3.13%이며, 2017년 12월 이후 지난해 8월에 처음으로 분기 배당금을 0.01달러 상향 조정해 지급했다.

● 최근 5년간 이스털리 배당 추이

구분	2017	2018	2019	2020	2021
배당 금액(달러)	1.00	1.04	1.04	1.04	1.05
전년 대비	+8.7%	+4.0%	–	–	+1.00%

*자료: Seekingalpha.com 및 Devidend.com

뉴지랭크US 종목 진단

종합 점수	모멘텀 점수	펀더멘탈 점수	베타	롱텀	엔벨
57	39	74	0.39	0	30

2022년 5월 10일 뉴지랭크US 종목 진단 결과 종합 점수는 57점으로 양호하다. 모멘텀 점수는 39점으로 상대적으로 최근 수급과 거래량이 좋지 않고, 펀더멘탈 점수는 74점으로 상대적으로 안정적인 재무 구조를 보이고 있다.

베타 지수는 0.39로 시장 변화에 별다른 영향을 받지 않고, 시즈널 지수의 경우 연중 최저점이 2월 초, 연중 최고점이 12월 말이며 그 차이가 80에 가까워 연간 주가 상승률이 매우 높은 편이다. 롱텀 지수상 '바닥'에 위치하고 있는 이스털리의 현재 주가는 엔벨 지수상 중심선을 하회하고 있어 단기적으로 조정 가능성이 있다.

월가의 투자 의견 및 목표 주가

최근 3개월간 발표된 이스털리에 대한 2건의 월스트리트 투자 의견을 종합하면
'보유'이고, 향후 12개월간 목표 주가는 최고 24.00달러, 최저 22.00달러, 평균
23.00달러로 현재가 대비 +32.01% 높은 상황이다.

• 최근 3개월간 월가의 투자 의견 및 목표 주가 종합

출처: Tipranks.com

• 최근 3개월간 월가의 투자 의견 및 목표 주가 현황

추천일	평가회사	애널리스트	투자등급	목표가	추천일종가
2022/05/03	BMO	John Kim	보유	24.00	19.04
2022/03/15	Truist	Michael R Lewis	보유	24.00	20.68

출처: 키움증권 HTS 영웅문G (2022년 5월 기준)

최신 분석 결과가 궁금하다면?

뉴지랭크US 분석 결과

월가 의견 및 목표 주가

에필로그

김경윤

미국주식 책을 쓰는 것이 확정된 후 벌써 세 번째 계절을 맞이했다. 운명이라면 애써 노력하지 않아도 이끌린다 했던가? 나는 대학 시절을 포함한 학창 시절, 숫자포비아로 경제경영 과목은 쳐다보지도 않았던 퓨어한 문돌이로 살아왔다. 그런 내가 미국주식 책을 쓰게 되었다는 건 '그럴 운명이었다'라는 말로밖에는 설명할 수 없다.

막바지 작업에 한창이던 어느 날, 〈탑건: 매버릭〉에 등장하는 해변 비치볼 장면을 떠올렸다. 해당 씬에서 웃통을 벗고 몸매를 과시하던 배우들은 촬영 전까지 "Montage's last forever(화면은 평생 남는다)"를 외치며 극한의 운동과 식단 조절을 했다고 한다. 잠깐은 힘들지언정, 대대손손 남을 영화 속 장면에는 '탑건 속 핫한 그 오빠'로 남고 싶다는 의지가 담긴 구호인 셈이다. 책 역시 그렇다. 수년이 지난 후 '그때 내가 왜 그런 말을 썼지!' 하며 밤마다 이불을 발로 찰지언정, 한 번 책으로 태어난 문장들은 웬만해선 사라지지 않는다. 그 생각을 하면 손이 떨려서 대충 쓸 수가 없었다.

한편으로는 누군가 이 책을 통해 '미국 어딘가에 있는 신기하고 대단한 그 기업'에 대해 관심 갖게 될 것을 상상하기도 했다. 마치 2년 전, 운명처럼 여기 이 자리에 와 미국주식, 그리고 〈월가워즈〉를 처음 만나게 된 그날의 나처럼 말이다. 내가 그랬듯, 어떤 운명에 이끌려 이 책을 집어들게 된 그 누군가에게 멋진 첫 만남을 선사하고 싶은 마음을 가득 담아 이 책을 썼다.

인생의 절반을 미국에서, 또 절반을 한국에서 살았다. 두 나라를 오가며 서로 다른 언어와 문화를 습득할 수 있었던 걸 큰 축복으로 여긴다. 무엇보다 이를 통해, 미국 주식을 다루는 경제 앵커로 시청자와 독자 여러분 앞에 섰을 때, 이전에 직접 보고 실제로 겪어본 기업들에 대해 경험을 바탕으로 설명해드릴 수 있었다. 하지만 아쉬울 때도 많았다. 방송을 하다 보면 주어진 짧은 시간 안에 중요한 정보만 골라 전달해야 하니 정보 전달의 측면에서 만족스럽지 못한 경우도 있었고, 또 단기적 시장 분위기에 포커스가 맞춰질 때가 많다 보니 아직 시장의 관심을 받지 못한 유망주들을 소개하지 못할 때도 있었다.

나는 미국 로스앤젤레스에서 이 에필로그를 쓰고 있다. 잠시 휴가를 가지며 캘리포니아 이곳저곳을 돌아다니는 중인데 여러분께 들려드릴 이야기가 몇 보따리씩 생겨나고 있다. 평화롭고 느린 것 같으면서도 빠르게 변화하고 발전하는 미국 사회를 보면서 내가 더 부지런해야겠다는 생각이 들면서 미국주식에 투자하기로 마음먹은 여러분께 변화무쌍한 미국 사회와 그 안의 기업 이야기들을 빠르게 전하겠다는 의무감이 강하게 살아난다. 언어 장벽과 정보 부족의 답답함을 허무는 친근한 통신원 언니·누나가 되는 것이 나의 목표다. 그런 의미에서 이 책을 손에 든 누구나 미국 경제와 산업에 대해 부담 없이 알아가면서 투자 공부까지 할 수 있으면 좋겠다.

이 책을 쓸 수 있게 이끌어주신 키움증권의 안석훈 부장님과 함께 집필에 참여한 머니투데이방송 글로벌 식구들, 또 책이 멋지게 완성될 수 있도록 힘써주신 페이지2북스 식구들께 감사를 전한다. 마지막으로 회사와 학업, 원고 작업을 병행할 수 있게끔 나를 지지하고 응원해준 우리 가족에게 특별히 감사의 말을 전하고 싶다.

이주호

처음 이 책을 기획했을 때는 2021년 11월 경으로 미국 증시가 사상 최고치 신기록을 연일 경신하고 있을 때였다. 그때만 해도 2022년 시장이 이렇게 어려울 것이라고 누구도 상상하지 못했다. 하지만 연초 4800 수준이었던 S&P500 지수는 반년 만에 3600 수준으로 출렁 내려앉았다. 교묘하게도 이즈음은 책의 초고 작업이 거의 완료됐던 시점이었다. 이 시점에 하락하지 않은 종목은 에너지 기업을 제외하고는 찾기 어려울 정도로 시장 전체가 다 같이 떨어졌다. 이 책에 수록된 기업들도 시장 하락을 피해갈 수 없었다. 오히려 시장 대비 훨씬 더 크게 하락한 기업들도 많았다. 왜냐하면, 이 책에 수록된 기업들은 주로 스몰캡으로 분류되는 기업들이기 때문이다. 아무래도 대기업보다는 소기업이 시장 환경에 더 예민하게 반응할 수밖에 없다.

하지만 필자는 6개월에 걸친 하락장 속에서 이 책을 쓸 수 있었던 데에 더할 나위 없는 감사함을 느끼고 있다. 시장이 하락하면 아무리 좋은 기업도 주가 하락을 피해 갈 수 없다. 투자자들은 심리적으로 흔들리게 된다. 분명 좋은 기업이라고 생각했던 주식마저 무서운 마음에 던져버리는 실수를 범하게 된다. 필자는 책을 쓰면서 이런 실수를 완전히 피할 수 있었다. 필자가 왜 이 기업을 선택했는지 적어 내려가면서 주가 하락은 기업의 본질적인 가치와 상관없는 단순한 시장 현상이었다는 점을 다시 한번 확신할 수 있었기 때문이다. 생각 외로 주가 하락은 기업 본질과 상관없는 시장 현상인 경우가 많다. 즉, 노이즈인 경우가 많다는 것인데, 이것이 노이즈인지 아닌지 구분하는 것은 정말 쉬운 일이 아니다. 하지만 자신이 스스로 왜 이 기업을 애초에 투자하기 시작했는지에 대한 이유를 글로 적어본다면 "아! 이번 주가 하락은 기업의 본질적인 가치와 상관없이 나타난 시장 현상이구나"를 확신할 수 있게 될 것이다.

이 책이 모르던 기업에 대해 알게 되는 기회가 되길 바랄뿐만 아니라, 우리 독자들이 시장 하락에도 굳건히 투자를 이어가는 멋진 투자자가 되길 바란다.

428

안석훈

좋은 분들과 함께 한, 또 한 번의 도전을 마무리합니다. 6년 전이나 지금이나 도전의 목표는 한결같습니다. 투자자들의 올바른 투자에 도움이 되기 위함이죠. 12번째 도전을 함께 해준 세 분의 공동 저자와 12번째 도전을 실현할 수 있도록 기회를 주신 페이지2북스 그리고 11번의 도전을 가능하게 했던 모든 분들과 함께 항상 걱정해 주시고 격려해 주시는 1만 독자 여러분께 진심으로 감사드립니다.

더불어 이제 다시 새로운 도전을 준비하려 합니다. 조금 더 나은 생각과 내용으로 찾아뵐 수 있도록 준비하겠습니다. 늘 그랬던 것처럼 응원해 주시고 지켜봐 주세요.

해외주식 거래대금 1위

- 해외주식 비대면계좌
  거래수수료 0.07% 환율우대 95% *신청필수

- 미국주식 거래가 처음이라면,
  40달러 투자지원금 즉지 지급 *신청필수

- 미국주식 나스닥토탈뷰 서비스
  위아래 20호가 보이는 시세정보

다른 키움증권 해외주식
혜택이 궁금하다면?

앱스토어에서 영웅문S#을 검색하세요!
국내주식, 해외주식, 금융상품을 한번에

거래 유의사항

- 2021년 외화증권거래대금1위, 21년말 기준*금융감독원 전자공시.투자광고 시점(또는 기간)및 미래에는 이와 다를 수 있을
  외화증권거래 내 해외주식거래 99.9% 비중차지.
- 투자자는 금융투자상품 및 서비스 등에 대하여 키움증권으로부터 충분한 설명을 받을 권리가 있으며, 투자 전 상품설명서
  약관을 반드시 읽어보시기 바랍니다.
- 해외주식 및 ETF 거래는 자산가격 및 환율 변동에 따라 원금손실(0~100%)이 발생할 수 있으며, 그 손실은 투자자에게 귀속됩니[
- 해외주식 및 ETF 거래는 예금자보호법에 따라 예금보험공사가 보호하지 않습니다.
- 미국주식 수수료[온라인: 0.25%, 오프라인: 0.50%], 미국주식 매도 시 0.00229% 의 SEC 제비용, 홍콩주식 수수료
  [온라인:0.30%,오프라인:0.50%],인지세 매수/매도 시 각 0.13%, 중국주식 수수료[온라인:0.30%,오프라인:0.50%],
  인지세 매도시 0.1%가 별도 부과됩니다.
- 국가별 세금 및 기타 수수료에 관련된 자세한 사항은 당사 홈페이지를 참고하시기 바랍니다.

몰라서 못 사는 **미국 히든 유망주 25**

초판 1쇄 인쇄 2022년 8월 16일
초판 1쇄 발행 2022년 8월 26일

지은이 안석훈, 이주호, 전채린, 김경윤
펴낸이 김동환, 김선준

책임편집 최한솔
편집팀장 한보라 **편집팀** 오시정, 최구영
책임마케팅 이진규 **마케팅팀** 권두리, 신동빈
책임홍보 김재이 **홍보팀** 조아란, 김재이, 유채원, 권희, 유준상
표지 디자인 김혜림 **본문 디자인 및 조판** 두리반 **본문 일러스트** 홍유연

펴낸곳 페이지2북스 **출판등록** 2019년 4월 25일 제 2019-000129호
주소 서울시 영등포구 여의대로 108 파크원타워1, 28층
전화 02)2668-5855 **팩스** 02)330-5856
이메일 page2books@naver.com
종이 월드페이퍼 **인쇄·제본** 한영문화사

ISBN 979-11-90977-99-9 03320